김정은의 경제개발, 오래된 미래

김영희

"김정은의 경제개발, 오래된 미래"

발행일 2018년 11월 25일

저 자 김영희

발행인 남광규

발행처 도서출판 매봉

등 록 제6-479호

주 소 서울시 영등포구 국회대로 800

ISBN 978-89-92799-19-5 93340

정 가 15,000원

“김정은의 경제개발, 오래된 미래”

도서출판 매봉
2018

필자의 이야기

내가 북한을 떠난지 벌써 16년째다. 나의 어린시절이 있고 청춘이 있고, 내 삶의 반이 있는 고향을 어찌 쉽게 잊을 수가 있겠는가? 비오는 날이면 대학때 비닐을 쓰고 쏟아지는 비를 맞으며 모를 내던 학급 동무들의 모습이, 눈오는 날이면 무릅까지 쌓인 눈을 헤치며 회사로 출근하던 그 때 나의 모습이 아른거린다. 언젠가 우리 아들은 나에게 "엄마, 북한에 있을때는 복숭아도 맛있고 사과도 맛있었는데 여기 것은 별로야" 라고 말한 적이 있다. 남한의 풍요로움 때문에 그리 느낄 수 있다고 얘기해 주었지만, 어린 마음에도 고향이 그리웠기 때문은 아니었을까?

나는 늘 고향에 빚진 마음으로 살고 있고 부끄러움 없이 고향사람들과 함께 할 날을 그리며 살고 있다. 요즘에는 머지않아 그날이 올 것만 같아 가슴이 벅차다.

그리고 지금까지 없던 꿈을 꾼다. 눈을 감으면 고향의 동무들과 송도원해수욕장에서 20대의 청춘으로 돌아가 인생에 한번 밖에 없는 그 때를 추억하고 있다. 때로는 내가 살던 남포에서 어머니와 동생들과 함께 물비린내 풍기는 남포항 부두가를 거닐며 이야기꽃을 피우는 생각도 한다. 그때면 저절로 감격에 겨워 눈물이 난다. 지난 5월 26일 토요일 전철에서 한달만에 또다시 이뤄진 남북정상회담 소식을 접하면서 눈시울이 붉어졌다. 그리고 그때로부터 3개월여만에 평양에서 개최된 3차 남북정상회담은 또다시 나에게 떠나온 고향의 추억을 떠올리며 가슴을 먹먹하게 만들었다. 한 번도 잊어본 적 없고 꿈에라도 가보고 싶은 고향이지만, 내 생전 남북이 화해하고 평화롭게 살아갈 날이 있을거라 생각해 본적이 없기 때문이다. 그 만큼 남북의 벽이 너무 높다.

그러나 요즘 봄날의 눈석이처럼 녹아내리는 남북의 모습에서 내가 해야 할 역할을 고민하게 된다. 그래서 나는 왜 김정은이 핵을 포기하고 경제개발을 선택하였는지에 대해 갸웃거리는 사람들에게 그 궁금증을 풀어주고자 그동안 서술했거나 발표했던 자료들을 묶어 책으로 출판하고자 마음먹었다. 앞으로의 북한은 핵이 아니라 경제개발이다. 나는 이 책을 읽게 될 독자들이 북한의 경제개발과 항구적인 평화정착을 위해 무엇을 할 수 있을 것인지, 자신의 역할을 찾아내길 진심으로 바란다. 그리고 남북이 평화롭게, 행복하게 잘 살날을 기대해 본다.

2018년 7월 23일

아이들의 미래를 그려보며, 지양산 자락의 보금자리에서

책머리에

나는 독자들이 이 책을 읽기 전에 북한의 경제개발에 대한 종합적인 이해를 돕기 위해 김정은 정권의 체제수호와 경제개발에 대한 내용을 그림으로 설명하려고 한다. 이 그림은 김정은이 집권 초 체제안전을 무엇으로 담보하면서 경제개발을 추진하려고 했는지, 또 무엇이 경제개발을 저지했는지, 왜 초기 방식을 포기하고 새로운 체제안전과 경제개발 전략을 추구했는지를 한눈에 보여주고 있다.

<그림> 김정은 정권의 체제수호와 경제개발

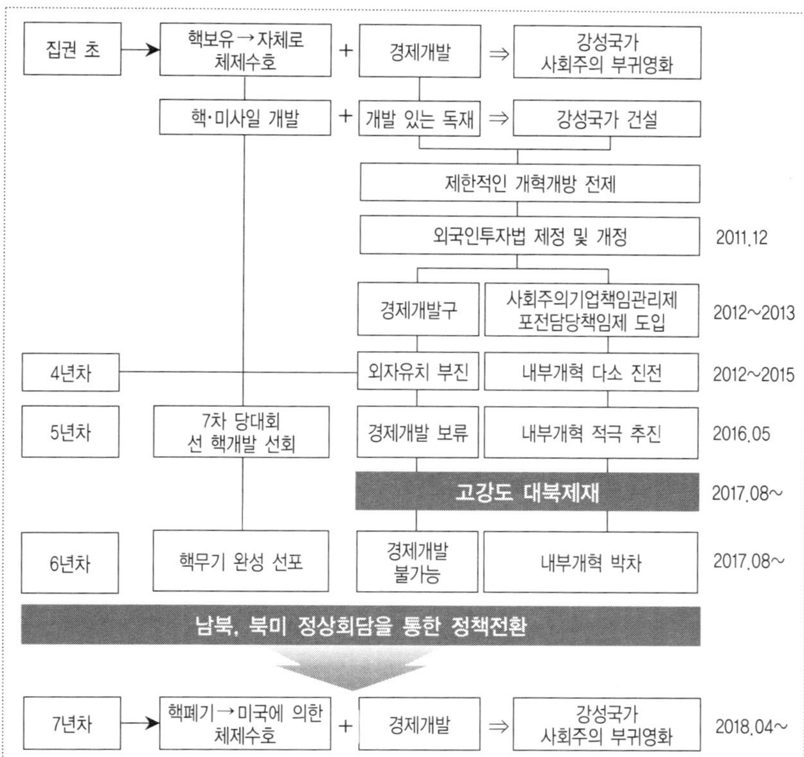

자료 : 저자 작성

그림에서 보는 것처럼 김정은은 집권 초 핵무기를 완성하여 그것을 보유한 채 경제개발을 추진하여 주민들이 잘 살수 있도록 하는 전략을 구상했던 것으로 보인다. 한치의 의심도 없었기에 김정은은 2012년 4월 첫 육성연설에서 주민들에게 배부른 삶과 사회주의부귀영화를 약속할 수 있었다. 그리고 제시한 노선이 바로 '경제건설과 핵무력건설 병진'이다. 이때로부터 북한에서는 지난 수십년간 고집해온 '개발 없는 독재'에서 '개발 있는 독재'가 시작된다. 경제개발은 개혁개방 없이 전혀 추진이 불가능하다.

김정은은 경제개발을 위해 2012~2013년 '사회주의기업책임관리제'와 '포전담당책임제'를 통한 내부개혁과 '경제개발구'를 통한 대외개방 정책을 추진하게 된다. 기업개혁은 기업에 대한 중앙집권적 관리운영 방식에서 중앙의 권한을 축소하고 기업에 대한 권한을 대폭 확대한 것이며, 농업개혁은 농민에게 토지를 임대하여 주고 생산물의 일부를 국가가 수매하고 일부는 농민이 소비할 수 있도록 한 것이다. 이러한 내부개혁은 신년사에서 '우리식 경제관리방법'으로 지속적으로 강조되었으며, 이로부터 기업과 농업부문에서는 다소 성과가 나타나고 있다.

문제는 외국기업의 투자에 의한 경제개발구 경제개발이다. 북한은 경제개발구의 외자유치를 위해 외국기업들을 대상으로 한 국제토론회를 수차례 진행하였다. 그럼에도 핵무기 완성을 위한 북한의 멈추지 않는 핵과 미사일 개발은 외국인투자를 가로막았다. 때문에 지금까지 북한의 경제개발구에 진출한 외국기업은 하나도 없다. 이로서 김정은은 핵과 경제개발은 같이 할 수 없음을 깨닫게 되고 2016년 7차당대회를 계기로 선 핵개발, 후 경제개발을 선택하게 된다.

2016년 7차 당대회 이후 선 핵개발로 인한 빈도 높은 핵과 미사일

실험은 핵무기 완성기간을 단축시키는데 기여했으나, 북한은 고강도 대북제재라는 엄청난 난관에 직면하게 된다. 2017년 말 핵보유국이 되었다고 자축했지만, 민생을 위한 경제는 더 이상 나갈 수가 없게 되었다. 핵무기 완성의 기쁨도 잠시, 북한은 핵무기를 내려놓고 미국과 국제사회에 체제수호를 맡겨야 하는 선택을 할 수밖에 없게 된다. 핵무기를 보유하면 경제가 무너지고 그로부터 인민생활은 피폐해지게 되며 이것은 오히려 체제붕괴, 정권붕괴를 가져올 위험성이 크다. 이로부터 김정은은 핵무기를 체제안전보장과 맞바꾸는 전략으로 돌아서게 된다. 결국 김정은은 핵보유를 통해 스스로 체제를 수호하면서 경제개발을 추진하려던 집권 초의 전략을 비핵화를 통해 미국으로부터 체제안전을 보장받으면서 경제개발을 하는 전략으로 선회하게 되었다.

전술한 것처럼 김정은 집권이후 북한의 경제개발 정책은 흔들림이 없다. 오히려 경제개발을 위해 비핵화를 선택하고 있다. 여기에 지난 4월 노동당 7기 3차 전원회의를 통해 북한 역사상 처음으로 제시된 경제건설 총 집중노선은 경제개발을 위한 촉매제로 작용하게 된다. 때문에 여건 조성시 북한의 개혁개방을 통한 경제개발은 매우 급진적으로, 전반적 범위에서 동시다발적으로 추진될 가능성도 없지 않다. 이는 저성장, 고실업에 놓여있는 남한에 있어 매우 반가운 일이다.

목차

제 1 장

김정은,
'개발 없는 독재'에서
'개발 있는 독재'로

제1절 핵무기 보유를 통한 체제수호와 경제개발

핵무기는 북한과 떼어놓고 생각할 수 없다. 북한은 핵무기 없이는 생존할 수 없다. 이것이 지금까지 필자가 가졌던 굳건한 인식이다. 지난 수십년간 경제난과 식량난으로 수백만의 아사자를 발생시키면서까지 핵무기 개발을 고집한 북한이 아니던가. 북한은 미국의 적대정책으로부터 나라를 지키기 위해서는 핵무기를 보유해야 하는 것을 기정사실화했다. 김정일은 생전에 모택동의 총구철학을 모방하여 "총대위에 평화가 있고 총대에 녹이 쓸면 노예가 된다"면서 총대중시 철학을 강조하였다. 김정일은 이러한 총대중시에 기초하여 미국으로부터 체제를 지키기 위해서는 핵무기의 필연성을 강조했고 2006년 1차 핵실험에 이어 2009년 2차 핵실험 이후 명실상부한 핵보유국이라고 공언하였다. 그리고 강성대국건설의 3대 목표 중 하나인 군사강국이 달성되었음을 선포하기도 했다. 이어 김정은은 2012년 헌법 개정을 통해 서문에 핵보유국을 명시하였다.

> "김정일 동지께서는 세계사회주의 체계의 붕괴와 제국주의연합세력의 악랄한 반공화국압살공세속에서 선군정치로 김일성 동지의 고귀한 유산인 사회주의 전취물을 영예롭게 수호하시고 우리 조국을 불패의 정치사상강국, 핵보유국, 무적의 군사강국으로 전변시키시었으며 강성국가 건설의 휘황한 대통로를 열어놓으시었다."[1)]

그렇다면 체제유지와 핵보유는 무슨 상관관계가 있는 것일까? 김정은 정권은 집권초기 급속한 후계체제 구축으로 인해 국정운영 경험 부족, 기존 관료집단과의 갈등 등 많은 문제점을 갖고 있었다. 이로부터 체제유지에 비상한 관심을 두게 되었는데, 체제유지의 핵심은 핵보유

1) 장명봉편, "2018 최신 북한법령집", 북한법연구회, 2018. p.74.

를 통한 군사력 강화였다. 김정일 정권과 마찬가지로 김정은 정권이 체제유지의 핵심을 핵보유에서 찾는 이유는 다섯 가지로 설명 가능하다.

첫째, 북미관계 개선의 지렛대로 활용가능하다. 미국의 핵무기 시설에 대한 족집게식 타격이 어려운 상황에서 북한은 핵실험을 통해 핵무기의 소형화, 상용화에 성공하면 비확산을 위해서라도 미국이 북미관계 개선에 나올 가능성이 크다고 인식하였다. 둘째, 재래식 군사력에 의한 군비경쟁의 한계를 극복할 수 있다는 이유에서다. 북한은 한미동맹에 있는 남한과의 재래식 군사력에서 열세에 처하여 있다. 이를 극복하기 위해 비대칭 전략을 구사하고 있었으나, 효과를 보기 어려웠다. 자료에 의하면, 핵무기 한 대가 탱크 5,000대 운용하는 것과 맞먹는 효과를 얻는다고 한다. 북한에서 핵무기는 경제난에 의해 지속적인 군비증가가 어려운 조건에서 염가의 군사력 강화수단으로 되기 때문이다. 셋째, 신 냉전 시대에 자주국방을 실현할 수 있는 수단이기 때문이다. 1990년 사회주의권의 붕괴와 더불어 냉전이 사라졌지만, 오늘에는 미중 사이의 패권경쟁에 따른 신냉전 시대가 도래하였다. 북한은 지난기간 구소련을 통해 군사장비들을 지원받았으나 이미 낙후해진데다 현대적 무기로 일신하기 위한 경제적 어려움에 처해있다. 열세인 재래식 무장장비에 의해 자주국방을 이루기 어려웠지만, 핵무기를 갖게 됨으로써 이러한 처지에서 벗어날 수 있다고 인식하였다.

넷째는 중국과의 관계에서 독자성을 추구할 수 있다. 역사적으로 북한은 자주국방을 추구하면서 자주정치를 실현할 수 있는 기틀을 마련해 왔다. 북한은 1962년 자주국방을 제시한데 이어 1965년 자주정치를 구사했으며 이러한 속에서 중국과 소련에서 벗어난 자주정치를 구현할 수 있었다. 북한은 핵보유로 중국과의 관계에서 독자성을 추구하고 싶었다. 중국도 이러한 김정은 정권을 길들이기 위해 유엔제재에 동참하여 나섰던 것으로 풀이된다.

다섯째, 핵보유는 체제유지를 위한 주민결속을 위한 수단으로도 이용된다. 대부분의 북한 주민들이 사회주의 이념에 따라 자본주의와의 대립의식이 강화다. 이는 전술한 것처럼 체제유지를 위해 주민들의 동의를 이끌어내는 수단으로 반제자주의식을 고취해 왔다. 이러한 점에서 핵보유는 주민들에게 체제수호에 대한 자신감을 갖게 하는데 양호한 조건을 지어주는 것으로 된다. 이상을 종합하면 북한의 핵보유는 체제유지와 밀접히 연관되어 있다고 볼 수 있다.

북한 당국은 핵을 정권유지의 생명으로 인식하였기 때문에 국제사회의 제재가 강화될수록 북한 정권의 핵에 대한 집착은 더욱 높아졌던 것이다. 유엔의 강도 높은 북한 제재에 대한 중국의 동참은 미국과 합세해 북한정권을 붕괴시키자는데 목적이 있었던 것은 아니다. 미국과의 관계를 유지하여 북한에 대한 무력제재를 막기 위한 것이었으며 국정운영 경험이 부족한 김정은을 친 중화 하려는 의도로 풀이된다. 이처럼 김정은 정권은 체제유지를 위해 핵보유를 생명처럼 인식하고 있었다.

이후 김정은의 핵개발에 대한 강한 의지는 여러 신년사에서 지속적으로 표명되었다.

> "국제무대에서 힘에 의한 강권이 판을 치고 정의와 진리가 무참히 짓밟히고 있는 오늘의 현실은 우리가 선군의 기치를 높이 추켜들고 핵억제력을 중추로 하는 자위적 국방력을 억척같이 다지고 나라의 생명인 국권을 튼튼히 지켜온 것이 얼마나 정당하였는가 하는 것을 뚜렷이 실증해주고 있습니다."(2015년 신년사 중에서)

> "오늘 미국의 침략적인 대아시아 지배전략과 무분별한 반공화국전쟁책동으로 말미암아 조선반도는 세계최대의 열점지역, 핵전쟁 발원지로 되고 있습니다. 미국과 남조선호전광들은 해마다 공화국을 반대하는 대규모의 핵전쟁연습을 연이어 벌려놓으면서 조선반도정세를 극도로 격화시키고 북남관계에 엄중한 장애를 조성하고 있습니다."(2016년 신년사 중에서)

“우리는 미국과 그 추종세력들의 핵위협과 공갈이 계속되는 한 그리고 우리의 문전 앞에서 연례적이라는 감투를 쓴 전쟁연습소동을 걷어치우지 않는 한 핵무력을 중추로 하는 자위적국방력과 선제공격능력을 계속 강화해나갈 것입니다.”(2017년 신년사 중에서)

“지난해 우리는 각종 핵운반 수단과 함께 초강력 열핵무기 시험도 단행함으로써 우리 총적 지향과 전략적 목표를 성공적으로 달성하였으며. 우리 공화국은 마침내 그 어떤 힘으로도 그 무엇으로도 되돌릴 수 없는 강력하고 믿음직한 전쟁 억제력을 보유하게 되었습니다. 우리 국가의 핵 무력은 미국의 그 어떤 핵 위협도 분쇄하고 대응할 수 있으며 미국이 모험적인 불장난을 할 수 없게 제압하는 강력한 억제력으로 됩니다.(중략) 공화국 핵무력 건설에서 이룩한 역사적 승리를 새로운 도약대로 삼고 사회주의 강국 건설의 모든 전선에서 새로운 승리를 쟁취하기 위한 혁명적인 총공세를 벌여 나가야 합니다.(중략) 핵무기 연구부문과 로케트 공업 부문에서는 이미 그 위력과 신뢰성이 확고히 담보된 핵탄두들과 탄도롯케트들을 대량생산하여 실전배치하는 사업에 박차를 가해 나가야 합니다. 또한 적들의 핵전쟁 책동에 대처한 즉시적인 핵반격 작전 태세를 항상 유지하도록 하여야 하겠습니다.”(2018년 신년사 중에서)

한편 김정은은 핵보유를 통한 굳건한 군사적 안보를 바탕으로 경제개발을 추진하는데 집중했다. 이를 위해 김정일이 사망한 2011년 12월 17일 이후 애도기간에 외국인 투자관련법 12개를 개정하여 외국투자유치에 대한 강한 의지를 보여준 바도 있다. 또한 경제개발에서 세계적 추세도 강조했으며 경제사령탑인 내각의 역할을 강조하였다. 2012년 4월 6일 담화에서 “경제사업에서 제기되는 모든 문제를 내각에 집중시키고 내각의 통일적인 지휘에 따라 문제를 풀어나가는 규율과 질서를 철저히 세워야 한다”고 강조함으로써 과거 무너진 내각의 역할을 재수립하였다. 이후 ‘6.28방침’을 통한 대내개혁과 ‘경제개발구법’ 제정으로 대외개방을 추진하는 등 경제개발에 무한한 관심을 보였다.

한마디로 집권 초 핵보유를 통한 경제개발, 이것이 김정은의 국정철학이라 할 수 있다. 김정은은 자신의 국정철학이 성공적으로 추진될 것으로 믿었기에 2012년 4월 권력승계를 안정적으로 마무리하고 첫 육성 연설에서 '인민이 다시는 허리띠를 졸라매지 않게 하고 사회주의 부귀영화를 마음껏 누리도록 하자는 것이 우리당의 확고한 결심'이라고 하면서 '경제강국을 전면적으로 건설하는 길에 들어서야 할 것'이라고 밝혔다.[2] 그리고 2012년 담화에서 인민들의 먹는 문제, 식량문제 해결을 선결과제로 제시했다.[3] 김정은은 2012년 초 경제분야를 시찰하면서 '인민생활 회복을 위해 실정에 맞는 새 경제관리방법을 만들어야 한다. 인민이 좋아하면 그것이 옳은 것이며 계속 발전시켜 나가야 한다'고 지시하기도 했다. 이로부터 2012년 노동당 행정부 산하에 경제발전전략을 연구하는 '전략문제연구소'가 신설되었다. 2012년 8월 평양에서 왕자루이 중국공산당 대외연락부장과 회담하는 자리에서는 '경제를 발전시키고 생활수준을 증진해 주민이 행복하고 문명적인 생활을 누리도록 하는 것이 당의 목표'라고 전하기도 하였다.[4]

---

2) 『조선일보』, 2012년 4월 16일
3) 『노동신문』, 2012년 4월 19일
4) 『동아일보』, 2012년 8월 4일

제2절 김정은 정권의 개발독재 방식의 경제개혁

Ⅰ. 문제제기

김정은 집권 이후 경제개혁과 관련한 움직임이 가시적으로 나타나고 있다. 이는 북한의 양형섭 최고인민회의 상임위원회 부위원장이 지난 2012년 1월 미국 AP통신과의 회견에서 중국 등 다른 국가의 경제개혁 사례를 김정은이 연구하고 있다고 밝힌데 이어 1월 28일 방침과 6월 28일 방침, 그리고 올해 경제개발구법 제정과 경제개발구 창설을 위한 국제토론회 개최 등 북한이 내세운 대책에서 찾아볼 수 있다.

이와 관련해 김정은 등장 이후 실시되는 새로운 경제조치가 7.1경제조치와 같은 불모의 운명에 처할 가능성이 높다는 소극적 해석과 북한의 현실이 불가역적인 시장경제운영에 처해있으므로 7.1경제조치보다 좀 더 진전된 개혁조치가 취해질 것이라는 적극적인 해석, 아직 대대적인 개혁에 착수한 것이 아니므로 지켜보아야 한다는 유보적 해석이 엇갈리고 있다.[5] 북한의 경제개혁이 계획경제운영의 한계를 보충하기 위한 데 머물러 있다고 해도 사회주의권이 시장화를 지향해 나가는 역사적 흐름에서 벗어나기 어려울 것이다. 김정은 등장 이후 북한이 경제개혁을 할 것인가, 말 것인가 에 대한 논의보다 "당국의 모순된 정책의 시소게임과 현실과의 상호작용속에 개혁의 자기 재생산성 내지 확장성이 어떻게 만들어지는가에 좀 더 주목해야 한다"[6]는 주장이 제기되는 것도 이러한 이유 때문이라 볼 수 있다.

이 글에서는 북한의 경제개혁을 개발독재의 시각에서 고찰한데 이어 개발독재 방식의 경제개혁 등장 가능성과 전망을 살펴보려 한다.

---

5) 권영경, "북한의 개혁·개방 추진실태: 현황과 평가,"『김정은 체제의 개혁·개방 가능성: 평가와 전망』, 한국수출입은행·통일연구원·서울경제신문이 공동주최하는 〈2012 북한개혁 개방 국제공동학술회의 자료집〉, p. 35.

6) 위의 글, p. 42.

Ⅱ. 북한의 경제개혁에 대한 이해

1. 경제개혁에 대한 북한당국의 인식

일반적으로 경제개혁은 경제 분야에서 실시하는 개혁으로 종전의 경제 제도나 경제 질서를 새로운 것으로 바꾸는 것을 의미한다.[7] 계획경제운영의 비과학성이 드러난 것으로 인해 사회주의권에서의 경제개혁이라 하면 시장경제체제로의 변화를 목적으로 하고 있다고 볼 수 있다.

사회주의권에서 경제개혁은 붕괴된 동구사회주의 나라들이 1960년대 중반 무렵부터 단속적으로 시행해온 개혁적인 경제정책의 일환이다. 당시 사회주의권 집권자들은 계획경제운영에 따른 부작용을 약화시키기 위해 시장 메커니즘을 제한적으로 도입함으로써 기업과 개인의 사경제활동에 대한 자율성을 형식적이 나마 보장하려 했다.

북한의 경제개혁을 논의하려면 이에 대한 북한의 인식이 선행되어야 한다. 북한은 개혁에 대해 "낡은 제도나 그밖에 이미 써오던 것을 근본적으로 새롭게 뜯어 고치는 일", 개방에 대해서는 "자유로 드나들지 못하게 하던 것을 열어놓는 것"이라고 정의하고 있다.[8] 김정일은 "개혁이란 낡은 것을 개조하고 혁신하는 과정이며 가장 철저한 개혁은 다름 아닌 사회적 변혁, 사회혁명"이라고 까지 언급하였다.[9] 북한은 개혁이 정치, 경제, 문화 등 사회전반을 포괄하는 개념으로 보면서 비정치분야에 대한 개혁이라도 정치적 개혁과 연계되어 있다고 강조한다. 예컨대 경제개혁과 정치개혁은 분리될 수 없다고 보고 있다. 그것은 경제개혁의 성과가 각종 규제를 통한 정치개혁을 통해 공고화되기 때문이다. 북한은 개혁이 자유민주주의체제를 지향하고 있다면서 개혁 그 자체에 대

---

7) http://search.daum.net/search(검색일: 2013년 10월 10일.

8) 조선말사전 편집부. 『조선말사전』(평양: 과학백과사전출판사, 2010), pp. 215~218.

9) 김정일, "제국주의자들의 '개혁개방' 책동은 용납될 수 없는 침략와해 책동이다," 1998년 5월 7일 당중앙책임일군들에게 한 담화.

한 부정적 인식이 강하다.[10)]

이러한 점에서 북한에서의 경제개혁은 그 수준이 어떠하든 개혁개방을 위한 경제제도의 변화로 볼 수 있으며 경제개방은 자본주의 나라와의 교류활성화로 이해할 수 있다.

2. 북한 경제개혁의 특징

경제분야에서의 개혁개방을 위한 시도라 할 수 있는 북한의 경제개혁의 특징은 네 가지로 찾아볼 수 있다.

첫째, 사회주의체제에서의 경제개혁이다. 이는 북한이 경제개혁과정에 중국이나 베트남, 쿠바 등 사회주의권 일반의 경로를 답습하게 된다는 것을 의미한다. 북한이 2002년 7.1일 시행한 경제조치와 그 후속조치들을 보면, 중국에서 1978년 초기 개혁기간에 시행했던 조치와 유사하다. 베트남에서 1979년 시행되었던 신경제정책이나 1983년부터 시작된 통제강화 조치 등은 “시장이 자본주의 서식장”이라고 하면서 김정일이 시장이 활성화 되는 것을 억제하기 위해 2005년부터 내놓았던 조치들과 유사하다.[11)]

둘째, 핵과 미사일 개발이 병행되는 속에서의 경제개혁이다. 이는 북한이 경제개혁을 한다 해도 자원배분에서 군력 강화에 우선적인 관심을 둔다는 것을 의미한다. 남북한 두 정권은 이념적 경쟁관계에 있고 통일을 지향하고 있어 국가안보를 떼어놓을 수 없다. 이는 김정은 정권 들어 핵무기를 완성하기 위해 경제개발과 병행하기 위한 정책을 추구하는 상황에서 경제개혁이 제대로 이루어지기 어렵다는 것을 시사한다.

셋째, 분단구조에서 진행되는 경제개혁이다. 이는 북한이 경제개혁

---

10) “우리 혁명이 전진하는 과정에 임무와 전술, 투쟁방법은 달라질 수 있으나, 전략적 노선에서는 변화가 있을 수 없다. 우리에게서 정책변화나 개혁개방을 기대하는 것은 해가 서쪽에서 뜨기를 바라는 것과 같은 어리석은 꿈이다. 『노동신문』, 2012년 8월 13일.

11) 권율, “북한경제모델의 모색: 베트남 개혁개방모델이 북한에 주는 시사점,” 『수은북한경제』 제2권2호(2005년 여름호).

을 진행함에 있어 남한 영향에 의한 체제위기에 각별한 관심을 두게 된다는 것을 의미한다. 북한은 경제개혁의 성패보다도 이에 따른 후유증, 특히 주민 통제력을 상실했을 때 남한에 흡수될 수 있다는 두려움이 더 크다. 그것은 서독의 동독 흡수가 북한 지배층에게 교사로 되고 있기 때문이다. 이는 경제개혁의 속도나 수준이 한국정부의 대북정책 기조에 따라 조정될 수 있음을 시사한다.

넷째, 개발도상국에서의 경제개혁이다. 이는 북한이 경제개혁을 추진하는 과정에 개발도상국들에서 경제개발을 목적으로 진행한 노동집약적이고 강압적인 방식을 그대로 모방할 수 있다는 것을 의미한다.

이처럼 북한의 경제개혁은 선군정치, 분단구조, 사회주의 체제, 개발도상국에서의 경제개혁의 영향을 받을 수 있는 구조적 문제점을 안고 있다.

<그림 1> 북한의 경제개혁의 영향요인

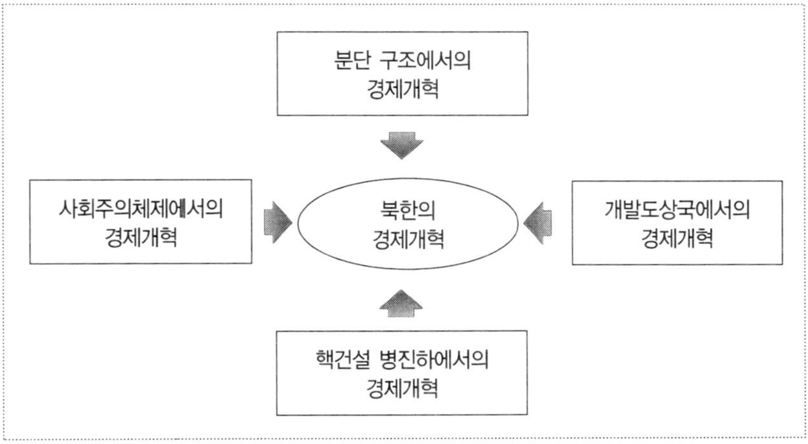

자료: 저자 작성

Ⅲ. 개발독재와 북한의 경제개혁

1. 개발독재에 대한 이해

가. 정의와 특징

개발독재에 대한 논의에 앞서 발전국가론에 대한 이해가 필요하다. 발전국가론에 따르면 한국이나 대만, 싱가포르 등 아시아 나라들에서 일어난 경제성장은 통수권자의 국정운영 결과로서 경제운영에서 국가의 역할을 우선해야 한다는 것이다. 발전국가론의 초기 제창자는 찰머스 죤슨(Chalmers Johnson)이다. 그는 전후 고도성장을 이룩한 일본에 대한 연구를 통해 발전국가 모델의 원형을 제시했는데 핵심은 "시장의 합리성"에 반하는 "계획의 합리성"을 시장경제 운영에 적극 활용해야 한다는 것이다.[12] 이는 자본주의 경제운영 방식에 사회주의 경제운영 방식의 장점을 결합한 것으로 양자의 운영방식과 구별되는 새로운 형태의 경제모델이라 할 수 있다.[13] 죤슨은 국가의 경제에 대한 개입방식을 세 가지로 구분하였다. 즉 사회주의권의 "계획-이데올로기 유형", 영미의 "시장-합리적 유형" 그리고 일본을 비롯한 동아시아의 "계획-합리적 유형"이다.[14] 계획과 시장의 관계에서 볼 때, 첫 번째 유형은 계획이 시장을 대체한 것이며 두 번째 유형은 계획을 공공재에 국한하고 시장의 자유로운 기능을 보장한 것이다. 세 번째 유형은 시장경제운영에서 계획경제 운영의 장점을 활용한 것이라 할 수 있다. 이러한 점에서 개발독재는 "계획-합리적 유형"에 해당하는 것으로 발전국가론에서 파생된 것이라 할 수 있다.

개발독재는 국가 경제개발의 기치 아래 자행되는 강권 정치의 일종

12) Johnson Chalmers. "*MITI and the Japanese Miracle*. Berkeley: University of California Press. 1984, pp. 18-26.

13) 김주환, "발전국가론에서의 국가-시장관계에 대한 일고찰" 『논문집』, 제50집(2006), p. 6.

14) 위의 책, 같은 쪽.

이다.[15] 개발독재에 대해 "경제성장을 위해서는 정치적 안정이 불가결하다는 이유로 정치참여를 크게 제한하는 독재를 정당화하는 체제"라고도 정의하고 있는 것도 이러한 이유 때문이다.[16]

개발독재라는 용어는 정치경제학적으로 '전체주의 동원체제'라고도 한다. 전체주의국가들에서 실행되는 이러한 형식의 동원체제는 강력한 독재정권의 기반하에 국가의 모든 자원을 한 곳으로 집중시켜 경제발전을 추구할 수 있게 한다. 따라서 산업발전 초기단계에서는 시장경제체제나 계획경제체제를 막론하고 노동집약적 발전을 추구하므로 효율성이 높다. 그러나 이러한 방식의 경제운영이 장기화 되는 경우 자국민들의 민주화에 대한 요구, 인권 문제 해결 등을 외면하게 되어 결국 국제사회와 단절되어 폐쇄적인 국가로 전락되는 경우가 적지 않다.

전체주의 동원체제라고 불리기도 하는 개발독재의 주요한 특징은 세 가지로 요약할 수 있다.

첫째, 기존정치 체제에 대한 안정보장이다. 개발독재에서는 권위주의형 지도자가 군대 혹은 독점적인 정당이나 신앙을 통해 정치적 안정을 기하고 경제건설을 수행해 나간다. 이는 한국뿐 아니라 대만, 말레이시아, 싱가포르 등 경제발전에서 성공한 나라들에서 나타난 공통된 특징이기도 하다. 따라서 기존 정치체제에 미치는 충격이 약하다. 그것은 개발독재가 경제성장을 위해 주민들의 정치적 참여를 제한하기 때문이다. 사회주의 국가에서 경제개혁과 더불어 진행되는 개발독재에 대해 "사회주의 국가가 경제개혁 국면에서 정치체제의 변화없이 경제성장을 추구하는 방식"[17]이라고 정의하고 있는 것도 이러한 이유 때문이다.

둘째, 독재국가의 유형에 불문하고 실행이 가능하다. 독재국가에는

15) http://dic.daum.net/word/view.do?wordid(검색일: 2012년 3월 20일)
16) 이병천 엮음, 『개발독재와 박정희 시대』(서울: 주) 창비, 2003), p. 19.
17) 이무철, "북한의 경제개혁 연구의 쟁점," 『현대 북한연구의 쟁점2』(서울: 한울아카데미, 2007), p. 169.

개인독재, 군부독재, 일당독재 등의 유형이 있는데 어느 유형에서나 실행이 가능하다. 중국이나 베트남 등에서 실행한 경제개혁은 일당독재가 실행한 개발독재로 볼 수 있다. 한국이나 대만, 싱가포르를 비롯한 자유민주체제에서 실행한 개발독재는 시장경제의 환경에서 권위주의에 의해 계획화를 적절히 조화시켜 나갔다면, 중국이나 베트남을 비롯한 사회주의 체제에서 실행한 개발독재는 계획경제의 환경에서 시장경제 운영의 원리를 보충적으로 배합했다는 점에서 차이가 있다.

셋째, 지속가능한 경제성장에 대한 비확실성이다. 개발독재와 경제성장, 개발독재가 실행되어 경제성장이 지속적으로 이루어진 것을 실증적으로 검증된 바는 없다. 한마디로 개발독재는 경제성장에 필요한 조건을 지어줄 뿐이다. 1960년대 많은 개발도상국에서 개발독재 방식의 경제개발이 진행되었지만, 한국이나 대만 등 일부 나라들에서 성과를 거둔 반면, 인도나 필리핀과 같은 나라들에서 그렇지 못한 것이 그 사례이다.

나. 개발독재의 진입환경

개발독재는 이에 진입할 수 있는 조건이 양호한 속에서 실행된다. 즉 독재자의 의지와 함께 통치환경이 이를 유인하는 속에 강행된다고 볼 수 있다. 한국의 경우 이러한 요인으로 ① 경제개발에 대한 통수권자의 의지, ② 경제개발에 대한 국민의 이해관계, ③ 주변국들이 실행하고 있는 경제성장 방식에 따른 효과, ④ 분단구조 상황을 들 수 있다.

한국의 경우를 살펴보면, 1960년대 중엽에 들어 박정희 정권은 대선 승리 후 군사정권의 취약한 정당성 확보와 체제유지를 위해 경제개발이 필요했다. 따라서 개발독재에 의한 경제개발이 강행되었다. 경제개발은 우수한 계획도 필요하지만, 지도자의 강한 의지에 따른 집행이 더욱 중요하다. 한국의 개발독재가 성공할 수 있었던 기본적인 조건의 하나는 박정희의 근대화 실현에 대한 확고한 의지 때문이라 할 수 있다.[18] 당시 인도의 경제발전계획이 세계적으로 우수한 것으로 평가되었으나 완만한 경제성장에 그친 사례를 들 수 있다.[19]

1960년대 남한 국민의 민생난은 심각한 처지에 놓여있었다. 뉴스위크지(Newsweek)는 남한 국민의 경제상황이 한국전쟁 이후 최악이라고 평가하였다.[20] 당시 북한과도 현저한 국력격차를 갖고 있었고 남한의 일인당 GNP가 80달러, 평균 국민소득이 북한에 비해 낮은 것이 1급 국가기밀로 취급될 정도였다.[21] 따라서 당시의 상황은 국민들이 생계난에서 벗어나기 위해 어떤 형태로든 경제개발을 원하고 있은 상황이었다.

한편 국제적으로도 대만이나 싱가포르 등 여러 후진국들에서 개발독재가 실행되고 있던 시기였다. 당시 세계경제가 팽창하면서 수출주도 공업화 노선으로 전환한 것이 후진국들에게 경제발전에 양호한 환경을 조성하였다. 미국의 케네디 대통령이 케네디 라운드라는 가트(GATT, General Agreement on Tariffs and Trade의 약칭. 관세 및 무역에 관한 일반협정) 7차 라운드를 통과시킨 뒤 전 세계 주요 국가들이 관세를 50% 이하로 낮췄다. 이에 따라 1963~1964년부터 전세계적으로 자유무역이 활성화 되었다. 한국이나 대만, 싱가포르 등은 수출주도공업화 정책으로 노선을 전환하였는데 이에 따라 후진국의 공업제품이 선진국에 진출할 수 있는 길이 열리게 되었다. 남한은 한국전쟁이 끝나면서 맺어진 한미동맹으로 경제개발에 전력할 수 있는 조건이 성숙되었다. 또한 박정희 군부정권의 경제개발에 대한 강한 야심을 지지하는 관료층도 성숙되어 있었다.

---

18) 김광희, 『박정희와 개발독재』, p. 319.

19) 위의 책, 같은 쪽.

20) 『Newsweek』, 1961년 4월 3일.

21) 김주희, "박정희의 초기 정치적 리더십 연구(1961~1963)", 충북대학교 석사학위논문(1996), p. 18.

다. 개발독재의 성공조건

개발독재를 부정하는 학자들도 이러한 경제개발 방식이 단기적으로는 경제발전 속도와 구체적 목표 실현에서 긍정적인 방식임을 인정한다. 그러나 한국과 같이 장기적으로 고도의 경제성장을 이룬 사례는 찾아보기 어렵다. 개발독재를 실행하였음에도 이러한 차이가 발생하는 것은 이를 실행하기 위한 전략 때문이라 할 수 있다.

통상적으로 개발독재가 성공하려면 하드웨어와 함께 소프트웨어가 구비되어야 한다. 자금이나 대외개방정책 등이 전자라면 경제개발을 위한 지도자의 강한 리더십과 이를 경제적으로 지원하는 관료구성 등은 후자라 할 수 있다. 많은 경우 개발독재가 성공하려면 자금이 있어야 하고 이를 위해서는 외자유치를 위한 개방이 선행되어야 한다고 보고 있다. 이는 개발독재에 필요한 하드웨어 중심의 전략이라 볼 수 있다.

개발독재의 성공여부는 시장경제의 확대와 적극적인 대외개방을 전제로 하고 있으나, 체제적 환경과 특성에 따라 효과적인 경제전략을 구사해나가는 것이 중요하다. 이는 개발독재로 고도성장을 이룬 한국의 사례나 성공적인 경제개혁을 이루어낸 중국이나 쿠바, 베트남의 사례에서 찾을 수 있다. 한국이 다른 나라에서 찾아볼 수 없는 개발독재를 통한 고도성장에 성공할 수 있은 것은 외자유치를 위한 적극적인 개방 때문만이 아니다. 경제발전에 대한 박정희 대통령의 확고한 의지와 이를 지지하는 테크노크라트와 같은 개발독재 실행에 필요한 소프트웨어가 원만히 보장되었기 때문이다. 중국이나 쿠바, 베트남 등 과거 공산권국가들이 체제를 유지하면서 경제개혁의 성과를 이룰 수 있은 것은 시장확대에 따라 대외개방을 확대하였기 때문이라고 만 볼 수 없다. 체제가 처한 환경과 특성에 적합하게 경제개혁의 범위와 우선순위, 추진과정에서 속도를 조정해나갔기 때문이다.

라. 한국의 군사정권이 실행한 개발독재 시사점

한국의 개발독재는 군부가 정권을 장악한 속에 강력한 물리적 힘에 의해 정치적 안정을 보장하면서 실행되었다. 북한의 경우 선군정치의 계승을 표방하고 있는 김정은 정권이기에 한국의 개발독재와 유사한 양상을 띠게 될 가능성이 크다. 정계 입문의 초 시기 노동당을 거점으로 하여 후계자 수업을 받은 김정일과 달리 김정은은 군부를 시발점으로 하여 후계자 수업을 받았다. 당정군의 일체화속에 당 핵심관료들이 계급칭호를 갖고 군 요직을 차지하고 있어 한국의 박정희 정권보다 더 강력한 군부정권이라 할 수 있다. 한국의 개발독재는 분단구조하에서 안보와 경제를 병행해 나갔으며 이 과정에 성공을 이루었다. 이는 체제의 차이에도 불구하고 '경제-핵무력 건설 병진노선'을 통한 북한의 개발독재 방식의 경제개혁이 일정한계 내에서 가능하다는 것을 시사한다.

개발독재를 경험한 나라들의 사례에서 보듯이 이로 인한 피해가 뒤따르는 것이 일반적 경향이다. 한국의 경우도 인권 유린과 정적(政敵) 탄압이 자행되고 빈부격차가 확대되는 등 사회민주화 수준이 낮아지는 폐단이 발생하였다. 따라서 개발독재가 북한에서 강행되는 경우 지난 기간의 독재보다 더 큰 피해가 따를 것이다. 그러나 이와 관련해 북한 주민들은 "개발이 없는 독재"속에서 살아왔고 지금도 살고 있다는 것에 관심을 둘 필요가 있다.

독재는 개발이 있는 독재와 개발이 없는 독재로 구분이 가능하다.[22] 전자에서는 경제발전에 따른 민생문제 해결이, 후자에서는 정치발전에 따른 주민의식 제고를 통한 체제유지가 주된 정책적 과제로 제기된다. 전자는 자유민주체제, 후자는 사회주의체제의 국정운영에서 찾아볼 수 있다. 지난 한 세기의 역사를 보면 전자에서 후자로, 후자에서 전자로 넘어간 사례가 적지 않다. 2차 대전 이후 출현한 사회주의나라나 사회주의국가 수립을 목표로 하였던 신생독립국가들은 개발이 있는 독재에서

22) 위의 글 참조.

개발이 없는 독재로, 개혁개방에 성공적인 사회주의권 일부 나라들은 개발이 없는 독재에서 개발이 있는 독재로 전환한 사례라 할 수 있다.

북한 당국이 지향하고 있는 개발독재가 경제성장에서 효과적이라고 한다면, 북한주민들은 개발이 있는 독재하의 삶과 개발이 없는 독재하의 삶 중 전자를 선택할 가능성이 크다. 그것은 개발이 없는 독재에서는 민생난에서 벗어날 수 없다는 인식, 90년대부터 근 20년이 넘게 장마당을 통해 생계를 유지해오면서 삶의 질에 대한 욕구가 높아졌기 때문이다.

2. 개발독재에 대한 김정일의 관심

김정일은 생전에 단기간에 북한경제를 성장 시킬 수 있는 수단으로 개발독재에 대한 관심이 컸다. 이는 이여의 기회에 있은 발언에서 읽을 수 있다.[23]

<표 1> 개발독재에 대한 김정일의 인식

시기	발언 내용
정주영 전 현대 그룹 명예회장과 대화 (1999년 10월 1일)	"요즘은 박정희 대통령이 좋게 인식되는 것 같은데, 옛날에는 유신이니 해서 비판이 많았지만 초기 새마을 운동을 한 덕택에 경제발전의 기초가 되었던 점은 훌륭한 점입니다." "나도 영화를 통해 서울을 보았는데, 서울은 일본의 도쿄보다 훌륭한 도시로 조선이 자랑한 만한 세계의 도시입니다."
베이징 방문 시 주룽지 등 중국지도부와담화 (2000년 5월 29일)	"넓은 내수시장을 가지고 있고 전략적 가치가 높아 외국 자본과 기술의 유입이 원활한 중국 방식보다는 속도전을 통해 단기간에 경제를 회복시킨 박정희식 모델에 더 주목하고 있다"

김정일의 이러한 발언이 한국정부의 경제지원을 기대하는 '립서비스' 차원에서 이루어졌다는 평가가 우세하나, 한국이 실행한 개발독재에 대한 긍정적인 평가였다는 점에 관심을 둘 필요가 있다.

김정일은 개발독재에 대해 긍정적 인식을 갖고 있었으나 조성된 환경으로 인해 관망에 그친 것으로 보인다. 그것은 김일성 사후 들이닥친

23) 『조선일보』, 2005년 3월 9일.

국내외적 상황으로 인해, 체제를 수호하는 것이, 개발독재를 통한 경제 회생보다 더 급하였기 때문이다. 이는 김정일이 "지금의 정세에서는 우리에게 사탕보다 총알이 더 필요합니다. 사탕은 먹지 않아도 살아나갈 수 있지만 총알이 없으면 사회주의를 지켜낼 수 없고 살아나 갈수도 없습니다." 라고 강조한 것에 찾을 수 있다.[24)]

개발독재로 성공한 아시아 나라들은 남북한과 같이 분단구조로 인해 체제경쟁 특히 군비경쟁에 더 많은 노력을 돌려야 할 처지는 아니었다. 분단국인 조건에서도 한국에서 개발독재가 성공할 수 있은 배경에는 북한이 내건 '무력에 의한 남조선 해방'을 강력히 차단할 수 있는 미국의 군사적 대비가 있었기 때문이다. 한국과 미국 사이에는 1954년 "한미상호방위조약"이 체결되었는데 이는 한국정부가 남침위협에 대한 불안감을 가시고 경제개건에 매진할 수 있게 한 원천이기도 했다.

분단구조에서 군사적 안보가 담보되는 경우, 이에 상응하게 경제성장이 이루어진 사례는 북한정권의 역사에서도 찾아볼 수 있다. 1953년 정전협정이 체결되었을 당시 북한에 남은 중국인민지원군은 17개 군단과 별도의 포부대, 장갑 및 공병부대, 각 병단과 직속부대 등을 합쳐 120만 명이었다.[25)] 이를 토대로 북한은 1956년 8월에 8만 명의 군 병력을 축소하여 전후경제 재건에 돌리는 여유를 보였다. 북한은 사회주의경제건설 역사에서 최대 황금기를 1차 5개년계획(1957~1960년)의 수행으로 보고 있다. 북한 당국은 계획기간 36.6%의 연평균 성장률을 보여 "괄목할 만한 경제성장을 이룩했다"고 자평하였는데, 이는 북한지도부가 중국인민지원군의 주둔으로 인해 경제재건에 주력할 수 있었기 때문으로 보인다. 당시 한국전에 참전한 중공군의 주둔은 북한체제 수호의 버팀목이었다.[26)]

---

24) 김정일, "자강도의 모범을 따라 경제사업과 인민생활에서 새로운 전환을 일으키자," 『김정일선집』 제14권(평양: 조선로동당 출판사, 2000), p. 400.

25) 장창준, 『1950년대 북중관계 연구: 중국인민지원의 참전과 철수를 중심으로』(서울: 새세상 연구소, 2010), p. 20.

3. 개발독재에 대한 북한연구자들의 관심

북한의 경제모델이 개발독재 형태를 가질 것이라는 것에 대해 국내외 적지 않은 학자, 전문가들이 주장하고 있다.

오원철(전 청와대 경제2수석비서관)은 2003년 〈월간조선〉에 발표한 글에서 "특색있는 사회주의 건설"에 따른 중국식 경제발전 준거모델이 한국형 경제건설론이었다고 주장하였다. 이를 계기로 사회주의권의 개혁개방과 관련한 논의에서 개발독재의 적용 가능성에 대한 관심이 시작되었다고 볼 수 있다.[27]

2004년 이봉조 통일부 전 차관은 "북한이 취하려는 경제발전 모델은 개발독재형 모델로, 박정희식 개발모델에 대한 연구를 하고 관심도 높다"고 언급하였다.[28] 2005년 수출입은행 배종렬 박사는 한국이 경제개발에 들어가기 전, 1960년대보다 경제상황이 양호한 북한이 한국형 경제건설론을 벤치마킹해 나갈 것이라고 전망하였다.[29] 그러나 이에 대한 반론도 있다. 2007년 이무철 박사는 연구논문에서 박정희식 모델(개발독재)은 경제발전전략이라는 측면에서 북한 경제발전전략의 변화에 중요한 시사점을 줄 수 있다고 하였다. 그러면서 북한의 경제발전전략이 개발독재와 외형상 유사한 형태를 갖더라고 체제 작동 상 차이를 갖고 있다. 북한 내 주객관적 조건에 많은 제약을 받게 된다면서 비교사회주의적 접근에 따른 연구가 더 생산적이라고 지적하기도 했다.[30]

2010년 경남대 극동문제연구소 북한현대화연구팀의 필립 박 교수는 "박정희식 모델에 비춰볼 때 북한의 현대화는 국가 주도의 경제성장과

---

26) 김용현, "북한의 군사국가화에 관한 연구: 1950-60년대를 중심으로," 동국대학교 박사학위 논문, 2001. p. 72.

27) 오원철,"테크노크라트에게 권한주고 수출공업 육성해야," 『월간조선』, 1월.

28) 『연합뉴스』, 2004년 9월 2일.

29) 배종렬, "북한 경제개발모델의 모색: 북한개발을 위한 경제모델의 모색: 한국의 경험," 『수은북한경제』, 2005년 여름호,

30) 이무철, "북한의 경제개혁 연구의 쟁점," 『현대 북한연구의 쟁점2』(서울: 한울아카데미, 2007), p. 169.

인적자원 개발, 과학기술 증진과 시장확대 등을 통해 달성될 수 있다"고 말하였다.[31]

2011년 통일연구원 조민 선임연구위원은 "북한체제를 유지하면서 한 걸음 앞으로 나갈 수 있는 방향은 개발독재 방식이며 이는 북한 수령독재체제와 근친성을 지니기에 비록 모험적 이마나 북한의 선택을 기대해볼 수 있다"고 밝혔다.[32]

2013년 경남대학교 윤대규 부총장은 발간한 저서 "북한에 대한 불편한 진실"에서 북한이 정치적 발전을 희생하면서도 신속한 경제개발을 도모할 수 있는 유일한 대안은 독재 권력을 유지하면서 시장경제를 허용하는 방안인데 이는 그 이름을 무엇으로 정당화하든 지간에 '개발독재'의 한 유형이 될 것이라고 주장하였다.[33]

<표 2> 연대별 북한의 개발독재 실행 가능성에 대한 주장

이름	연대	주장
이봉조	2004	북한이 취하려는 경제발전 모델은 개발독재형 모델로, 이에 대한 연구를 하고 관심도 높다
배종렬	2005	1960년대와 경제상황이 유사하므로 한국의 경제모델을 벤치마킹해 나갈 것이다.
이무철	2007	개발독재는 경제발전 전략이라는 측면에서 북한 경제발전 전략의 변화에 중요한 시사점을 줄 수 있다.
필립 박	2010	북한의 현대화는 박정희식 모델(개발독재)에 의해 성과가 이룩될 수 있다.
조민	2011	개발독재는 수령독재 체제와 근친성을 갖고 있기에 모험적이라도 북한이 선택할 가능성이 크다.
윤대규	2013	북한의 경제개혁은 그 이름을 무엇으로 정당화하든 '개발독재'의 한 유형이 될 것이다

31) 『미국이 소리방송』, 2010년 2월 4일.

32) 조민,"포스트 김정일체제의 정권진화와 개발독재: 수령독재체제에서 개발독재체제로 나가야," 통일연구원(2011), p. 4.

33) 윤대규, 『북한에 대한 불편한 진실』(서울: 도서출판 한울, 2013), p. 149.

4. 개발독재 방식의 경제개혁에 대한 북한의 이해관계

김정은 정권에 이르는 북한체제 운영양상을 보면 일당독재(김일성 정권)에서 일인독재(김정일 정권)로, 다시 일당독재(김정은 정권)로 복귀하는 경향을 보이고 있다. 북한체제 속성 상 독재가 없이 체제가 유지되기 어려운 점을 고려하면 이를 근간으로 한 경제개혁이 진행될 것이다. 이에 따른 북한 당국의 이해관계는 네 가지로 정리할 수 있다.

첫째, 개발도상국들이 개발독재를 통해 급속한 경제성장을 이룰 수 있었기 때문이다. 그렇다면 개발독재 방식이 아닌, 민주주의 방식으로 경제성장을 이룰 수는 없는 것일까? 세상에는 아직까지 공업화와 민주화를 동시에 추진하여 경제성장을 이룬 사례가 없다.[34] 역사적 경험을 보면, 후진국일수록 독재체제에서 경제개발 가능성이 민주주의체제에서의 경제개발 가능성보다 높다.[35]

둘째, 군사를 중시하는 북한의 실정에 적합한 경제운영방식이기 때문이다. 선군독재에서는 경제가 안보에 밀리는 반면, 개발독재에서는 경제와 안보의 병행이 가능하다.[36]

셋째, 정치적 안정을 보장하는 것이 용이하기 때문이다. 중국이나 베트남, 쿠바에서 진행한 경제개혁이 성공한 가장 큰 요인은 정치적 안정을 보장한 것이다. 일당독재 국가가 실행하는 경제개혁에서 정치적 안정을 보장하는 문제는 결국 공산당의 영도적 역할을 보장하는 것과 직결된다. 이러한 점에서 북한은 노동당의 기능과 역할이 유지되는 개발독재 방식의 경제개혁을 선택할 가능성이 크다.

넷째, 경제회생 가능성이다. 한국이 개발독재를 통한 경제성장에 성공할 수 있은 요인의 하나는 군부정권과 테크노크라트의 결합, 이를 통

---

34) 김용복, "개발독재는 필요악이었나?," 『박정희를 넘어서』(서울: 푸른숲, 1998), p. 274.
35) 이완범, 『박정희와 한강의 기적』(서울: 선인출판, 2006), p. 18.
36) 조민. "포스트 김정일체제의 정권진화와 개발독재: 수령독재체제에서 개발독재체제로 나가야," 통일연구원(2011). p. 3.

한 개발독재 실행에서 제기되는 문제에 대한 적극적인 해결을 들 수 있다.[37] 북한은 정권초기부터 인텔리계층을 정권수행에 효율적으로 동원한 경험을 갖고 있다. 따라서 개발독재 실행 시 제기되는 문제 해결을 위해 테크노크라트를 효율적으로 동원할 수 있는 능력이 풍부하다.

개발독재 실행에서는 국가의 강제력에 의한 군중동원이 주된 양상이다. 한국의 경우 새마을운동을 들 수 있다. 북한체제는 대중운동에 익숙한 구조를 갖고 있다. 북한 역사 상 연평균 30%에 달하였던 1950년대 말의 경제성장 배경에는 천리마운동이 있었다. 이를 못 잊어 북한은 오늘도 "제2의 천리마 운동"을 강조하고 있다.

Ⅳ. 개발독재 방식의 경제개혁 등장 가능성과 전망

1. 개발독재 방식의 경제개혁 등장 가능성

김정은 정권의 등장에 이어 개발독재 방식의 경제개혁을 위한 움직임이 나타나고 있다. 이는 개발독재 방식의 경제개혁에 필요한 조건이 성숙된 것과 김정은의 경제개혁에 대한 관심을 통해 설명할 수 있다.

가. 개발독재 실행에 필요한 조건성숙

한반도는 남북한이 이질적인 이념의 군사적 대치상황에 있다. 따라서 남북한 정권은 안보문제가 해소되는 가운데 경제개혁에 관심을 두게 된다. 상술한 바와 같이 1960년대 한국이 개발독재에 진입할 수 있은 것은 미국에 의한 안보가 담보되었기 때문이다. 북한은 "국방력 강화에 최대한의 힘을 넣어 강력한 핵억제력을 가진 세계적인 군사강국을 일떠세움으로써 경제건설의 안정적인 정책들을 구현할 수 있게 되

37) 김광희, 『박정희와 개발독재』(서울: 선인, 2008), pp. 71~77.

었다"고 언급하고 있다.[38] 김정은은 지난 김일성 생일 100돌 기념 군사퍼레이드에서 한 연설에서 제국주의자들이 원자탄으로 위협하던 시대는 지나갔다고 강조하였다. 이는 북한이 핵무장력에 의해 체제안전을 보장할 수 있게 되었다는 인식을 갖고 있고 외부로부터의 군사적 위협에 대한 인식에서 다소 벗어났다는 것을 보여준다.

북한에서 개발독재에 따른 경제개혁이 실행되는 경우 주민들의 의식변화가 체제에 미칠 부정적 영향은 크지 않을 것으로 보인다. 그것은 북한주민들이 60년대 남한주민의 의식과 유사하게 남북한 체제경쟁력 차이로 인한 위기의식을 느끼고 있으며 이를 극복할 수단으로 경제개발을 원하고 있기 때문이다. 그간에 북한사회 변화와 관련해 주민들의 의식수준이 변화되었을 것이라는 주장도 많았지만, 체제의 근간을 지키고 있는 군의 적대의식 수준이 낮아졌어도 염전사상이나 한국군에 대한 동경의식과 같은 본질적인 변화는 없다는 것이 이를 뒷받침 해주고 있다.[39] 이러한 점에서 개발독재에 따른 주민들의 의식변화가 체제유지에 부정적 영향을 미칠 가능성이 크다고만 볼 수 없다.

나. 김정은의 개발독재방식의 경제개혁에 대한 관심

개발독재방식의 경제개혁에 대한 김정은의 관심은 후계자로 내정된 이후부터 공식적으로 등장한지 2년이 넘는 오늘에 이르기까지 실행한 각종 대책과 원인에서 찾아볼 수 있다.

1) 경제개혁 관련 간부사업과 기구개편

김정은의 경제개혁에 대한 관심은 내각의 경제활동을 맡아 할 수 있

38) 리기성, "새로운 혁명적 대고조로 강성대국의 대문을 열어나가고 있는 조선경제" 『2009년 국제고려학회 학술대회 발표 논문집』, 2009년 8월.
39) 김병욱·김영희, "외부사조 유입과 북한군 의식변화 실태" 『통일정책연구』, 제22권2호 (2013).

는 간부인선에서 찾아볼 수 있다. 김정은은 자본주의 경영방법 도입으로 2007년 실직되었던 박봉주 전 내각총리를 2012년 당경공업부 부장으로 승격시킨데 이어 올해 4월 6년만에 내각총리로 재임명했다. 이는 박봉주가 지난기간의 사업 경험을 토대로 내각의 경제정책수행을 당적으로 적극 지원하기 위한 조치로 풀이된다. 또한 내각 핵심관료들을 당정치국에 인입시켰다. 지난 4월에 진행된 최고인민회의 12기 5차 회의에서 로두철, 곽범기를 당정치국 후보위원으로 발탁하였다. 로두철은 2009년에 국가계획위원장까지 겸직해 사실상 경제담당 부총리 역할을 해왔다. 김정은의 특별 지시에 따라 2012년 초 내각 산하에 경제관리개선을 목적으로 한 준비소조가 조직되었는데 당시 노두철 부총리가 책임자로 활동하였다.[40] 또한 2012년 9월 최고인민회의 제12기 6차 회의에서 곽범기 부총리를 최고인민회의 예산위원회 위원장에 임명하였다. 또한 내각 부총리겸 화학공업상에 리무영, 부총리겸 농업상에 리철만, 도시경영상에 강영수, 원유공업상에 백학, 수산상에 리혁, 국가자원개발상에 리춘상, 국토환경보호상에 김경준을 각각 임명했다.

김정은의 후계자 등장과 더불어 모든 분야에 걸쳐 신진관료 등용을 위한 간부사업이 단행되었다. 30~40대의 젊은 계층들이 많이 등장하였는데 이들은 2000년대 후반 연구원 타이틀을 달고 중국의 동북지방을 비롯해 동유럽, 동남아 등 세계 각국을 다니면서 시장경제를 경험한 것으로 알려지고 있다. 김정일이 생전에 "똑똑한 세대"라고 언급할 정도였고 이를 만나본 대북소식통에 의하면 "합리적이고 샤프하며 쿨한" 성격의 소유자라 한다.[41] 유학파 출신의 젊은 계층들이 물밑에서 김정은의 국정활동을 뒷받침하고 있다는 사실이 비공식적인 대북소식통을 통해 울려나오고 있는 것은 이러한 이유 때문이다. 이 같은 움직임은 김정일 시대의 체제수호 중심 일면의 간부정책에서 벗어나 경제개혁

40) 『동아일보』, 2012년 6월 26일.
41) 『시사IN』, 2012년 1월 31일.

중심의 간부정책과 병행해 나가고 있음을 시사한다.

김정은 등장 이후 당 및 군 관련 기관이 분권적으로 관여했던 외화벌이 사업을 내각 합영투자위원회 중심으로 일원화하고 군부에 편중되었던 경제권 역시 내각에 통합하기 위한 일련의 조치들이 취해졌다. 2012년 5월에는 국방위원회 산하 조선대풍투자그룹을 해체하여 내각 합영투자위원회에 소속시켰으며, 노동당의 외화벌이를 담당하였던 38호실과 39호실은 폐지하고 해외영업부문은 내각 직속인 모란봉 지도국으로 이관하였다.[42] 중앙당 38호와 39호실의 내각이관은 시사 하는바가 크다. 김일성은 개인의 통치자금을 사용을 위해 "주석폰드"라고 국가예산에서 일정부분을 정하고 사용하였는데 김정일은 38실, 39호실과 같은 국가예산과는 무관한 별도기구를 운영하였다. 이 기관들은 김부자의 우상화나 선물정치에 필요한 자금공급을 위해 운영되어왔다. 이들 산하 기관 중 몇 퍼센트가 내각으로 이전되었는지, 형식상 조치인지는 두고 봐야겠지만 김정일의 개인 자금 창구가 궁정경제 운영이 아닌 내각경제를 위해 사용된다는 점에서 의미있는 변화라 볼 수 있다. 이를 두고 경제개혁을 위한 사전 정지 작업이라는 분석도 나오고 있다.[43]

또한 2013년 10월에는 경제개발 사업을 총괄하던 국가경제개발총국을 국가경제개발위원회로 격상시켰고 민간급 국가경제개발협회를 설립했다. 이로하여 경제개발관련 국가기구가 시, 군까지 설립되었다.

2) 외자유치를 위한 법 제·개정

북한은 김정일 국방위원장 사후인 2011년 12월 21일 외국인 투자와 관련한 7개의 법을 내놓았다.[44] 여기에는 『외국인투자기업로동법』,『외국인투자법』, 『외국인투자기업재정법』 등이 있는데 과거와 차별되는

42) 『데일리NK』, 2012년 10월 19일.
43) 『문화일보』, 2012년 8월 12일.
44) 『YTN』, 2012년 3월 1일.

경향을 발견할 수 있다.

북한은 지난기간 자국 내 투자기업들의 노동행정 활동과 관련해 노동규정의 차원에서 다루었으나 이번에는 『노동법』으로 승격시켰다. 노동력 채용에서 원하는 노동력이 아니면 외자기업이 채용하지 않아도 된다고 밝혔다. 이는 외자기업의 노력채용이 국가기관에 의존하고 있지만, 거부할 수 있는 조건을 명시해 놓음으로써 자율성이 강구된 측면이라 볼 수 있다. 『노동법』에서는 노동보수 지불에서 현물대신 화폐로 지불할 수 있게 한 것, 결산이윤을 조성해 개별적으로도 상금을 줄 수 있게 한 것을 비롯해 진보한 점을 발견할 수 있다.

이번에 제정된 『외국인투자기업재정법』에서는 외국인 투자가들에게 출자재산에 대한 선택권을 부여한 것을 찾아볼 수 있다. 『외국인투자법』에서는 투자조건으로 소득세 등 각종 세금감면을 약속하였으며 투자에 필요한 토지를 최고 50년간 임대해주고 이 기간에 양도 및 저당할 수 있도록 하였다.

『외국인투자기업재정법』에서는 대안의 사업체계란 언급이 전혀 없으며, "지배인이 기업소를 대표하며 전반 사업을 책임진다"고 명시하였다.(제21조) 이는 외국인 기업에 한해서는 북한 기업관리의 근본원칙을 적용하지 않겠다는 것을 보여준다. 향후 외국인 투자기업에 대해서는 지배인 유일관리제, 외국인 비투자 기업에 대해서는 공장당위원회의 집체적 관리제를 운영해 나가게 됨으로써 기업관리 이원화를 추구해 나갈 것으로 보인다.

이러한 이유에서 인지 이번에 제정되었거나 수정 보충된 외국인 투자와 관련한 법들이 기존법과는 달리 외국인 투자에 양호하도록 국제법의 기준에 맞추기 위한 노력이 보인다는 것이 전문가들의 평가이다.[45] 북한이 외자유치 확대를 위해 신변안전제도 및 분쟁해결제도를

45) 『파이낸셜뉴스』, 2012년 3월 15일.

개선하고 투자보장에 있어 국제기준을 강조하였다는 것이다.

올해 4월에 들어 북한은 최고인민회의 제12기 7차 회의에서 경제개발구 설치에 대해 언급하였으며 5월에는 경제개발구법을 발표하였다. 10월에는 미국, 중국, 말레이시아 등 외국기업을 대상으로 경제개발구 창설을 위한 국제세미나를 개최하기도 하였다.

이와 같은 움직임은 외국인 투자를 바라는 김정은 체제의 절박함과 경제개혁에 대한 의지를 보여준다.

3) 경제개혁 관련 시범사업

김정은은 2012년 1월 28일 당책임일꾼들에게 경제운영 방향을 하달하였다. 경제개혁과 관련한 방향을 준 것이라고 볼 수 있는데 이를 입증하는 자료들이 드러나고 있다. 일본의 마이니치 신붕은 이날 김정은이 관료들에게 자본주의 방식을 도입 한 것에 대한 비판에 위축되지 말데 대해서와 민생문제를 해결하기 위해 중국의 방법이든 러시아나 일본의 방법이든 활용할만한 방식이 있다면 도입하도록 지시하였다고 보도하였다.[46]

<표 3> 김정은 등소평 발언 비교

김정은	등소평
자본주의 방식을 도입 한 것에 대한 비판에 위축되지 말라	사상으로부터 경제를 해방시키자
민생문제를 해결하기 위해 중국의 방법이든 러시아나 일본의 방법이든 활용할만한 방법 다 도입하라	검은 고양이든 흰 고양이든 쥐만 잡으면 된다

46) 김정은은 "경제분야의 일꾼과 경제학자가 경제관리를 '이런 방법으로 하면 어떻게 하겠느냐'고 제안해도 색안경을 낀 사람들에 의해 '자본주의적 방법을 도입하려 한다'는 비판을 받기 때문에, 경제관리에 관한 의견을 갖고 있어도 얘기하려 하지 않는다"고 지적하였다. "비판만으로는 경제관리 방법을 현실 발전의 요구에 맞게 개선해 나갈 수 없다"고 말하면서 터부가 없는 논의를 통해 북한에 맞는 경제 재건책을 찾아내야 한다고 강조하였다. 『연합뉴스』, 2012년 4월 16일.

김정은은 2012년 당 대표자회를 앞둔 4월 6일 당 중앙위원회 책임일군들과 한 담화에서 내각의 역할을 강조하였다. 당의 경제정책관철에서 "내각 책임제, 내각 중심제"를 강화해야 한다고 하면서 당조직들이 이에 지장을 주는 현상에 대해 강하게 투쟁할데 대해 언급하였다.

2012년 6월 28일 〈우리식의 새로운 경제관리체계를 확립할데 대하여〉 라는 김정은의 방침이 제시되었다. 방침내용은 농장의 말단생산단위인 분조인원을 4~6명으로 축소, 선 국가투자, 국가수매생산물에 시장의 물가반영, 기업의 자율경영권 확대와 근로자 임금인상이다. 7월 11일 부 〈조선신보〉는 "세계적 추세에 따르되 우리 식대로 하라"는 것이 김정은의 경제발전전략이라고 소개하였다. 이에 따르면, 김정은이 "민족 고유의 훌륭한 것을 창조하는 것과 함께 다른 나라의 것도 좋은 것은 대담하게 받아들여 우리의 것으로 만들어야 한다"고 하였다. 이는 정권 초 시기부터 자력갱생을 강조하는 기존정책과 달리, 개방쪽에 무게를 둘 것이라는 평가가 제기되고 있다.[47]

이러한 속에 2012년 10월 일부 공장·기업소 종사자들에 대한 식량공급제를 없애는 대신 근로자 평균 월급의 10~20배에 해당하는 월 3만6000~5만4000원까지의 실질임금을 지급하는 실험이 시작되었는데 내년부터 중앙에서 지방으로 전면도입하기로 했다는 소식도 들려오고 있다.

김정은은 시범단위 운영을 통해 문제점을 확인한 다음 이를 시정하고 전면적인 시행에 들어가는 방식을 구사하고 있는 것으로 보여진다. 따라서 전면적인 경제개혁의 청사진이 멀지 않은 기간에 정책으로 공표될 수도 있다.

다. 김정은의 경제개발 관심 원인

김정은이 집권 이후 개발독재방식의 경제개혁에 대한 관심이 큰 것

47) 『한국정책방송』, 2012년 7월 9일.

은 국정운영의 초기환경과 관련된 것인데 다섯 가지 측면에서 설명할 수 있다.

첫째, 국정운영의 자율성이다. 이는 김정일로부터 직접적으로 넘겨받은 유산의 공백과 관련한 것으로 설명할 수 있다.[48] 김정일은 김일성으로부터 후계자라는 상징적 권한과 함께 4대 핵심권력기구 중 최고사령관, 국방위원장 그리고 노동당 조직비서라는 당 총비서의 1대리인의 실질적 권한을 넘겨받았다. 이에 반해 김정은은 김정일로부터 후계자라는 상징적 권한과 함께 당중앙군사위원회 부위원장의 권한밖에 넘겨받은 것이 없었다. 2012년 4월에 있은 4차 당대표자회와 최고인민회의 제12기 5차 회의를 기점으로 김정은은 김정일이 갖고 있던 모든 지위와 권력을 거머쥐게 되었다. 이는 김정은 지도부가 취약하다는 것을 보여주는 동시에 김정일과 달리 경제개혁을 위한 국정운영에서 자유로울 수 있다는 것을 시사한다.

둘째, 경제개혁을 추진하는 과정에 제기되는 어려움을 극복하는 양호한 조건이다. 이는 군수산업이 많은 비중을 차지하고 있는 북한에서 김정은이 초기 후계자 수업을 군에서 시작한 것에 따른 양호성으로 설명할 수 있다. 경제구조에서 군수부문이 차지하는 비중이 낮을수록 이를 민수화하는 과정에 충돌하는 저항이 적다. 경제개혁 당시 중국은 GNP가 5% 수준이어서 군사부문에 대한 개혁이 크게 요구되질 않았다. 이에 반해 구소련의 군사비는 22~30%로 전체 국가경제운영에서 차지하는 비중이 상대적으로 높았다.[49] 북한의 군사비 지출은 구소련과 유사하기 때문에 경제개혁 시 군부의 저항이 예견된다. 그러나 김정은은 후계자 수업을 군부에서 시작하였기 때문에 이러한 문제를 해소하는데 양호하다고 볼 수 있다.

셋째, 민생난 해소에 관심을 둘 수밖에 없는 국정운영 환경이다. 김

48) 김영희, 『푸코와 북한사회 신체왜소의 정치경제학』(서울: 인간사랑, 2013). pp. 342~344.
49) 하상식, 『남북한의 통일 딜레마』(서울: 도서출판 해남, 2011), p. 202.

정은은 강성국가 건설을 통해 선대지도자들의 관행에서 벗어날 뿐 아니라 능력있는 지도자임을 보여주어야 하는 처지에 놓여있다. 김일성이 이밥에 고깃국을 약속했고, 김정일이 강성대국 건설을 약속했지만 지켜지질 않았다. 김정일은 1970년대부터 당중앙이라는 대명사로 불리면서 국가지도자의 자질을 보여주었고 이어 권력을 승계한데 반해 김정은은 오직 세습을 통해 권좌에 올랐다. 따라서 김정은의 경우 민생문제 해결을 방치할 경우 세습정권의 붕괴만이 아닌 3대째 내려오는 김일성 가문의 심판을 자초해야 하는 운명을 안고 있다. 이로부터 김정은은 경제개혁을 통해 민심을 달랠 수 밖에 없는 처지에 놓여있다.

넷째, 지난시기 경제개선조치가 갖고 있는 한계에 대한 간접적 인식이다. 북한은 2002년에 7.1경제개선 조치를 시행하였으며 이어 박봉주를 위시로 한 내각상무조의 운영 등 비롯해 경제개선과 관련한 나름대로의 노력을 해왔다. 그러나 이 과정에 내각 총리인 박봉주가 좌천되었고 2009년 화폐개혁이 실패하는 등 효과를 거두지 못하였다. 이어 외화사용 금지와 장마당 통제조치를 반복하는 등의 시행착오를 보여왔다. 김정은은 이러한 국정운영을 경험하였기 때문에 김정일을 뛰어넘는 파격적인 경제개혁이 필요하다는 것을 알고 있다.

다섯째, 북한의 경제개혁에 대한 중국과 러시아의 압력이다. 김정일 사후 오늘에 이르기까지 김정은의 안정적인 국정운영에는 중국의 역할이 크다고 볼 수 있다. 중국은 김정일 사후 김정은을 북한 지도자로 제일 먼저 인정함으로써 김정일 사망 초기 북한 권력층과 주민들의 동요를 막는데 기여하였다. 현재도 정치·경제·군사적 지원을 통해 김정은의 국정운영이 안정화되도록 도와주고 있다. 이로 인해 김정은은 과감한 경제개혁을 요구하는 중국의 압력을 거부할 수 없는 처지에 놓여있다. 후진타오와 달리 중국의 새 지도자 시진핑은 대북지원을 실용적 차원에서 접근하고 있다. 이는 중국의 경제성장률이 2012년 들어 12%에서 7%로 하락하는 것과 함께 신 북한지도부에 대한 길들이기 차원의 전략이 구사될 가능성이 크기 때문이다. 시진핑 체제의 대북접근 방식은 2012년 8월 장성택의 방중 당시 중국지도부의 태도에서 드러나고 있다. 중국 천더밍 상무부장은 "정부인도, 기업위주, 시장원리"를 개발협력 원칙으로 강조함으로써 정치적 관계와 경제협력은 별개의 문제라는 점을 명백히 밝혔다.[50] 원자바오 총리는 대북진출기업들에서 제기되는 문제들에 대한 제도적 대책이 세워져야 한다면서 무조건 지원은 없다는 점을 분명히 하였다.[51] 중국은 북한이 경제개혁을 지속화 하도록 압박할 가능성이 크다.

종합적으로 개발독재 방식의 경제개혁에 대한 김정은의 관심은 의지에 따른 것이라기보다 장기적인 집권을 위한 초기국정 운영의 환경에 따른 것이라 할 수 있다.

2. 개발독재 방식의 경제개혁 전망

가. 7.1경제조치에서 본 자구책의 특징

2002년 7.1경제개선조치 이후 북한은 나름대로의 경제개선을 위한 자구책을 제시하였는데 이것의 특징은 두 가지 측면에서 찾아볼 수 있다.

첫째, 당적 통제를 중시하는 속의 경제개선이다. 7.1경제개선조치 이후 북한은 기업활동의 자율성을 부여하기 위해 공장, 기업소 지배인이 종업원 채용 및 해고권을 행사하도록 하였다. 2009년 형법개정을 통해 "자의적인 해고죄"(제189조) 를 삭제하였다.[52] 지난기간 북한은 어린

---

50) 차정미, "김정은체제 평가 및 전망: 중국의 역할과 주요 리더십교체요인을 중심으로" 『KDI북한경제리뷰』, 한국개발연구원(2010. 10), p. 87.

51) 그러면서 나진-선봉지역에 투자한 중국기업들이 당했던 피해에 대한 유감의 뜻을 전하고 북한당국이 이 지역을 통한 북중관계 활성화를 위해 반드시 취해야 할 네 가지 조치를 피력한 것으로 알려져 있다. 여기에는 ① 이 지역에 대한 외국기업의 투자를 보호하기 위한 법규와 법률에 대한 개선정비, ② 이 지역에 만연한 부패와 만행을 근절하기 위해 북중 지방당국자간 협력강화, ③ 토지임대에 부과하는 세금에 시장원칙을 적용하기 위한 대책, ④ 세관 품질관리에 대한 서비스를 향상하기 위해 국제관례에 따라 편향 품질조사를 샘플 표본 조사로 대체하기 위한 대책이다. 2012년 9월 카자흐스탄 키맵대학교 방찬영 총장과의 인터뷰 내용

이를 둔 여성이나 유공자, 허약자와 같은 국가적으로 특별히 돌봐주어야 할 대상들을 공장, 기업소 지배인이 이기적 목적 또는 개인감정 관계로 해직시킨 경우 형법을 통해 처벌하였다.[53] 형법 조항 삭제를 통해 공장, 기업소 지배인들은 해고에 대한 법적책임에서 벗어나게 되었는데 이는 노력채용에 대한 자율성을 확대시킨 것으로 된다. 그러나 공장, 기업소 지배인에 대한 인사권은 여전히 해당 공장, 기업소 당조직의 평정에 따라 지역당 간부과에서 진행하고 있다. 이러한 경향은 북한이 경제체제 운영에 대한 당적 통제를 지속적으로 유지하려 한다는 것을 보여준다.

둘째, 선군을 앞세우는 속의 경제개선이다. 북한은 2002년 7.1경제개선조치를 공표한지 2개월 후 선군경제노선을 제시하였다.[54] 이는 북한이 한편으로는 7.1경제개선조치를 실행하면서 다른 한편으로는 국방공업의 발전을 더욱 강화하였다는 것으로 체제수호를 보장하는 속에 경제개선을 추구하고 있음을 보여준다.

김정은은 김정일시대의 국방공업 우선노선 대신 '경제-핵무력 건설 병진노선' 즉 경제와 국방을 동시에 추진하는 경제건설 노선을 내놓았다. 이러한 점에서 북한은 선군정치가 유지되는 속에서 경제개선을 기대하고 있음을 알 수 있다.

---

52) 북한형법 제189조(자의적인 해고죄)에는 "정당한 이유없이 종업원을 내보냈거나 조동시킨자는 2년 이하의 로동단련형에 처한다"고 규제되어있다. 장명봉 편, 『김정일 체제하의 최근 북한법령집』, 북한법연구회(2005), p. 162.

53) 송현욱, "북한의 노동시장 실태와 노동법제의 변화 방향" 『2012 남북법제연구보고서』 법제처 법제지원단(2012), pp. 165~166.

54) 이는 2002년 9월 5일 김정일이 "국방공업을 우선적으로 발전시키면서 경공업과 농업을 동시에 발전시키라"는 지침에서 찾을 수 있다. 「조선신보」, 2003년 4월 11일.

나. 경제개혁을 위한 제 조건의 변화 가능성

1) 노동당의 역할 변화

북한체제는 아래로부터의 영향에 의해서 변화되기 쉽지 않다. 위로부터의 변화를 기대하여야 하는데 이를 위해서는 기득권 세력이 경제개혁에 이해관계를 가질 수 있게 해야 한다. 이와 관련해 사회주의권 공산당 역할에 관심이 모아진다.

중국의 성공적인 개혁개방은 공산당의 영도속에 진행되었으며 개혁개방 후 30년이 되는 오늘에도 중국공산당은 자기의 영향력을 잃지 않고 있다. 중국에서 새로 창립된 민간 기업가의 약 1/3을 중국공산당원들이 차지하고 있다.[55] 중국공산당 당원의 수는 꾸준히 증가하여 창당 90주년인 2011년 경우 당원수가 8,000만 명을 넘고 있다.[56] 중국공산당 90주년 행사에서 후진타오 주석은 개혁개방이 지속적으로 진행되어야 하며 정치개혁은 공산당의 주도로 이루어져야 한다고 언급하였다.[57] 베트남에서도 개혁정책이 확대됨에 따라 당의 영도력은 약화되었으나 당에 대한 국민의 신뢰도 높고 당의 영도가 내각의 개혁정책에 기여한 것으로 평가되고 있다.[58] 구소련이 해체된 후 동구사회주의권에서는 체제전환이 일어났으나 다수의 국가에서 기존의 공산당이 선거를 통해 정권을 쟁취한 사례가 적지 않다.[59] 동구사회주의권이 붕괴에 공산당의 영도적 역할이 급격히 소멸되면서 사회통제가 마비된 것이 주요 원인의 하나로 작용했다. 이는 사회주의권의 개혁개방에서 공산당의 기능변화에 의한 영도적 역할에 관심을 두어야 한다는 것을 보여준다.

---

55) 장형수, "북한경제의 개혁개방촉진을 위한 개발협력 추진과제와 전망," 『김정은 체제의 개혁·개방 가능성: 평가와 전망』, 한국수출입은행·통일연구원·서울경제신문이 공동주최하는 〈2012 북한개혁 개방 국제공동학술회의 자료집〉, p. 35. p. 170.

56) 『중앙일보』, 2011년 6월 29일.

57) 『머니투데이』, 2011년 7월 11일.

58) 권율,"북한경제개발모델의 모색: 베트남 개혁개방이 북한에 주는 시사점," 『수은 북한경제』, 제2권2호(2005년 여름호), pp. 35~36.

59) 위의 글, p. 171.

<그림 2> 개혁개방의 두 경로[60]

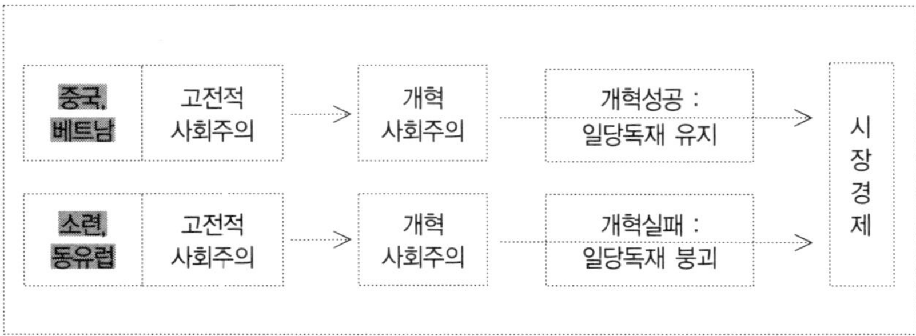

그러나 일당독재에 의한 경제개혁의 부작용도 만만치 않다. 오늘날에 와서 중국의 경제개혁에서는 구체성과 핵심을 찾기 어려운 애매함과 모호함, 중앙의 지시가 지방정부에서 실행되지 않는 피로현상이 나타나고 있다. 이는 1978년 경제개혁을 실행한 이후 30년이 지난 오늘까지도 공산당의 절대권력이 존재한 것에 따른 후유증이다. 영국의 정치철학자 액튼 경은 말하기를 "절재권력은 부패한다"고 했다. 시진핑정부가 단호한 척결로 내세우는 부패는 절대권력의 지속적인 존재로 인해 나타나는 산물이다. 이는 사회주의 국가의 경제개혁에서 공산당의 영도적 역할이 '필요악' 으로 역할 하기에는 한시적임을 분명하게 보여준다.

잔존하는 사회주의권과 달리 북한의 일당독재는 그 유례를 찾아보기 힘든 것이나, 경제개혁에서 북한 노동당의 역할 변화에 대해 시사하는 바가 크다. 중국이나 베트남의 경우는 경제적 실세인 총리가 개혁파를 주도하여 경제개혁에 나서게 하고 정치적 실세는 당과 군부를 장악하고 정치적 안정을 기한 결과 성공할 수 있었다. 북한의 노동당은 광복 후 소련군정을 등에 업고 출현한 것으로 하여 대중적 기반이 든든하지 못하였으나, 토지개혁과 한국전쟁 그리고 북한주민의 반외세감정을

60) 김석진, 『중국·베트남 개혁모델의 북한적용 가능성 검토』(서울: 산업연구원, 2008), p. 27. 수정

이용한 자주노선으로 군중의 지지를 얻었다. 경제개혁을 위해 북한 노동당의 역할은 개혁개방에서 보여준 중국이나 베트남 공산당의 역할과 같이 변화되어야 한다. 노동당이 경제개혁의 방향 제시와 경제주체들 간의 협력강화에 관심을 둔다면 단기적일 지라도 긍정적 효과를 기대할 수 있다. 이 경우 노동당의 역할에 따라 '관리가능형 경제개혁' 혹은 '시장지향형 경제개혁'으로 변화될 수 있다.

2) 선군경제운영과 경제개혁

북한이 선군경제운영을 포기하거나 혹은 점진적으로 약화시키면서 경제개혁을 추진할 것인가 하는 문제가 제기된다. 북한의 인식으로 볼 때 선군경제운영과 경제개혁은 대립관계에 있다고 보기 어렵다. 북한은 군사적 측면에서의 핵보유에 따른 방위효과를 평가하고 있으며 피포위의식속에 선군경제운영이 경제개혁에 따른 체제위험을 최소화 할 수 있는 수단으로 보고 있다. 김정은은 김정일의 영결식 이후 4일 만인 2012년 1월 1일 "근위서울 류경수 제105땅크사단"을 현지시찰 하였는데 이는 향후 국정운영에서 군을 중시하겠다는 것을 내외에 선포한 것이다.

김정은은 김일성 생일 100주년 기념 군사퍼레이드에서 "우리가 선군조선의 존엄을 만대에 빛내이고 사회주의 강성국가 건설위업을 성과적으로 실현하자면 첫째도 둘째도 셋째도 인민군대를 백방으로 강화해 나가야 합니다."라고 강조하였다. 제4차 당대표자회의에서 당 관료출신인 최룡해가 총정치국장으로 임명되었는데 이는 북한이 당 및 정치장교 인선에 따른 군 장악을 통해 선군정치를 지속적으로 강행하려 한다는 것을 보여준다.

북한은 선군경제운영이 민수산업에 대한 기술전수효과, 공공재 공급, 건강상태 개선 및 교육훈련효과를 발생한다고 선전하고 있으나 국방비 지출의 증대가 민간부문의 투자와 소비 감소를 초래하고 있다. 선군경제운영은 군수산업 중심의 경제운영을 목적으로 하고 있다. 안정된 군수품 시장이 없이는 북한과 같은 군수산업 중심의 경제가 정상적으로 가동할 수 없다. 북한은 미국의 각종 경제 제재조치로 인해 외국과 무기거래 통로가 막혀있다. 선군경제운영에 따른 국방력 강화는 핵문제와 연계되어 국제사회의 편입을 어렵게 만들어 수출품 시장을 개척하는데 난관을 조성하고 있다. 이러한 점에서 개발독재를 통한 북한의 경제개혁은 군 개혁을 떠나서 생각할 수 없다.

북한이 인식하는 외부로부터의 위협이 사라지지 않은 조건에서 이러한 정책실행이 어려울 것이다. 그러나 핵과 미사일 보유를 바탕으로 한 국방공업이 어느 정도 궤도에 오른 오늘의 조건에서 북한이 기존의 재래식 군사력을 토대로 한 군사력 유지에 관심을 둘 이유가 적어졌다.

북한은 이원화된 제2경제위원회 기구[61]에 대한 구조조정을 강행할 것이며 군수동원산업의 민수화부터 추진해 나갈 것으로 판단된다.[62] 선군정치와 함께 북한의 군수산업은 전문군수산업과 군수동원산업의 두 가지 유형이 자리매김하고 있다. 전문군수산업에는 전문군수공장과 일반군수공장이 속한다. 전문군수공장은 평시에 병기제품을 생산하는 공장(전문군수공장)이며 일반군수공장은 전투기자재 외에 군을 유지하는데 필요한 일용제품을 생산하는 공장이다. 이에 반해 군수동원산업에는 병기제품 생산과제를 맡은 민수공장이 속해있다. 이러한 공장은 가동되는 시기에 따라 평시 가동공장과 전시 가동공장으로 구분된다. 전자는 민수품 생산단위의 일부 설비를 이용하여 평시에도 병기제품을 생산하는 민수공장(병진공장)이며 후자는 전시에 군수생산에 진입할 수 있도록 준비하고 있는 민수공장이다. 평시에 가동하는 병진공장을 제외하고

---

61) 제2경제위원회는 생산총국과 동원총국으로 이원화되었다. 전자는 주로 전 인민적 방위체계 운영에 소요되는 병기제품 생산을, 전시동원총국은 지역자체 방위체계 운영에 소요되는 병기제품 생산을 맡고 있다. 김병욱, 『현대전과 북한의 지역방위』(서울: 선인출판사, 2011), p. 223.

62) 김병욱, "김정은 권력승계이후 선군경제운영과 국제사회 변화 동향," 『KDI북한경제리뷰』, 한국개발연구원(2012. 2), p. 85.

도 전시 가동공장들의 운영을 위해 비축용 자재관리, 땅굴 내부관리 및 땅굴 주변 풍수해 관리 등에 적지 않은 예산이 소요되고 있다.[63)]

북한은 가까운 시일 내에 군수동원산업을 전문적인 민수산업으로 복원함으로써 민생난을 해소해 나갈 것으로 보인다. 이 경우 군수동원산업의 관리에 필요한 예산축소 효과, 군수동원산업의 유지에 필요한 원자재의 민수품 생산에로의 이전 효과 등을 얻을 수 있다.

3) 점진적인 대외개방, 미국과의 관계개선

대외개방은 개발독재 실행의 필요조건 일 뿐 아니라 그 성과를 담보하는 근본요인이다. 개발독재를 통한 경제개혁을 시도함에 있어 북한은 어떠한 형태로든 개방을 하여야만 하는 필요성과 이를 억제해야 하는 딜레마를 안고 있다. 그것은 개발독재가 경제개방을 주요수단으로 하고 있기 때문이다.

중국이나 베트남의 경제개혁 사례를 보더라도 제한적이고 점진적인 개방이 뒤따랐다. 중국은 1979년 개혁개방을 시작한 이래 13년이 된 1992년에 이르러서야 양자강 연안 및 주요 내륙지역의 도시들을 추가적으로 개방함으로써 사실상 중국의 거의 모든 지역을 개방하였다.[64)] 베트남은 1979년 신경제정책을 실시한 이래 10년이 되어오는 1987년에 이르러서야 「외자도입법」을 제정한데 이어 1991년 “파리평화협정”을 체결하고 대외개방을 본격화하였다.[65)] 중국과 베트남의 경험은 대외개방을 점진적으로 하는 것이 내부개혁의 안정성을 보장하는데서 양호하다는 것을 보여준다.

북한이 어떤 성격의 개방이든 개발독재가 성과를 내기 위해서는 미국과의 관계개선이 중요하다. 그것은 개발독재 실행에 필요한 하드웨

---

63) 위의 책, 같은 쪽
64) 김석진, 『중국·베트남 개혁모델의 북한 적용 가능성 재검토』, p. 43
65) 위의 책, p. 48

어, 즉 자본과 기술을 외부로부터 들여올 수 있기 때문이다. 한국의 개발독재가 효과를 볼 수 있은 것은 미국을 활용하는 용미(用美) 외교를 통해 외국의 자본과 기술을 끌어들이고 수출을 통해 경제건설을 이뤄낸데 있다.

북미간의 신뢰가 급속도로 이루어지기 어려운 조건에서 미국과 북한간의 관계개선은 개발독재를 통해 경제개혁을 실행해 나가는 과정에 이루어질 가능성이 크다. 이는 북한과는 다소 차이가 있지만 베트남의 경우가 잘 말해준다. 베트남은 경제개혁과 더불어 개방노선을 추구하였으나 미국을 중심으로 한 서방의 경제제재로 인해 많은 어려움을 겪었다. 캄보디아 문제를 중심으로 한 인도지나 주변의 평화정착에 대한 미국의 관심이 높아지면서 미국은 베트남과의 관계개선에 눈을 돌리게 되었다. 베트남은 개혁노선을 추진한지 10년이 되어 오는 1994년 2월 미국의 경제제재에서 벗어나게 되었고 그 이듬해에 국교정상화에 들어갔으나 무역관계 정상화가 이루어지기까지는 상당한 시간이 소요되었다. 쿠바도 경제개혁을 추진함에 있어 미국과의 관계악화로 많은 어려움을 겪고 있다. 그러나 EU와 캐나다 등 국제사회와의 교류를 통해 미국과의 관계개선에 양호한 환경을 조성해 나가고 있다.

북한은 핵문제로 인해 미국과의 관계에서 베트남이나 쿠바와는 질적으로 다른 환경에 처해 있다. 현재로써는 핵폐기가 북미 관계개선에서 핵심주제로 자리잡고 있지만 이 문제는 개발독재를 통한 경제개혁을 실행해 나가는 과정에서 해결 될 가능성이 있다. 그것은 북한이 어떠한 성격의 경제개혁(관리가능형, 혹은 시장지향형)을 추구해 나가든 의식변화에 영향을 주게 되어 핵보유가 갖는 상징성보다 폐기를 통한 실리성에 관심을 둘 수 있기 때문이다.

경제개방에 성공적이라 할 수 있는 중국이나 베트남도 처음부터 당국이 명확한 개방의지와 청사진을 갖고 시작한 것은 아니었다. 아래로부터의 변화를 사후적으로 수용해 나가면서 초기에는 통제 가능한 제한적 개방에서 부터 시작하였다. 한 마디로 '관리가능형 경제개혁'이었다. 그러나 한 두 모금의 마약섭취가 습관화 되면 중독되듯이 특정 계기를 통해 전면적 개방으로 확대되면서 '시장추구형 경제개혁'을 추구하게 되었다. 북한은 과거와 달리 아래로부터의 시장화가 상당한 수준에서 진척되었고 새 지도부의 의지도 강한 것만큼 제한적이면서도 점진적 개방이 적극적으로 추진 될 가능성이 크다.

다. 개발독재 방식의 경제개혁 효과 전망

이상에서 살펴본 바와 같이 경제개혁에 대한 북한 당국과 주민들의 이해관계가 맞물려 한국, 대만을 비롯한 개발도상국들에서 경제성장을 일궈낼 수 있게 한 개발독재가 북한지역에 상륙할 가능성이 크다. 그러나 이에 따른 결과는 낙관적이지 않다. 그것은 북한의 경제개혁이 아래의 현실을 당국이 수용한 속에 취해지는 수동적 조치이기 때문이며 당국이 '관리가능형 경제개혁'을 지향하면서 노동당의 영도적 역할아래 경제-핵 병진노선을 지속적으로 추구해 나가고 있기 때문이다. 북한 당국이 실행하고 있는 경제개혁의 구체적인 모습이 내각을 앞세운 속에 군을 통한 정치적 안정보장, 당의 키잡이로 나타나고 있는 것이 이를 증명한다.

북한이 개발독재 방식 경제개혁으로 나간다고 해도, 대외개방을 비롯한 개발독재 실행에 필요한 하드웨어적 조건이 구비되지 않는다면 "개발이 없는 독재"와 다를 바 없다. 북한이 개발독재 방식의 경제개혁에 따른 효과를 높이기 위해서는 혁명유산 포기를 통해 통치유산을 청산해야 한다. 김정은은 김정일로부터 혁명유산과 통치유산을 넘겨받았다.[66] 혁명유산으로는 북한이 선전하는 핵과 장거리미사일을 둘 수 있으며 통치유산으로는 권력과 신체왜소화 된 2천만이 넘는 주민, 10년

66) 김영희, 『푸코와 북한사회 신체왜소의 정치경제학』(서울: 인간사랑, 2013).

간의 장기군복무와 배고픔에 적대감만 남은 100만이 넘는 대군을 꼽을 수 있다. 김정은 정권이 핵개발을 포기하고 국제사회의 지원하에 명실공히 국민의 유족한 삶을 보장하기 위한데 주력할 가능성은 적다. 이러한 점에서 김정은의 개발이 있는 독재가 북한에서 실행된다고 해도 경제회복에 그칠 것으로 보인다.

Ⅴ. 결론

김정일 사후 김정은의 권력세습이 급진적으로 이루어진 것에 상응하게 민생문제 해결을 위한 경제개혁이 윤곽을 드러내고 있다. 인민경제 여러 단위가 경제개혁을 위한 시범단위로 선정되었고 여기서 얻어진 경험과 교훈을 경제전반에 받아들이기 위한 대책이 취해지고 있다. 산업현장에 대한 시찰을 내각총리가 맡아함으로써 국정운영의 효율성을 높이려 한다. 군부의 관할 영역이었던 산업단위를 내각에 이관시키는 등 군수산업의 민수화로 평가될 수 있는 조짐도 보이고 있다. 북한주민들은 90년대부터 근 20년이 넘게 생계난과 남한과의 국력차이에서 오는 위기의식으로 인해 짧은 기간에 민생난을 해결할 수 있는 경제개혁을 갈망하고 있다.

이러한 상황에서 김정은 정권이 경제개혁을 단행한다면, 체제위기를 불러올 가능성은 존재하지만, 이를 방관시 할 경우 체제붕괴로 이어질 위험을 안고 있다. 따라서 국민과 약속한 강성국가건설, 이를 통한 권력세습을 공고히 하기 위해서라도 "개발이 있는 독재" 방식의 경제개혁에 나설 가능성이 크다. 그것은 북한이 처한 실정에서 "개발이 없는 독재"에 비해 "개발이 있는 독재"는 정치적 안정을 보장하면서 신속한 경제성장을 이룰 수 있는 유일한 수단이기 때문이다. 김정은이 처한 국정운영 환경을 보더라도, 어떠한 유형이든 개발독재 방식의 경제개혁이

체제유지의 동력으로 가시적으로 드러날 가능성이 크다. 그러나 앞서 언급한 바와 같이 세습정권의 경로에 의존하고 있어 경제회복에 머물 가능성이 있다. 김정은이 추진하는 개발이 있는 독재 방식의 경제개혁은 이에 따른 성과가 미진하더라도 주민들의 사경제활동에는 긍정적 영향을 줄 것이며 체제변화를 촉진하는 밑거름이 될 가능성이 크다. 국제사회는 북한이 '시장지향형 경제개혁'에 나올 수 있는 긍정적 환경을 마련해 주어야 한다.

참고문헌

1. 남한자료

권영경. "북한의 개혁·개방 추진실태: 현황과 평가," 『김정은 체제의 개혁·개방 가능성: 평가와 전망』, 한국수출입은행·통일연구원·서울경제신문이 공동주최하는 〈2012 북한개혁 개방 국제공동학술회의 자료집〉.

______. "'2012년 체제 구축'전략과 북한경제의 변화." 『KDI북한경제리뷰』. 12권 3호(2010년 3월).

권 율. "북한경제개발모델의 모색: 베트남 개혁개방이 북한에 주는 시사점," 『수은 북한경제』. 제2권2호(2005년 여름호).

김광희. 『박정희와 개발독재』. 서울: 선인, 2008.

김병욱. "선군경제운영과 민수산업 군수화," 『KDI북한경제리뷰』. 2011년 6월.

김병욱·김영희. "외부사조 유입과 북한군 의식변화 실체," 『통일정책연구』. 제22권2호(2013).

김석진. 『중국·베트남 개혁모델의 북한 적용 가능성 재검토』, 서울: 산업연구원, 2008.

김영희. 『푸코와 북한사회 신체왜소의 정치경제학』. 서울: 인간사랑, 2013.

김용복. "개발독재는 필요악이었나?," 『박정희를 넘어서』(서울: 푸른숲, 1998).

김용현. "북한의 군사국가화에 관한 연구: 1950-60년대를 중심으로," 동국대학교 박사학위논문, 2001.

김일영. "박정희 체제 18년 어떻게 볼 것인가?," 『(계간) 사상』 27, 1995.

김주환. "발전국가론에서의 국가-시장관계에 대한 일고찰" 『논문집』, 제50집(2006).

배종렬. "북한 경제개발모델의 모색: 북한개발을 위한 경제모델의 모색: 한국의 경험," 『수은북한경제』. 2005년 여름호.

송현욱. "북한의 노동시장 실태와 노동법제의 변화 방향," 『2012 남북법제연구보고서』 법제처 법제지원단(2012).

오원철. “테크노크라트에게 권한 주고 수출공업 육성해야,”『월간조선』, 1월.

윤대규.『북한에 대한 불편한 진실』. 서울: 도서출판 한울, 2013.

이무철. “북한의 경제개혁 연구의 쟁점,”『현대 북한연구의 쟁점2』. 서울: 한울아카데미, 2007.

이병천 엮음.『개발독재와 박정희 시대』 서울: 주)창비, 2003.

이수석. “김정은 시대의 권력개편과 체제변화,”『KDI북한경제리뷰』, 제14권9호(2012).

이완범.『박정희와 한강의 기적』. 서울: 선인출판, 2006.

임강택.『북한의 군수산업 정책이 경제에 미치는 효과 분석』. 서울: 통일연구원, 2000.

장명봉 편.『김정일 체제하의 최근 북한법령집』, 북한법연구회(2005).

장창준.『1950년대 북중관계 연구: 중국인민지원의 참전과 철수를 중심으로』. 서울: 새세상 연구소, 2010.

장형수. “북한경제의 개혁개방촉진을 위한 개발협력 추진과제와 전망,”『김정은 체제의 개혁·개방 가능성: 평가와 전망』, 한국수출입은행·통일연구원·서울경제신문이 공동주최하는 〈2012 북한개혁 개방 국제공동학술회의 자료집〉.

정성장. “김정은의 선군정치와 북한의 군부엘리트 변동,”『정세와 정책』, 세종연구소(2012년 3월).

정영태·김연철·서상현.『비교사회주의 측면에서 본 북한의 변화전망: 리비아와 쿠바 사례를 중심으로』. 서울: 통일연구원, 2007.

조 민. “포스트 김정일체제의 정권진화와 개발독재: 수령독재체제에서 개발독재체제로 나가야,” 통일연구원(2011).

한기범. “북한 정책결정과정의 조직행태와 관료정치: 경제개혁 확대 및 후퇴를 중심으로: 2000 ~2009),” 경남대학교 대학원, 박사학위논문, 2010.

하상식.『남북한의 통일 딜레마』. 서울: 도서출판 해남, 2011.

허수열, “개발없는 개발(일제하, 조선경제개발의 현상과 본질),” 은행나무, 2005.

『노컷뉴스』. 2010년 8월 30일.

『미국의 소리 방송』. 2010년 2월 4일.

『연합뉴스』. 2012년 3월 11일. 1월 18일.

『연합뉴스』. 2011년 8월 18일. 2월 1일.

『연합뉴스』. 2004년 9월 2일.

『조선일보』. 2005년 3월 9일.

『YTN』. 2012년 3월 1일.

2. 북한자료

김정일. "제국주의자들의 '개혁개방' 책동은 용납될 수 없는 침략와해 책동이다," 1998년 5월 7일 당중앙책임일군들과 한 담화.

리기성. "새로운 혁명적 대고조로 강성대국의 대문을 열어나가고 있는 조선경제"『2009년 국제고려학회 학술대회 발표 논문집』, 2009년 8월.

조선말사전 편집부. 『조선말사전』.평양: 과학백과사전출판사, 2010.

조선로동당 출판사. 『조선로동당력사』. 평양: 조선로동당 출판사, 2006.

『조선중앙통신』. 2010년 3월 10일.

『노동신문』. 2012년 8월 13일.

Johnson Chalmers. "*MITI and the Japanese Miracle*. Berkeley: University of California Press. 1984, pp. 18-26.

제 2 장

새로운 출발, ‘김정은식 개혁개방호’

제1절 북한의 강성국가 건설과 개혁개방 가능성

Ⅰ. 들어가며

2012년 4월이면 15년 전 북한당국이 주민들과 약속했던 강성대국 선포의 달이다. 김정일은 1990년대 말 '고난의 행군'을 이겨낸 주민들에게 '강행군'을 이어나갈 것을 촉구하면서 '강성대국' 건설을 약속하였다. 따라서 북한주민들은 허리띠를 졸라매며 경제강국 완성을 통한 '배부른 생활'을 확수 고대하였다. 그러나 북한은 올해 공동사설에서 강성대국이 아닌 강성국가 건설이라는 약속을 통해 강성대국 완성이 지연되었음을 공식 밝혔다. 강성국가 건설을 단계적으로 추진되는 사업, 언제까지라도 수행해야 할 과제로 제시하였다.

한편 지난 12월 김정일 사망 이후 북한에 대한 국내외의 관심은 김정은 권력승계 안착에 초점을 맞추고 있다. 김정은은 현재 '당의 영도자'로 불리며 최고사령관 직책에 취임하는 등 안정적인 권력 장악을 이어가고 있다. 김정은은 현재 북한의 4대 권력기구(당 총비서, 당 군사위원장, 국방위원장, 최고사령관)의 수장 중 군사권력 기구에 대부분 관여함으로써 군사 지도자로서의 위상을 드러내 보이고 있다. 다가오는 4월에 열리는 제4차 당대표자회의를 계기로 당 관련 권력을 장악함으로써 국가 지도자로서의 전반적인 위상을 보여주려 할 것이다. 이를 종합해보면, 김정은의 권력승계 안착 여부 뿐 아니라 권력 승계 이후 국정운영 방식의 변화와 관련한 문제에도 관심을 가져야 한다는 것을 보여준다. 북한의 개혁개방은 산업운영의 전반에 대한 개혁이 아니라 부문별에 따른 경제개혁을 의미, 즉 군수산업·기간산업 등 핵심산업 운영에서는 계획경제를 유지하고 비 핵심산업인 민수산업·서비스산업 운영에서는 시장경제를 결합하는 방식의 경제제도 개선을 의미한다. 일반적으로 경제개혁은 경제분야에서 실시하는 개혁으로 종전의 경제제도나 경제질서를 새로운 것으로 바꾸는 것을 의미한다. 본 글에서는 강성국가건설을 위한 북한식 경제개혁 가능성을 대내적 상황을 통해 살펴보려 한다.

Ⅱ. 강성대국과 강성국가 건설

1. 강성대국의 의미

북한에서 말하는 강성대국은 ① 국력이 강하며 ② 모든 것이 흥하고 ③ 국민이 세상에 부럼 없이 사는 나라를 의미한다. 국력이 강한 나라는 사상과 군사·경제의 모든 부문에서 강국이 된 나라, 모든 것이 흥하는 나라는 국가와 사회의 모든 분야가 커다란 활력을 가지고 끊임없이 발전하는 나라이다. 사람들이 세상에 부럼 없이 사는 나라는 주민들이 행복한 삶을 누리고 자주적이며 창조적인 생활을 해나가는 나라라는 것을 의미한다.

강성대국이란 용어는 1997년 김정일 시대의 개막과 함께 노동신문과 정치연설에 등장하기 시작되었다. 1997년 7월 22일자와 1998년 8월 22일자 노동신문 정론에서 '강성대국'용어가 처음 사용되었다. 2012년이 목표연도로 제기된 것은 2008년 신년공동사설에서 김일성의 생일 100돌인 2012년을 강성대국의 문을 여는 해로 선포한데 기인한다. 강성대국 건설이 국가정책의 전면에 등장한 것은 1999년 김정일이 당중앙위원회 책임일군들과 한 담화와 동년 신년공동사설에서 강성대국을 김정일 시대의 목표로 제시하면서 부터이다. 북한은 정치사상적 위력과 군사적 위력이 이미 강성대국의 지위에 올라섰다고 보고 경제건설 목표 제시[1]하였다. 경제강국 건설에서 전기문제와 식량문제를 해결하되, 국

1) 조선노동당출판사(2006), 「조선노동당력사」(평양: 조선로동당출판사, 2006), pp.565-566.

방공업을 경제강국 건설의 생명선으로 간주하고 경제에 우선하도록 하였다. 자력갱생, 사상중시, 총대중시, 과학기술 중시 등을 강성대국 건설의 방도로 내놓았다.

2. 경제강국 건설과 실패 원인

북한은 2000년에 '고난의 행군', '강행군'의 승리적인 결속을 내외에 선언하고 2001년부터 경제강국 건설을 본격화 해 경제전반을 상승궤도에 올려 세우기 위한 대책을 강구하였다. 우선 경제개선 조치와 이를 실행하기 위한 제도적 기반을 마련하는데 관심을 두었다. 2002년 경제회생을 위한 '7.1경제관리개선조치' 제시, 회계법(2003)의 채택과 화폐유통법(2003), 재정법(2004), 중앙은행법 (2004), 상업은행법(2006), 국가예산수입법(2005) 등 경제관련 법제도 일부를 구축하였다. 2010년 경제개발에 필요한 투자유치를 목적으로 조선대풍국제투자그룹과 국가개발은행 설립하도록 하였으며, 대풍그룹은 대외경제협력기관으로 국가개발은행에 대한 투자유치 및 자금원천을 보장하는 경제연합체로 활동[2]하도록 했다.

이와 함께 계획과 시장을 결합한 경제회생, 지역별 수력발전소 건설을 통한 전력문제 해결, 전 국민을 동원한 대중운동 등이 전개되었다. 북한의 이러한 노력에도 불구하고 경제강국은 아직 먼 앞날의 과제로 놓여있었다. 경제강국 건설의 실패는 개혁이 없는 경제개선, 체제수호를 위한 비생산적 축적 확대, 자립경제에 토대한 경제난 해소 등에 기인[3]한다. 개혁이 없는 경제개선은 체제에 영향을 주지 않는 방향에서 진행한 제한적 개선과 개방으로 외자유치를 실패하게 만들었고 기업의 자율성을 억제함으로서 음성적인 시장화를 촉진시켰다. 체제수호를 위

2) 『조선중앙통신』 2010년 3월 10일.

3) 김영희, "북한 경제난의 원인과 실태", 『세종정책총서』 2012년 6월

해 민수산업을 군수화[4]시켰는데 이에 따라 전시동원공장이 생겨남으로써 생산적 축소를 가져오게 된다. 북한은 사회주의 승리에 대한 의구심을 막기 위해 김일성 부자에 대한 우상화 선전을 강화하였다. 외자유치, 무역 등 대외경제관계를 통한 경제난 해소보다 자립경제에 기초해 외화난을 해소하고 노력동원으로 중소형 수력발전소를 건설하여 전력문제를 해결하는 등 근본적인 대책을 세우지 않은데 있다.

3. 강성국가 건설의 등장

2010년 11월말 북한의 중앙방송은 김정일이 "강성국가"라고 언급한 사실을 보도, 이후 북한의 언론은 "강성대국" 대신 강성국가를 사용하였다. 북한은 올해 공동사설에서 강성국가 건설을 명시하였는데 강성대국은 5회, 강성국가는 10회 언급하였다. 강성대국에서 강성국가 건설로의 슬로건 변화는 의미하는 바가 크다. 강성국가라는 과도적 단계설정을 통해 강성대국의 목표를 축소한 것으로 보이지만, 이는 강성대국 완성의 약속을 지키지 못한 책임을 구분하기 위한 것으로 볼 수 있다. 김정은이 김정일의 유훈인 강성대국 건설의 슬로건을 내리기는 어렵지만, 일단 선을 긋고 시작하겠다는 의도로 볼 수 있다. 즉 김정은 시대에 걸 맞는 강성국가 건설의 새로운 슬로건으로 주민들을 동원하기 위한 것으로 보여진다. 북한은 2011년 '국가경제개발 10개년 전략계획'에 관한 내각결정을 채택하고 이 계획을 통해 2020년에 선진국 경제수준으로 성장할 것이라고 선전하였다. 이는 강성대국 완성의 해를 2012년으로 정하였던 것과 마찬가지로 2020년을 강성국가 완성의 해로 잠정 정함을 의미한다.

---

4) 김병욱, "선군경제운영과 민수산업의 군수화," 『KDI 북한경제리뷰』 2011년 6월.

Ⅲ. 강성국가 건설과 개혁개방 가능성

1. 개혁개방에 대한 우려와 경제개선 자구책의 특징

1) 개혁개방에 대한 북한의 우려

우선 정권 붕괴다. 북한은 개혁개방을 통한 정권붕괴를 우려하여 2002년 경제개혁이 아닌 경제개선을 선택하였다. 북한은 지금까지 외부세계와의 단절을 통해 북한주민들의 눈과 귀를 막음으로서 주민들로부터 충성심을 이끌어낼 수 있었다. 그러나 개혁개방을 통해 외국 문물이 들어오면 순식간에 주민들 속에서 사상적 이완이 발생하고 이로부터 지도부에 대한 반감이 촉발할 수 있다고 보고 있다. 또한 특구지역 주민들이 자본주의의 '단 맛'을 알아가고 있고 특히 '고난의 행군' 이후 시장을 통한 사적활동으로 자본주의 생활양식이 싹트고 있는 조건에서 개혁개방에 대한 경계심이 높다.

다음으로 외국자본에 의한 경제적 종속이다. 중국의 대북투자 증가로 인해 북한의 대중의존도가 상당히 높은데, 최근 들어 북한에서 달러 대신 중국의 인민폐가 제2의 화폐로 통용되고 있는 것은 매우 위험한 현상이다. 북한도 이를 경계해 이동통신 분야에서 이집트와 합작하는 것을 비롯해 중국만의 독점을 차단하려고 노력하고 있다. 이밖에도 국제금융기구와 UN을 통한 지원과 투자가 증가하게 되면 관련기관의 간섭으로 자국의 자주권이 침해된다고 판단하고 있는 것으로 보인다.

2) 경제개선을 위한 자구책의 특징

7.1경제관리개선조치(이하 7.1조치) 이후 북한은 나름대로 경제개선을 위한 자구책을 실시하였는바, 이는 향후 개혁개방시 당의 영도와 국방공업의 위치를 시사해 주고 있다. 우선 당적 통제를 중시하는 속의 경제개선이다. 7.1조치 이후 공장·기업소 지배인에게 노동자에 대한 인

사권을 부여하였지만, 지배인 등 간부에 대한 인사권은 여전히 해당 공장·기업소 당 조직의 평정에 따라 지역 당 간부과에서 진행한다. 이는 경제부문에서 당의 영도적 역할이 여전히 수행되고 있다는 반증이다.

다음으로 선군을 앞세우는 속의 경제개선이다. 북한은 7.1조치를 선포한지 2개월 후인 9월에 경제건설의 전략적 노선으로 국방공업 우선적 발전 노선, 즉 선군경제 노선 제시[5)]하였다. 선군경제 노선은 국가투자와 분배에서 국방공업의 몫을 우선 충분히 조성하고 설비, 자재, 전력, 노력 등을 최우선으로 보장하도록 하는 사회주의 경제건설 노선인데, 이는 체제유지를 우선시 하면서 경제개선을 시도하고 있음을 보여준다.

2. 김정은 지도부의 딜레마

1) 민생난 해소와 선군정치

북한에서 민생난 해소와 국방력 강화는 '제로섬 게임' 관계이다. 민생난 해소에 예산을 많이 돌리면 국방공업 분야에 투자를 하지 못하게 되고, 국방공업 분야에 투자를 집중하면 반대의 결과가 발생한다. 북한은 국방력의 발전이 민수산업에 대한 기술전수 효과, 공공재 공급, 교육훈련 효과를 통해 경제에 긍정적 영향을 준다고 보고 있다. 그러나 국방비 지출의 증대는 민간부문의 투자와 소비 감소를 초래하는 등 민생난 해소에 부정적 영향을 주는 것은 틀림없다.

북한의 국방공업 우선 발전 정책은 국제사회의 편입을 어렵게 만들기 때문에 민생난 해소에 부정적이다. 국제사회는 북한에 대한 지원과 투자가 핵과 미사일 생산을 비롯한 군수산업에 영향을 준다고 보고 있다. 대북 제재조치의 핵심이 북한에 대한 무기금수 조치와 북한 화물 선박에 대한 검색 강화라는 점에서, 그 동안 북한의 주 외화 수입원 중

---

5) 이는 2002년 9월 5일 김정일이 "국방공업을 우선적으로 발전시키면서 경공업과 농업을 동시에 발전시키라"는 지침에서 찾을 수 있음. 발표시점은 「조선신보」(2003.4.11.) 등을 통해 확인됨

의 하나인 무기거래에 어려움이 조성된다.

2) 개혁개방에 대한 주변국의 압력

중국은 2010년 4월 김정일의 중국 방문 시 경제개혁에 대해 노골적으로 압력을 가했다. 후진타오 주석은 "경제건설을 중심으로 사회주의 현대화를 추진하면서 민생을 보장하고 개선하는 것이 중국 경제개혁 30여 년간의 기본 경험"이라면서 "경제발전은 자력갱생도 있지만 대외협력도 필요하다. 이는 시대흐름에 따르는 것이고 국가발전을 가속화하는 필수적인 경로"라고 언급하였다.6) 김정은은 김정일 사후 중국에 일종의 빚을 지고 있는 셈이어서 개혁개방에 대한 중국의 압력을 외면하기 어려운 처지이다. 중국은 김정일 사후 김정은 체제를 가장 먼저 인정함으로써 국제사회에 바람몰이 역할을 수행하였다. 김정일 사망 초기 북한의 권력층과 주민들의 동요를 막는데 기여하였다.

천연가스 사업 등 극동지역 개발을 강조해온 블라디미르 푸틴 러시아 총리가 다시 대통령에 당선된 가운데 한-러 가스관 연결 사업이 추진될 가능성 높은데, 이를 통해 러시아의 북한에 대한 경제개혁 유인도 강화될 것이다.

3) 김정은의 국정운영 환경

김정은은 강성국가 건설을 통해 지도자의 자질을 보여줄 뿐 아니라 선대 지도자들의 관행에서 벗어나야 하는 처지에 놓여있다. 김정일은 1970년대부터 당중앙이라는 대명사로 불리면서 국가지도자의 자질을 보여주었고 이어 권좌에 오른데 반해 김정은은 오직 세습을 통해 권좌에 올랐다. 김일성은 이밥에 고깃국을 약속했고, 김정일은 강성대국 건설을 약속했지만 지켜지지 않았다.

---

6) 『노컷뉴스』, 2010년 8월30일.

김정은은 김정일의 혁명유산인 핵과 인공지구위성 기술을 물려받은 것으로 하여 북한이 인식하는 외부적 위협에 큰 관심을 두지 않고 경제개혁에 임할 수 있는 조건이 양호하다. 김정은은 김정일로부터 후계자라는 상징적 권한과 당 군사부위원장의 실질적 권한만을 넘겨받았다. 이는 김정은 지도부의 취약성을 보여주는 동시에 경제개혁을 비롯한 국정운영에서 다소 자유로울 수 있음을 시사하고 있다.

3. 개혁개방에 대한 북한의 관심

1) 관료들의 외국연수 확대 및 인재양성

북한은 경제관료들이 시장경제 운영을 배우도록 하는데 관심을 두고 있다. 김정은의 후계수업이 본격화 되던 2011년 3월 북한은 국장급 주요 경제부서 간부 12명을 미국에 파견해 15박 16일 동안 시장경제에 대해 배우도록 하였다.[7] 2011년 7월부터는 김일성종합대학 교수들을 주축으로 캐나다 브리티시 컬럼비아대 지식교류 프로그램에 참가해 국제경영, 경제, 재정, 무역 분야 등 4개 코스를 공부하도록 하였다.[8] 올해 들어 에너지 건축, 철도 등 기간산업 분야의 관료와 전문가들의 연수도 늘고 있다.[9]

북한은 국제적 수준의 능력을 갖춘 전문가를 양성하는 평양과학기술대학 운영에 많은 관심을 보이고 있다. 현재 미국과 영국, 캐나다, 네덜란드, 중국, 뉴질랜드 등 6개국 출신 교수 32명이 강의하도록 하고 있으며 연변평양과기대재단(YPF)이 재학생들에게 한 달에 10달러 상당

7) 한국일보 2012.2.1 "김정은 경제개혁의 조건"

8) 위와 동일

9) 북한의 기술참관단 5명이 최근 중국 산시성의 석탄화학공장 시설 참관. 2월 초에는 과학기술위원회 국장급 관리 등을 포함한 북한 기술참관단이 중국에서 에너지 효율을 높이기 위한 각종 건축자재와 설계기술 등에 대한 현지 연수. 북한의 철도전문가 30여명이 러시아 철도 전문기관에서 위탁교육 실시 등(연합뉴스 2012.3.15 "활발해진 北 해외연수…김정은식 개혁 신호탄?")

의 현금카드를 지급하는 것을 허용하였다.[10] 이는 북한이 경제개혁에 활용할 인재양성에 많은 관심을 두고 있음을 보여준다.

2) 김정은의 경제개혁 사례 연구

북한의 양형섭 최고인민회의 상임위원회 부위원장은 2012년 1월 미국 AP통신과의 인터뷰에서 김정은이 지식기반경제에 집중하고 중국을 포함한 다른 국가의 경제개혁 사례를 연구하고 있다고 밝혔다.[11] 김정일도 7.1조치 실행을 위해 '내각 상무조' 운영을 통해 경제개혁에 관심을 돌려왔다.[12] 그러나 과거 공개적으로 이에 대해 언급한 사례는 없다. 특히 김일성 사후 김정일은 "나에게서 그 어떤 변화를 바라지 말라"고 말해 개혁개방을 일축하기도 했다.

북한 고위 당국자가 미국의 언론기관을 통해 경제개혁 사례를 연구하고 있다고 언급한 것은 김정은이 경제개혁의 불가피성을 인정하고 이를 준비하고 있는 것으로 해석될 수 있는 대목이다.

3) 외국인 투자 관련법 개정

북한이 2011년 말 제정 또는 개정한 14개의 경제 관련 법 가운데 절반은 김정일 위원장 사후인 지난해 12월 21일 개정된 것이다.[13] 『외국인투자기업로동법』이나 『외국인투자은행법』 등 7개 법을 발표하였는데, 모두 외국인 투자유치를 위해 국제법 기준을 적용하였다. 나진·선봉 경제무역지대법은 특구 내에서 근무하는 북한근로자 인권을 보호하고 국제적 기준에서 특구를 관리하며 50년간 토지임대, 해외투자자의 건물 소유를 허용하는 등 다소 파격적인 내용을 담고 있다.[14] 북한은

10) 『노컷뉴스』, 2012년 3월 7일.

11) 노컷뉴스 2012.1.17 "北 양형섭 최고인민회의 부위원장, 김정은 체제 우려 일축"

12) 한기범(2010), "북한정책결정과정의 조직행태와 관료정치: 경제개혁 확대 및 후퇴를 중심으로", 북한대학원대학교 박사학위논문.

13) 『YTN』, 2012년 3월 1일.

별도의 보험사를 설립해 국제보험에 가입하도록 하는 투자손실 보상시스템을 도입함으로써 외국인 투자위험을 줄일 수 있도록 하였다. 이와 같은 움직임은 외국인 투자를 바라는 김정은 체제의 절박함과 경제개혁에 대한 의지로 볼 수 있다.

4) 해외 유경험자에 의한 관료 교체

북한은 김정은 시대에 따른 경제개혁을 위해 2011년을 기점으로 세대교체를 단행하였다. 김정일 사망 직전까지 급속히 진행된 세대교체의 특징은 토대·돈·외국경험이었다. 다시말해 집안이 좋고 돈 있고 해외를 경험한 신진세력이라는 것이다. 이들 30~40대는 2000년대 후반 연구원의 타이틀을 달고 중국의 동북지방을 비롯해 동유럽, 동남아 등 세계 각국을 다니면서 시장경제를 경험하였다. 김정일이 생전에 "똑똑한 세대"라고 언급할 정도였고 이를 만나본 대북소식통에 의하면 "합리적이고 샤프하며 쿨 한 성격의 소유자들이라고 하였다.[15]

이 같은 움직임은 북한이 김정은의 권력세습과 더불어 경제개혁 중심으로 간부정책을 변화시켜 나가고 있다는 분석도 가능하다.

4. 개발독재를 통한 북한식 경제개혁

1) 개발독재에 대한 이해

개발독재는 국가 경제개발의 기치 아래 자행되는 강권 정치의 일종, 또는 경제성장을 위해서는 정치적 안정이 불가결하다는 이유로 정치참여를 크게 제한하는 독재를 정당화 하는 체제라고 정의된다.[16] 개발독재의 주요한 특징을 보면 독재자 혹은 권위주의형 지도자가 군대 혹은

---

14) 『연합뉴스』, 2012년 3월 11일.
15) 『시사IN』, 2012년 1월 31일.
16) 이병천 엮음, 『개발독재와 박정희 시대』(서울: 주) 창비, 2003), 19쪽.

독점적인 정당이나 신앙을 통해 정치적 안정을 기하고 경제건설에 나서는 것이다. 이는 한국 뿐 아니라 대만, 말레이시아, 싱가포르 등 경제개발에서 성공한 나라들에서 찾아볼 수 있는 공통된 특징이다.

2) 개발독재 실행 가능성

김정은은 권력승계 이후 개발독재를 통한 강성국가 건설을 추구할 가능성이 높다. 북한의 지난기간 추구해온 국정운영 방향, 김정은의 권력승계 이후 지속되는 군에 대한 애착을 보면 "선군정치"가 "선민정치"로 전환되기는 불가능하다. 북한이 처한 환경에서 개발독재는 당국이 지향하는 대로 경제개혁을 이룰 수 있는 수단이다. 개발독재를 부정하는 학자들도 개발독재가 단기적으로 발전 속도와 구체적 목표의 실현에서 빠르다는 점을 인정하고 있다.[17] 개발독재 방식이 아닌 민주방식도 경제발전을 이룰 수 있는 가능성이 있겠으나, 세상에는 아직까지 공업화와 민주화를 동시에 추진한 사례를 알지 못하고 있다.[18]

개도국들에서 개발독재로 성공한 사례와 북한이 선군정치를 고집하며 경제개발이 없는 독재로 민생난이 지속되는 것을 고려하면, 개발독재가 경제개혁을 위한 실리적인 대안이 될 수도 있다. 개발독재가 성공하기 위해서는 경제성장의 명분아래 독재를 정당화할 수 있는 사상체계, 이를 이끌 수 있는 강력한 지도자, 유능한 추진세력이 필요하다. 김정은 집권 이후 이러한 측면이 크게 드러나지 않지만, 체제가 갖고 있는 관성으로 인해 양호한 환경에 있다고 볼 수 있다. 당·정·군의 일체화, 김정은 세대의 해외 유경험 관료들에 의한 간부 충원, 개혁개방의 성공적인 정착을 통해 G2로 급부상한 중국의 경험을 통한 자신감, 7.1 조치를 통한 경험 축적 등을 갖고 있다. 따라서 개발독재를 통한 경제개혁을 추진하면 적은 비용으로 정치적 안정을 이루면서 경제발전을

17) 김일영, "박정희 체제 18년 어떻게 볼 것인가?," 『(계간) 사상』 27(1995), 219쪽.
18) 김용복,"개발독재는 필요악이었나?," 『박정희를 넘어서』(서울: 푸른숲, 1998), 274쪽.

이룰 수 있는 가능성이 열려져 있다. 북한주민들은 개발독재로 인한 삶과 개발이 없는 독재에서의 삶 중 전자를 선택할 가능성이 크다. 그것은 90년대부터 수십 년간 시장을 통해 또 다른 삶을 맛보았고 개발독재로 성공한 나라 주민들의 삶의 수준 변화를 알고 있기 때문이다. 개도국들의 경우 독재 하에서의 경제개발의 가능성이 민주주의 체제하의 경제개발 가능성보다 높은 것으로 나타나고 있다.[19]

3) 북한식 개발독재에 대한 연구자들의 관심

개발독재를 통한 북한 경제회생에 대하여 국내외 적지 않은 학자, 전문가들이 관심을 보이고 있다. 2005년 수출입은행 배종렬박사는 한국의 경제개발 전인 1960년대보다 경제상황이 양호한 북한이 한국형 경제건설론을 벤치마킹해 나갈 것이라고 전하였다.[20] 2010년 경남대 극동문제연구소 북한현대화연구팀의 필립 박 교수는 "박정희식 모델에 비춰볼 때 북한의 현대화는 국가 주도의 경제성장과 인적자원 개발, 과학기술 증진과 시장 확대 등을 통해 달성될 수 있다" 고 말했다.[21] 2011년 통일연구원 조민 선임연구위원은 "북한체제를 유지하면서 한걸음 앞으로 나갈 수 있는 방향은 개발독재 방식이며 이는 북한 수령독제체제의 근친성을 지니기에 모험적이나마 북한의 선택을 기대해 볼 수 있다"고 밝혔다.[22]

---

19) 이완범, 『박정희와 한강의 기적』(서울: 선인출판, 2006), 18쪽.
20) 배종렬, "북한 경제개발모델의 모색: 북한개발을 위한 경제모델의 모색: 한국의 경험," 『수은북한경제』, 2005년 여름호,
21) 『미국이 소리방송』, 2010년 2월 4일.
22) 『천지일보』, 2011년 11월18일.

Ⅳ. 나오며

최근 북한에서 현 경제체제를 개선하려는 당국의 움직임이 포착되고 있다. 관료들의 시장경제 운영관련 연수 확대, 젊은 해외 유경험자의 관료 수혈, 외국인 투자 관련법의 국제적 기준에 부합한 개정 등을 들 수 있다. 오늘날 북한에서의 경제개혁은 주민들의 누적된 불만을 해소하며 중국을 비롯한 주변국으로부터의 압력에서 벗어나기 위해 김정은 권력승계 이후 선택할 수밖에 없는 대안이기도 하다. 또한 김정은의 등장과 함께 주민들과 약속한 강성국가의 완성을 위해서도 개혁개방에 나설 가능성이 크다. 따라서 김정은이 권력세습을 공고히 한 후 어떤 방식의 경제개혁에 나설 것인가에 관심이 모아지고 있다.

북한주민들은 장기간의 식량난과 남한과의 국력의 차이에서 오는 위기의식으로 인해 단기간에 남한과의 경제수준 격차를 줄일 수 있는 경제개발을 원한다. 김정은 지도부도 "단번도약"을 이룰 수 있는 경제개발을 통해 민생난 해소와 장기적인 생존기반을 마련하려 하고 있다. 경제발전에 대한 당국과 주민들의 이해관계가 맞물려 한국, 대만을 비롯한 개도국들의 경제성장을 이룬 개발독재가 북한에 상륙할 가능성이 크다.

참고문헌

김병욱. "선군경제운영과 민수산업의 군수화," 『KDI 북한경제리뷰』. 2011년 6월.

김석진. "중국·베트남 개혁모델의 북한 적용 가능성 재검토", 산업연구원, 2008.

김일영, "박정희 체제 18년 어떻게 볼 것인가?," 『(계간) 사상』 27(1995),

김용복, "개발독재는 필요악이었나?," 『박정희를 넘어서』(서울: 푸른숲, 1998).

배종렬. "북한 경제개발모델의 모색: 북한개발을 위한 경제모델의 모색: 한국의 경험," 『수은북한경제』. 2005년 여름호.

이완범. 『박정희와 한강의 기적』(서울: 선인출판, 2006),

이병천 엮음. 『개발독재와 박정희 시대』(서울: 주) 창비, 2003)

정성장. "김정은의 선군정치와 북한의 군부엘리트 변동," 『정세와 정책』, 세종연구소(2012년 3월).

한기범. "북한정책결정과정의 조직행태와 관료정치: 경제개혁 확대 및 후퇴를 중심으로", 북한대학원대학교 박사학위논문.(2010년).

조선로동당 출판사. 『조선로동당력사』. 평양: 조선로동당 출판사, 2006.

『노컷뉴스』. 2010년 8월 30일.

『노컷뉴스』. 2012년 3월 7일.

『노컷뉴스』. 2012년 1월 17일.

『미국의 소리 방송』. 2010년 2월 4일.

『시사IN』, 2012년 1월 31일.

『연합뉴스』. 2012년 3월 11일.

『연합뉴스』. 2004년 9월 2일.

『연합뉴스』. 2012년 3월 25일

『조선중앙통신』. 2010년 3월 10일.

『조선신보』. 2003년 4월 11일.

『조선일보』. 2005년 3월 9일.

『천지일보』. 2011년 11월 18일.

『한국일보』. 2012년 2월 1일

『YTN』. 2012년 3월 1일.

제2절 김정은 집권이후 기업관리운영체계 변화 연구

Ⅰ. 들어가며

김정은 집권이후 북한은 '사회주의기업책임관리제'의 도입을 통해 기업에 실제적인 경영권을 부여했다. 또한 2015년 '기업소법' 개정을 통해 기업이 경영권을 실질적으로 행사할 수 있도록 법률적 근거를 마련하기도 하였다. 기업에 계획권, 생산조직권, 노력조절권, 제품개발권, 무역과 합영·합작권, 재정관리권, 생산물의 가격제정 및 판매권 등 경영활동의 계획작성부터 생산물의 판매에 이르기까지 경영전반에 대해 자율권을 상당부분 부여하여 주었다. 이는 전통적인 계획경제에서의 경영방식과는 상당히 다르다고 할 수 있다. 그럼에도 불구하고 북한은 스스로 사회주의기업책임관리제는 자본주의 사회에서의 '기업자치체'와는 근본적으로 다르다고 주장하고 있다.[23]

기업의 경영활동 '자유화'가 제도적인 기반을 갖춘 이후부터 기업의 가동률이 제고되고 시장에서의 국산제품 비중이 높아지고 있다고 한다. 이러한 사실은 북한이 기업에 부여한 경영권이 현실에서 어느 정도 성과를 내고 있다는 반증으로 볼 수 있다. 또한 김정은은 2018년 신년사에서 사회주의기업책임관리제가 공장·기업소·협동단체에서 실질적인 성과로 이어질 수 있는 대책을 취할 것을 강조했다. 시장의 변화는 중앙의 인식변화를 이끌어낸다. 이는 선 법제정, 후 도입이 아닌 선 당국의 묵인에 의한 현장실험, 후 법제정의 행태로 나타난다. 이를 감안할 때 현재 기업에 부여된 경영권을 초월하는 경영운영 행태가 나타날 가

23) "기업체들에 실제적 경영권을 주었다고 하여 그것을 경제를 '자유화'하려는 목적으로 사회주의 국영기업이 국가의 지도와 통제를 받지 않고 자체로 기업을 관리운영하도록 한 '기업자치제'와 같은 것으로 이해해서는 안된다."(계춘봉, "실제적 경영권의 특징", 『경제연구』 2016년 2호, p12-13.)

능성이 있으며, 이는 다시 법률제정으로 이어질 수도 있다.

그렇다면 지금까지 북한의 기업관리운영방식은 어떻게 변화되었을까? 구체적으로 계획은 어떻게 수립되고 자재 및 인력 등 생산요소들은 어떻게 확보하며, 소요자금은 어떻게 조달하고 있을까? 또한 생산제품에 대한 가격결정과 판매체계는 어떻게 되어있을까? 본 연구는 이러한 질문에 대한 해답을 통해 기업관리운영시스템의 변화, 더 나아가 북한의 경제개선 정도를 파악하려고 한다. 왜냐하면 북한의 경제개선 수준을 통해 북한의 경제 변화를 가늠할 수 있고, 경제변화는 개혁개방과 경제협력의 환경요인으로 작용할 수 있기 때문이다.

따라서 본 연구에서는 북한의 전통적인 기업관리운영체계가 김정은 집권이후 어떻게 변화되었는가를 구체적으로 살펴보고 이의 원인을 조명해 보려고 한다.

Ⅱ. 기업의 개념과 전통적인 기업관리운영체계

1. 기업의 개념

일반적으로 기업은 이윤추구를 목적으로 하는 단체이며, 출자자에 따라 공기업·사기업으로, 크기에 따라 대기업·중소기업으로 분류된다. 그러나 북한의 기업[24]은 이윤추구를 목적으로 하기보다 부과된 계획을 수행하면서 수입과 지출을 맞추는 채산활동을 하는 단위이다. 북한은 기업이라는 용어보다 최근 들어 기업체라는 용어를 쓰고 있다. 북한에서 발행되고 있는 '경제연구'에서 기업체는 일정한 자금을 가지고 경영활동을 독자적으로 수행하는 단위이며, 여기에는 생산의 기본단위인 공장, 기업소, 협동단체가 포함된다고 밝히고 있다.

북한에서 공장은 가공을 기본으로 하는 생산단위이고 기업소는 독자

24) 북한은 기업을 기업체라고 부르기도 한다.

적으로 경영활동을 수행하는 경영단위이다. 따라서 하나의 공장이 하나의 기업소일수도 있고 여러 개의 공장이 합쳐서 하나의 기업소를 이룰 수도 있다.[25] 다시 말해 공장은 기업소의 하위개념이라고 할 수 있다. 협동단체는 단체에 들어있는 근로자들이 생산수단을 공동으로 소유하고 경영활동을 수행하는 경영단위이다.

북한의 기업에서 가장 큰 비중을 차지하는 것은 기업소이다. 북한의 기업소는 독자적으로 경영활동을 직접 조직진행하는 경영단위이다. 다시말해 기업소는 일정한 노력, 설비, 자재, 자금을 가지고 생산물을 생산하거나 봉사(서비스)[26]를 제공하여 얻는 수입으로 지출을 보상하고 채산을 맞추어 나가는 단위이다.[27] 2010년 제정된 북한의 「기업소법」은 기업소를 일정한 노력, 설비, 자재, 자금을 가지고 생산 또는 봉사활동을 직접 조직진행하는 경제단위라고 정의하고 있다. 북한이 일반적으로 사용하고 있는 기업소의 정의와 기업소법에서의 기업소의 정의를 비교해보면 대체로 동일한 의미이다. 그러나 기업소법에는 채산을 맞추라는 내용은 빠져있다. 이는 최근 경제상황이 반영되어 기업이 채산을 맞추는 정도가 아니라 최대한의 이익을 내는 단체라는 의미로 발전한 것으로 보인다.[28]

기업소에는 생산, 건설, 교통운수, 봉사(서비스)단위가 포함된다. 본 논문에서는 협동단체를 제외한 기업소(경영단위인 공장 포함)의 관리운영체계를 살펴본다.

25) 제2자연과학출판사, 「기업관리운영용어-1000」, 평양:제2자연과학출판사, 2006, pp.49~50.
26) 북한에서 봉사는 사람들의 생활상 편의를 보장하기 위한 상품공급, 여객운수와 체신, 보건, 문화후생 부문 등의 활동을 말한다. 이러한 봉사활동은 사실상 비생산노동이라고 한다.
27) 제2자연과학출판사, 「기업관리운영용어-1000」, 평양:제2자연과학출판사, 2006, p.49.
28) 국가정보원, 「북한법령집」, 2017, p.531.(기업소법 4조)

<표 1> 북한 기업(기업체)의 분류

분류	구 분	예 시
공장	○ 제품가공	○ 옷공장, 식료공장 등
기업소	○ 관리소속 기준	
	1. 중앙기업소(대규모)	○ 김책제철연합기업소, 2.8비날론연합기업소 등
	2. 지방기업소(중소규모)	○ 평성옷공장, 평성구두공장 등
	○ 생산활동 기준	
	1. 공업기업소	○ 무산광업연합기업소, 평성옷공장, 평성구두공장
	2. 건설기업소	○ 주택건설사업소, 항만건설사업소 등
	3. 교통운수기업소	○ 버스사업소, 무궤도전차사업소, 수송대 등
	4. 농업기업소	
	- 국가농업기업소	○ 국가농목장, 농기계작업소, 관개관리소
	- 협동농장	○ 각 협동농장
	5. 상업기업소	○ 도매소, 상업관리소, 시장관리소, 급양관리소 등
	6. 기타	○ 수산사업소 등
협동단체	○ 생산활동 기준	
	1. 수산협동단체	○ 수산협동조합
	2. 생산협동단체	○ 생산협동조합

자료: 저자 작성

2. 전통적인 기업관리운영체계

사회주의 계획경제를 추구하는 북한의 경제관리 및 기업관리운영체계는 '경제의 사회주의적 개조'가 완성된 직후인 1960년대 초에 완성되었다. 김일성이 1961년 12월 평안남도 대안군에 있는 '대안전기공장'을 돌아보고 공장당위원회를 최고지도기관으로 하는 집체적 지도체계인 대안의 사업체계를 수립하였는데, 이것이 기업관리운영체계의 기틀이 되었다. 대안의 사업체계는 지배인(사장) 한명이 생산을 비롯하여 공장운영전체를 책임지는 기업관리운영체계인 '지배인유일관리제'를 대체하는 새로운 경제관리운영방식이다. 기업관리운영체계는 계획수립, 자재조달, 인력수급, 생산과 판매, 가격제정, 재정관리(자금조달 포함) 등으로 살펴볼 수 있다.

가. 계획수립의 일원화, 세부화

전통적인 계획경제에서 기업은 국가에서 정해준 계획지표에 대해 연, 분기, 월 계획을 수립하고 집행해야 할 의무를 가진다. 북한의 경제계획지표에는 계획을 작성하는 기관에 따라 국가계획위원회 지표, 성지표, 연합기업소지표, 지방지표(도, 시, 군)가 있다.[29] 예를 들어 김책제철연합기업소의 경우 국가계획위원회에서 어떤 생산물을 생산하라는 지표계획을 받을 수 있고 상급기관인 금속공업성에서 제시한 지표도 있을 수 있다. 그러면 김책제철연합기업소는 두 개 기관에서 제정해준 지표에 한해 계획을 수행해야 한다. 또한 계획지표를 측정하는 단위에 따라 현물지표와 금액지표로 구분할 수 있는데 여기서 현물지표가 더 중요하다.[30] 왜냐하면 북한은 모든 생산물의 소비기준을 정하고 필요수량만큼 생산하는 계획경제를 고수하고 있기 때문이며 기업의 현물계획에 국정가격을 적용하면 금액지표가 되기 때문이다. 기업의 재정은 돈으로 표시해야 하기 때문에 금액지표를 함께 표시하게 되며, 이는 원가계획, 이윤계획과 같은 재정계획 수립의 기초가 된다. 이처럼 기업의 계획지표는 국가에 의해 정해진다.

그렇다면 기업이 계획을 어떻게 수립하는지 알아보자. 북한은 국가의 경제계획 뿐만 아니라 기업의 계획을 작성할 때 생산자인 근로자들을 계획사업에 적극 참가시켜 그들의 의견을 고려해야 한다는 원칙을 구현하고 있다. 이것이 '인민경제계획화에서 군중노선구현 원칙'이다. 이로 인해 기업의 계획은 위에서 일방적으로 제시해 주는 방식이 아니라 경제의 가장 말단 단위인 기업에서 계획안을 작성하여 상급기관에 제출하고 상급기관인 내각의 위원회 및 성에서 통합되어 국가계획위원회에 제출하게 되며 국가계획위원회는 최종계획을 확정하여 다시 아래로 통보하는 체계로 수립된다. 이것이 계획수립의 3단계, 즉 예비숫자,

---

29) 조선백과사전편찬위원회, 「광명백과사전」 5, 평양:백과사전출판사, 2010, p.225.
30) 위의 책, p.224.

통제숫자, 계획숫자 작성단계이며 예비숫자는 군중노선구현 원칙에 의해 기업에서 생산자의 의견을 종합하여 작성한 계획초안이다. 국가계획위원회가 각 기업에서 작성된 예비숫자를 당의 정책목표와 맞추어 재 작성하게 되는데 이것이 통제숫자이며 이는 법적 의무성을 띠게 된다. 국가계획위원회로부터 통제숫자를 받은 내각의 위원회와 성은 다시 지구계획위원회를 통해 각 기업에 통보하게 되며, 기업은 통제숫자를 근거로 계획안을 다시 만들어 상향보고하게 되면서 기업의 계획수립이 마무리 된다.

<그림 1> 기업의 계획수립체계

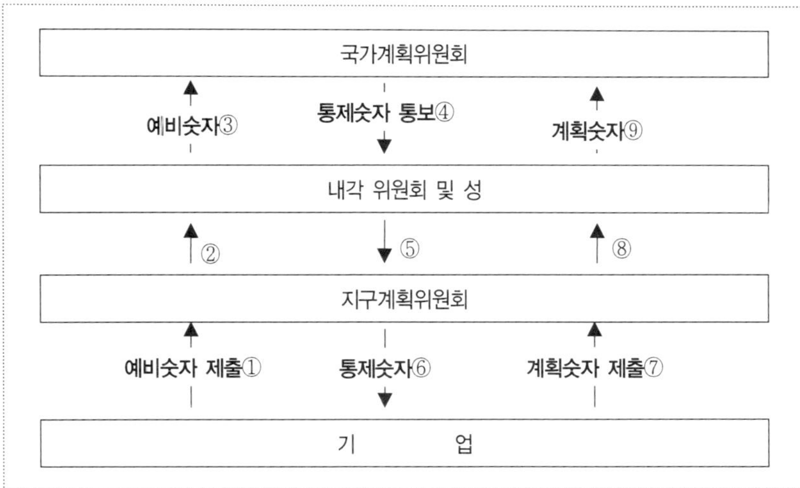

자료: 저자 작성

〈그림 1〉에서 보는 것처럼 기업의 계획수립체계는 기업 → 지구계획위원회 → 내각 위원회 및 성 → 국가계획위원회 → 내각 위원회 및 성 → 지구계획위원회 → 기업 → 지구계획위원회 → 내각 위원회 및 성 → 국가계획위원회로 되어있다. 여기서 주목할 점은 예비숫자는 사실상 형식적이라는 것과 기본은 국가계획위원회에서 확정한 국가의 통제

숫자가 명령계획이라는 점이다. 즉 계획수립에서 기업의 자율성은 배제되고 당의 정책목표에 따라 국가가 작성하여 법적 과제로 통보하여 주는 방식이다.

나. 자재공급기관에 의한 유일적 자재공급시스템

기업의 생산계획 수행에 필요한 자재는 국가의 자재공급계획에 의해 공급하는 방식으로 해결된다. 다시말해 중앙에서부터 생산현장까지 자재를 공급해주는 시스템이다. 우선 기업은 자재소요 계획을 작성하여 해당 상급기관을 통해 국가계획위원회에 제출하며 국가계획위원회는 이를 바탕으로 전국적인 자재공급계획을 확정하게 된다. 예를 들어 A기업의 연간 생산계획 수행에 필요한 자재가 A1~A10가지 있다고 하자. 그중 A1은 B기업에서, A2는 C기업에서 생산한다고 했을 때 국가계획위원회는 A기업과 B기업, A기업과 C기업간 자재공급계약을 체결해준다. 한편 국가계획위원회는 A기업의 자재조달을 책임질 자재공급기관에도 계약사항을 통보한다.

이때 A기업은 B와 C기업과 직접 자재거래를 할 수 없다. 전문 자재조달기관이 B와 C기업에 가서 자재를 받아 A기업에 공급하게 된다. 즉 A기업은 국가계획에 의해 필요한 모든 자재를 공급받게 된다. 이것이 바로 위에서 아래로 자재를 내리 공급하는 전통적인 자재공급체계이다. 이처럼 북한의 모든 기업은 국가의 자재공급계획에 준해 자재공급기관을 통해 자재를 조달받게 된다.

이렇게 위로부터 공급받은 자재는 해당 기업의 자재담당 부서가 보관관리하며 생산현장에 공급한다. 즉 전통적인 계획경제하에서 기업의 자재조달체계는 중앙집권적, 유일적 자재공급체계라고 할 수 있다.

<그림 2> 북한 기업의 전통적인 자재조달체계

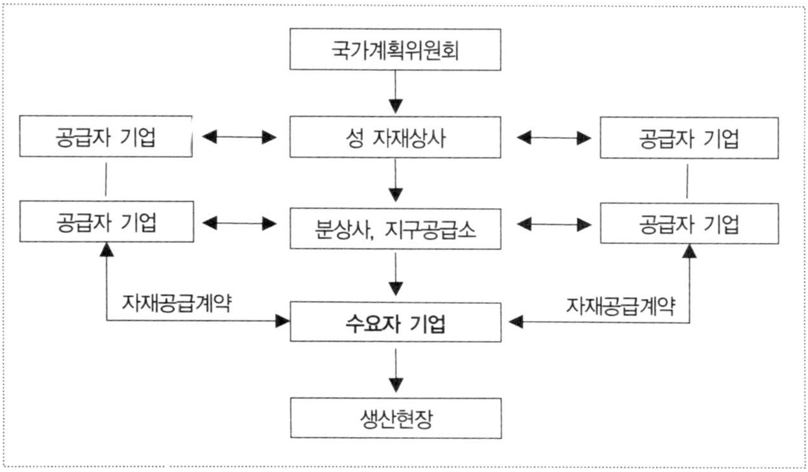

자료: 저자 작성

다. 국가배치에 의한 노동력 공급체계

북한 기업의 생산계획, 자재수급계획과 마찬가지로 인력수급계획도 중앙계획기구에 의해 작성된다. 기업의 생산능력, 생산계획, 정년퇴직자 등을 감안하여 인력수급계획이 작성된다. 인력은 수급계획에 근거해 해당 기업이 위치하고 있는 도 혹은 시·군인민위원회 노동부서에서 공급하도록 되어 있다. 북한에서 개인의 직업선택은 국가계획에 준해 사회부문별 노동력 배치의 방법으로 규정된다. 북한의 노동법 제5조는 "모든 근로자들은 희망과 재능에 따라 직업을 선택하며 국가로부터 안정된 일자리와 노동조건을 보장받는다"고 규정하고 있으나, 사실상 개인은 직업을 자유로 선택할 권한도 기업 스스로 인력을 채용할 권한도 없다.

북한의 만 16살 이상의 근로능력을 가진 모든 사람들 즉 고등학교 졸업생, 대학졸업생, 제대군인, 제대군관(장교) 들은 나라에서 지정한 기업으로 가게 되는데, 중앙대학졸업생들과 제대군관들은 지방당 간부과에서, 나머지는 지방인민위원회 노동과에서 배치를 받게 된다. 때문에 기업은 당 간부과에서 사무원을, 지방인민위원회에서 노동자를 공급받으며 이후 기업 당위원회가 전자를, 기업 노동과가 후자를 관리하게 된다. 기업은 근로자에 대해 해고권한, 사직 및 전직시킬 권한 역시 없다.[31] 기업이 스스로 결정할 수 있는 것은 기혼 여성근로자가 가정사로 사직서를 제출할 경우 지역 군 인민위원회 노동과의 승인 하에 이를 처리할 수 있는 것 뿐이다. 한마디로 전통적인 계획경제에서 기업의 인력조달체계는 국가에서 기업으로 인력을 배정해주는 방식이다. 즉 기업은 인력수급에 대해 아무런 권한이 없으며 이는 오직 국가에 있다.

<표 2> 북한 노동력의 배치 구조

대상		간부 배치				노동자 배치		
		내각 사무국대학생 배치과	당 간부부(과)			인민위원회 노동처(과)		
			도	시	군	도	시	군
대학	중앙	○	○	○	○	-	-	-
	지방	-	-	○	○	○	○	○
전문학교		-	-	-	-	-	○	○
고등학교		-	-	-	-	-	○	○
제대군관(장교)		-	○	○	○	-	-	-
제대군인(사병)		-	-	-	-	-	○	○

자료: 저자 작성

라. 국정가격과 국가계약에 의한 생산물 판매시스템

북한은 가격을 상품의 가치나 생산수단의 가치형태[32]를 화폐적으로 표현한 것으로 정의한다.[33] 가격은 제정대상에 따라 생산물의 가격과

---

31) 국가 기관, 기업소는 일시적으로 노력이 남는다고 하여 노동자들을 마음대로 제적할 수 없다.(북한의 노동법 제34조)

32) 가치형태는 국영기업소에서 생산된 생산수단이 국영기업소와 거래될 때 이용되는데, 이는 북한이 생산수단을 상품이 아니라 상품 형태라고 하는 것과 관련된다. 다시말해 상품은 생산에서 유통과정을 거쳐 국가소유에서 개인소유로 소유권이 전환되지만, 생산수단은 국영기업간의 거래이기 때문에 소유권이 전환되지 않아 상품이 아니라고 한다.

봉사활동의 가격으로, 이용목적에 따라 생산수단의 가격과 소비재가격으로, 경제거래의 성격에 따라 도매가격, 소매가격, 수매가격, 운임 및 요금[34] 등으로 구분된다. 도매가격은 국영기업간 생산물을 주고받을 때 적용되는 가격이며 소매가격은 상업기업이 주민들에게 소비상품을 직접 판매할때 적용되는 가격이다.[35]

<표 3> 기업별 가격과 구성요소

구 분		적용가격	가격구성
공업기업소	생산재기업소	도매가격	원가+이윤+거래수입금
	소비재기업소		
건설기업소		설계예산가격	
교통운수기업소		운임(철도, 자동차, 배, 비행기 등)	수송원가+이윤+거래수입금
농업기업소		수매가격	
상업기업소		소매가격	도매가격+상업부가금
		요금(봉사요금, 사용료)	봉사원가+이윤+거래수입금

자료: 저자 작성

북한의 기업은 생산제품에 대해 가격을 함부로 제정할 수 없으며 국가에 의해 계획적으로 제정된다. 즉 전통적인 계획경제에서는 동일제품에 대해 동일가격을 적용하므로 모든 생산제품의 가격은 국정가격이다. 예컨대 소비품인 된장 1kg의 국정가격이 2원이라면 전국적으로 된장을 생산하는 기업들은 2원에서 상업부가금[36]을 제외한 소매가격으

33) 사회과학원 사회주의경제관리연구소, 「재정금융사전」, 평양:사회과학출판사, 1995, p.1.

34) 봉사요금은 직접 봉사활동을 제공한데 대하여 지불하는 가격이며, 사용료는 봉사적 성격을 띤 설비와 시설의 이용에 대하여 지불하는 가격이다. 요금은 제정하는 대상의 성격에 따라 생산적 요금과 비생산적 요금으로 구분한다. 생산적요금은 생산을 위한 체신부문의 통신 및 우편물 취급, 기계와 시설물의 제공, 기계설비의 수리작업 등과 같이 생산활동의 촉진과 완성, 생산적 고정재산의 보존과 갱신을 위하여 진행된 봉사에 지불하는 가격이다. 비생산적요금은 도시경영부문의 시설물 및 비품 사용, 편의봉사부문 등과 같이 개인적 소비에 복무하는 봉사에 대하여 지불하는 가격이다.

35) 사회과학원 사회주의경제관리연구소, 위의 사전, 1995, p.735.

36) 상업부가금은 상업유통기관의 유통비와 이익금으로 구성되며 상품소매가격의 구성부분이다.

로 상품유통기업에 상품을 판매하게 된다. 이는 기업은 제품의 가격에 대해 신경 쓰지 않음을 의미한다.

기업이 생산한 생산수단은 국가에서 정해준 도매가격으로 다른 기업에 판매된다. 이처럼 기업의 생산물에 대한 가격은 국가에서 제정하여 기업에 전달하는 체계로 되어 있다. 여기서 국가는 내각의 가격제정위원회이다. 북한은 동일제품에 동일가격을 국가가 제정해 주는 것에 대해 가격의 안정성을 보장하고 나라의 경제를 계획적으로 관리운영하기 위한 것이라고 주장하고 있다. 그러면서 국가에 의한 가격의 계획적인 제정과 의무적인 적용을 무시하고 가격을 자유화하게 되면 사회주의 건설과 인민생활에 엄중한 결과를 초래할 수 있다고 경고한다. 이러한 가격원칙이 지켜지지 않는다면 결국 경제의 계획적, 균형적 발전이 붕괴되고 시장경제를 초래하게 된다고 강조한다.

<그림 3> 북한 기업의 가격제정체계

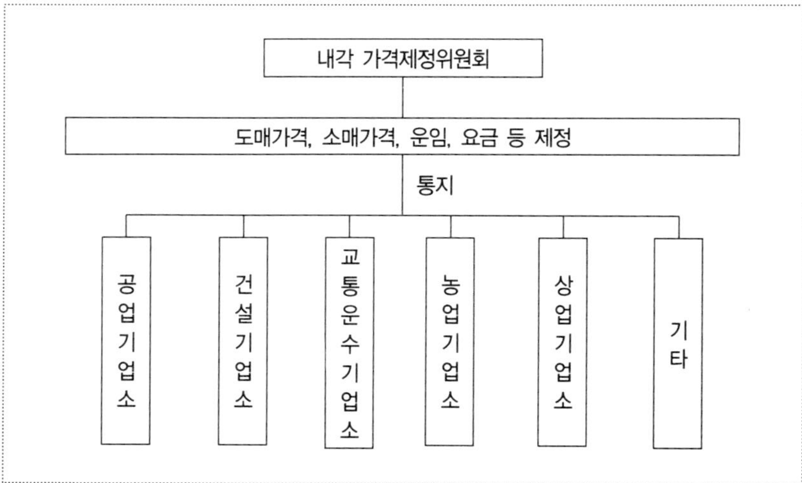

자료: 저자 작성

기업은 생산물에 대해 정해진 자재공급 기관과 상품유통 기관에 국정가격으로 판매해야 한다. 기업의 자재조달체계에서 언급한 것처럼 북한의 모든 생산 기업은 생산물에 대한 처분권이 없다. 때문에 자재 및 상품유통기관과 계약을 맺게 되며 생산물을 계약 이외의 기업에 판매할 수 없다. 이것이 바로 북한의 사회주의경제운영방법인 계획의 일원화, 세부화[37]의 일환이다.

<그림 4> 북한 소비품 생산기업 상품판매체계

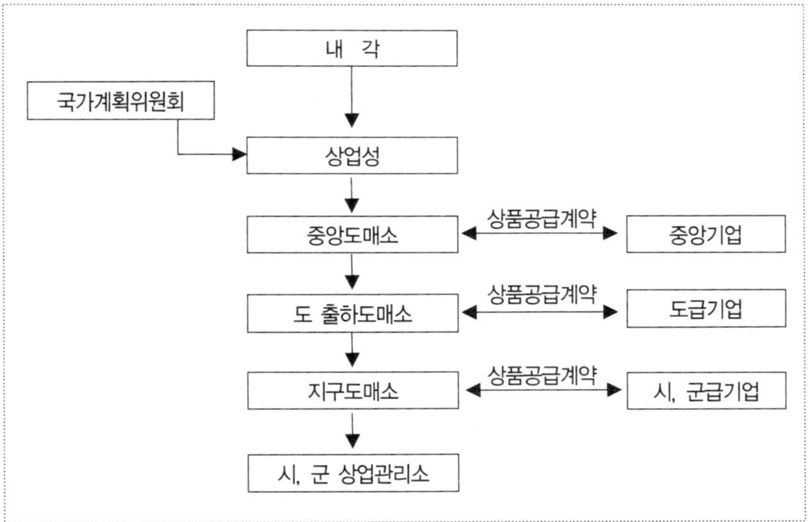

자료: 저자 작성

바. 국가재정기관과 중앙은행에 의한 재정관리

일반적으로 재정은 국가 및 기타 공공단체가 공공욕구를 충족하기 위해 필요한 수단을 조달하고 관리·사용하는 경제활동을 의미하며 이를 정부의 경제, 혹은 공공경제라고 한다.[38] 이에 반해 북한은 재정을 국가

37) 계획의 일원화는 경제의 전반 계획이 당과 국가의 요구에 의해 작성되고 집행되도록 계획사업에서 유일성을 보장하는 것이고, 계획의 세부화는 계획지표들을 세분하여 모두 계획화하고 모든 지표의 수행에 법적 의무성을 부여함으로써 기업의 생산활동이 국가계획에 의하여 진행되게 하는 것이다.

38) http://terms.naver.com/entry.nhn?docId=779526&cid=42085&categoryId=42085(검색

및 기관·기업소가 자기의 기능을 수행하는데 필요한 화폐자금을 조성하고 분배·이용하는 과정에서 이루어지는 경제관계로 정의하고 있다.[39)]

<표 4> 북한 재정의 개념

<table>
<tr><th>구분</th><th colspan="6">내 용</th></tr>
<tr><td>정의</td><td colspan="6">국가 및 기관·기업소가 기능수행에 필요한 자금을 조성하고 분배·이용하는 과정에 이루어지는 경제관계</td></tr>
<tr><td rowspan="4">구분</td><td rowspan="2">국가예산</td><td rowspan="2">국가의 기본재정계획</td><td colspan="4">중앙예산</td></tr>
<tr><td colspan="4">지방예산</td></tr>
<tr><td rowspan="2">기업소재정</td><td>소유관계</td><td colspan="4">국영기업소 및 협동단체기업소 재정</td></tr>
<tr><td>부문별</td><td colspan="4">공업, 농업, 건설, 상업, 무역 등 부문별 재정</td></tr>
<tr><td rowspan="6">기능</td><td rowspan="5">분배기능</td><td rowspan="4">1차분배</td><td rowspan="4">사회총생산물[40)]</td><td>소비된 생산수단</td><td colspan="2">–</td></tr>
<tr><td rowspan="3">국민소득</td><td>개인소득</td><td>–</td></tr>
<tr><td rowspan="2">사회순소득</td><td>중앙집중적 순소득</td></tr>
<tr><td>기업소순소득</td></tr>
<tr><td>재분배</td><td colspan="4">국민소득의 재분배는 국가예산 지출을 통해 수행</td></tr>
<tr><td>통제기능</td><td colspan="5">일상적인 재정통제와 재정검열</td></tr>
</table>

자료: 김영희, "북한의 재정법제 동향과 남북 재정법제 통합 방향", 「KDB북한개발」, 통권 12호, 2017, p.81.

이처럼 북한의 재정은 정부 기능 수행에 필요한 경제활동만을 재정으로 정의하고 있는 시장경제의 재정과는 차이가 있다.[41)] 북한에서 재정의 주체는 국가 및 기관·기업소이며 일반적으로 재정의 주체는 국가와 공공단체이다. 이처럼 북한에서 재정의 주체는 개별기업까지 포함하고 있어 그 범위가 넓다. 이는 기관·기업소의 생산수단이 국가소유, 협동단체 소유로 되어있기 때문이다.[42)]

일: 2017년 9월 4일)

39) 사회과학출판사, 「재정금융사전」(평양: 사회과학출판사, 1995), p.1073.

40) 일정한 기간(보통 1년 동안)에 해당 사회에서 생산된 생산물의 총체(국내총생산)로서 생산에 대한 물자 및 노동보수의 지출에 해당하는 원가총액과 생산과정에서 창조된 사회순소득으로 구성

41) 문성민, "북한 재정제도의 현황과 변화추이", 『금융경제연구』 제206호, 2004, p.2.

기업의 재정관리는 기업이 경영활동에 필요한 자금을 조성하고 분배하고 이용하는 사업을 조직하고 결산하는 방식으로 이뤄진다. 북한의 모든 기업은 국가계획위원회로부터 '명령'으로 하달 받은 연간 생산계획, 건설계획, 봉사계획을 수행하기 위해 국가로부터 필요한 자금을 보장받게 된다. 이를 위해 기업별로 재정계획을 작성한다. 먼저 국가계획위원회에서 제공한 생산계획인 '통제숫자'에 기초해 종업원들과의 논의를 거쳐 재정계획초안을 작성하고 그 다음 상급기관에 제출하며, 상급기관은 이를 심의하고 승인한 다음 재정계획을 확정하여 기업에 내려보내게 되며 이렇게 받은 재정계획은 당의 지령이며 국가의 법으로서 무조건 집행할 의무가 부여된다.[43] 재정계획에는 판매수입(매출액)계획, 원가계획, 이윤계획, 거래수입금(부가세)계획, 이윤분배계획, 감가상각금계획, 유동자금보유기준계획, 유동자금보장계획, 기본건설 및 대보수자금공급계획 등이 있다.

이처럼 기업의 재정관리를 담당하는 기관에는 내각의 재정성, 각 도인민위원회 재정국, 시·군(구역)인민위원회 재정과와 경영자금을 직접 공급하는 중앙은행이 있다. 기업은 경영활동자금 마련과 이용에 대해 아무런 권한도 없으며 계획에 근거해 집행해야 할 의무만을 가진다. 또한 해당 기관의 승인을 받지 않은 재정계획은 실행할 수 없고 기업의 자금은 재정계획에 반영된대로 사용해야 한다.[44]

> "유일적 자금공급체계는 이전의 분산적인 자금보장제도 대신에 기본건설자금, 유동자금을 비롯한 모든 자금을 국가가 책임지고 중앙은행을 통해서 유일적으로 공급하는 체계이다. 이 자금공급체계에서 특징적인 것은 계획수행에 필요한 모든 자금을 국가가 재정계획에 엄격

42) 김영희, "북한의 재정법제 통향과 남북 재정법제 통합 방향", 『KDB북한개발』, 통권 12호, 2017, p.80~82.
43) 사회과학출판사, 『재정금융사전』, 평양: 사회과학출판사, 1995, p.297.
44) 북한의 「재정법」, 제24조

히 의거하여 책임적으로, 유일적으로 전액 보상하는 것이다."[45]

<그림 5> 북한의 계획경제에서 기업의 재정관리체계

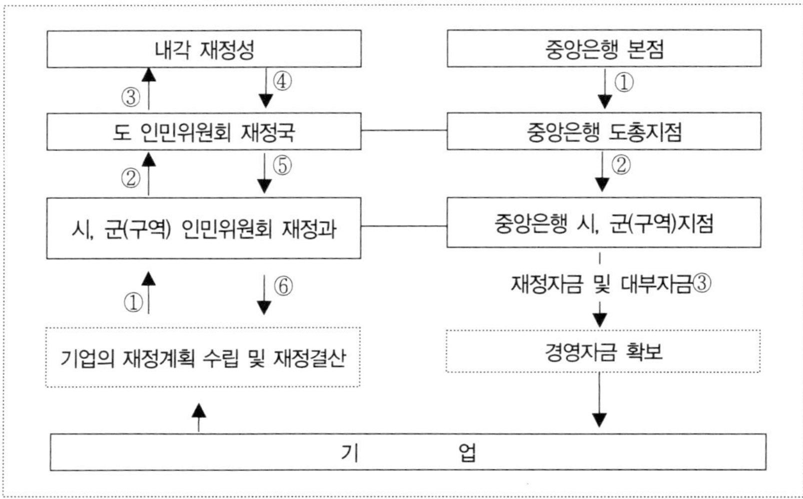

자료: 저자 작성

Ⅱ장에서 살펴본 것처럼 원래 북한 기업의 관리운영체계는 중앙집권적체계로 되어 있어 기업경영활동과 관련한 모든 의사결정권이 중앙정부에 집중되어 있다.

Ⅲ. 김정은 집권이후 기업관리운영체계 변화

기업관리운영체계의 주요 변화는 김정은 집권이후 발표된 '5.30담화'를 통한 사회주의기업책임관리제(2014년), 기업소법, 자재관리법, 재정법, 인민경제계획법(이상 2015년 개정) 등을 통해 살펴볼 수 있다. 또한 이러한 변화의 근저에는 2002년 '7.1조치'가 자리잡고 있다. 따라

45) 리원경, "사회주의 은행의 자금문제", 『김일성종합대학학보』, 제3호, 문성민(2000), p.15.

서 최근 북한이 기업에 부여한 모든 경영활동 권한은 '7.1조치'에서 부여했던 기업권한이 확대되고 제도화 된 것으로 볼 수 있다.

1. 계획수립과 자금 및 자재조달의 다원화

가. 계획수립의 다원화

북한 기업의 계획수립체계는 2002년 '7.1조치'를 기점으로 변화되었다. 우선 국가계획위원회 지표와 성지표에서 국가적으로 전략적 의의를 가지는 지표와 반드시 수행해야 할 주요지표를 '중앙지표'로 설정하고 이 지표만큼은 국가계획위원회에서 기업에 '명령계획'으로 하달하였다. 그리고 기업의 계획지표에 '기업소지표'가 새로 추가되었다.

중앙지표는 철광석, 강재, 비료 등을 생산하는 중화학공업부문과 주요대상 건설기업 등 중앙기업(연합기업소 포함)이 해당된다. 중앙기업은 국가계획기관으로부터 중앙지표에 대해 할당을 받는 한편 수요가 있고 생산능력상 여유가 있는 경우 주문계약에 따라 기업소지표 계획을 자체로 수립할 수 있다.

> "중앙기업소라면 국가적, 전략적 의의를 가지는 지표, 해당 경제전반의 발전에 필요한 지표는 국가적으로 설정하며 그렇지 않은 것은 국가가 정한 방향에 따라 기업소가 자체로 설정하는 것이 합리적이다. 생산물의 분배권은 생산지표를 누가 설정하는가에 따라 규정된다."[46]

> "국가계획위원회는 중요 연합기업소들의 계획을 책임지고 세우는데서 해당 성들로 하여금 계획작성 사업에 적극 참가하여 자기 부문 기업소의 계획 작성과 수행에 대한 지도를 책임적으로 하도록 하는 것이 합리적이다."[47]

---

46) 조선노동당출판사, 「우리당의 선군시대 경제사상해설」, 평양:조선노동당출판사, 2005, p.316.

47) 위의 책, p.302.

이밖에 '지방지표'가 있는데, 이는 지방기업의 계획지표이며 각 도와 군 인민위원회에서 수립하여 기업에 하달하는 방식이다. 지방기업도 중앙기업과 마찬가지로 기업소지표 계획을 수립할 수 있다.

> "도적 의의를 가지는 도영기업소들은 도의 부문별 관리국에서, 군영기업소들은 해당, 시, 군 인민위원회에서 맡아 계획화하도록 하여야 한다."[48]

> "국가계획기관은 인민경제계획지표를 기관, 기업소, 단체에 분담하여야 한다. 이 경우 국가적 요구와 기관, 기업소, 단체의 창발성을 옳게 결합시키는 원칙에서 전략적 의의를 가지는 지표, 국가적으로 반드시 틀어쥐어야 할 중요지표는 중앙지표로, 그 밖의 지표는 지방지표, 기업소 지표로 분담하여야 한다."[49]

전술한 것처럼 북한의 중앙 및 지방기업은 상급기관에서 정해준 지표계획을 수행할 의무를 지면서 한편으로는 기업스스로 수행할 수 있는 기업소지표 계획을 수립하게 된다. 결국 '7.1조치'이후 중앙기업을 제외한 여타 기업들은 계획수립에 있어 국가계획위원회의 승인을 받지 않아도 된다. 즉 중앙기업은 국가계획위원회에서, 지방기업은 지방인민위원회에서 최종 결정하는 체계로 이원화되었다. 이는 국가계획위원회로부터 기업에 이르기까지 수직적인 계획의 일원화 체계가 약화되고 있음을 보여준다.

여기서 주목해야 할 부분은 북한의 3단계 계획수립체계[50]가 변화되었는가 하는 것이다. 북한의 인민경제계획법(2015년 개정)을 보면 3단

48) 위의 책, p.302.

49) 국가정보원, 「북한법령집」, 2017, p.486.(인민경제계획법, 13조)

50) 중앙지표든 지방지표든 기업에서 예비숫자를 만들어 상급기관에 보고하고 상급기관에서 통제숫자로 다시 기업에 하달하면 기업은 이를 근거로 계획숫자로 다시 상향 보고하는데, 이를 3단계 계획수립체계라고 한다.

계 계획수립체계의 변화는 읽을 수 없다. 동 법은 계획 작성은 우선 예비숫자를 묶는 것으로부터 시작되며, 예비숫자를 받은 상급기관과 국가계획기관은 이를 국가의 인민경제발전 방향에 따라 통제숫자로 묶어 해당기관의 비준을 받은 다음 기업에 내려보내야 하며, 이를 하달 받은 기업은 군중토의를 통해 계획초안을 작성하여 상급기관과 국가계획기관에 내야 한다고만 밝히고 있다(인민경제계획법 16조~18조). 그러나 이법은 중앙지표와 지방지표, 기업소지표 모두 이런 단계를 밟아야 한다고 밝히고 있지는 않다. 기업소법, 그리고 북한의 여타 원전들에 의하면 전략지표와 중요지표인 '중앙지표'는 3단계 방식에 의한 계획수립에 해당되나, 이러한 3단계 방식은 형식에 불과하며 사실상 위에서 통보하는 방식으로 계획이 수립된다고 볼 수 있다.

> "지난시기 우리나라에서는 예비숫자, 통제숫자, 계획숫자의 세 단계에 걸쳐 계획이 작성되었다. 이 방법은 계획에 국가적인 요구와 아랫단위의 의사와 요구를 원만히 반영하고 계획 맞물림을 구체적으로 실현하는데서 일정한 의의를 가지였다. 그러나 경제사정이 달라지고 방대한 경제건설 과제가 제기되면서 이 방법은 계획의 실리와 현실성을 보장하는데서 일련의 제한성을 가지었다. 그리하여 인민경제 계획 작성에서 예비숫자와 통제숫자 단계를 없애고 한 단계로 계획을 작성하도록 하였다"[51)]

위의 자료에서 보는 것처럼 사회주의 계획경제인 북한이 중앙집권적 지도를 약화시킬 수 있는 이러한 기업관리운영체계를 도입한 것은 큰 의미가 있다.

최근 북한 기업의 계획지표에서 가장 중요한 부분은 바로 기업소지표인데, 이는 기업에 대한 계획권으로 살펴볼 수 있다. 2015년 개정된

---

51) 조선노동당출판사, 「우리당의 선군시대 경제사상해설」, 평양:조선노동당출판사, 2005, p.303.

기업소법 31조는 "기업소는 계획권을 가지고 자체의 실정에 맞게 현실적인 계획을 세우고 인민경제계획을 일별, 월별, 분기별, 지표별로 어김없이 실행하며 수요가 높은 제품생산을 계획적으로 늘여나가야 한다. 기업소지표는 기업소가 수요자 기관, 기업소, 단체와 주문계약을 맺은데 따라 자체로 계획화하고 실행한다. 이 경우 해당 지역 통계기관에 등록한다"고 규정하고 있다. 기업소법에서 밝히고 있는 것처럼 기업이 자체로 어떤 제품을 생산할 것인지, 아니면 어떤 봉사를 할 것인지 등 지표를 찾아서 스스로 계획을 세울 수 있다. 국가가 일방적으로 정해준 지표외 기업이 생산가능 한 지표를 생산할 수 있게 된 것이다. 이것이 기업소지표인데 전통적인 계획경제에서는 기업소지표가 없다. 왜냐하면 모든 기업은 국가에서 정해준 계획지표만을 수행해야할 의무를 졌기 때문이다.

예를 들면 국가가 계획한 월간 식용유의 생산량이 100만톤인데 일부 기업이 식용유를 생산하지 않고 자체적으로 된장을 생산한다면 가계에 기준에 의한 식용유를 공급할 수 없다. 또 볼트를 생산하는 기업들이 전 국가적으로 필요한 볼트 300만개를 생산하지 않고 기업 자체의 결정으로 다른 제품을 생산한다면 공급이 부족하여 수요자 기업의 제품 생산에 차질을 불러올 수 있다. 이처럼 전통적인 계획경제는 생산과 공급이 거미줄처럼 맞물려 있는데 이것이 북한에서 말하는 계획의 세부화이다.

그러나 개정된 기업소법에 의하면, 기업은 '계획권'의 부여로 자체생산지표를 계획할 수 있게 되었다. 이 경우 기업은 시장수요를 감안하여 계획을 세우게 된다. 말하자면 국가에서 볼트를 생산하는 기업으로 설립하였지만, 국가가 원자재를 제대로 공급할 수 없는 실정에서 기업은 볼트 대신 자체로 원자재 해결이 가능한 제품을 생산할 수 있다. 따라서 중앙기업의 중앙지표만은 국가계획위원회와 내각의 성 및 위원회에서, 지방급 기업의 지표는 지방에서 계획을 최종적으로 결정하는 한편

중앙과 지방 등 모든 기업은 자체생산 지표인 기업소지표 계획은 스스로 수립할 수 있게 되었다. 즉 변화된 기업의 계획수립체계에서 계획지표에는 중앙지표, 지방지표, 기업소지표가 있으며 계획수립시스템도 국가계획기관과 지방인민위원회가 기업에 할당하는 방식과 기업이 스스로 수립하는 방식으로 다원화되었다. 다시말해 기업의 계획수립체계에서 무게중심이 국가에서 기업으로 변화되면서 계획의 일원화 세부화가 점차 약화되고 있다. 이는 기업 생산활동에 대한 국가관리가 약화되었다는 반증이다.

<그림 6> 최근 북한 기업의 계획수립체계

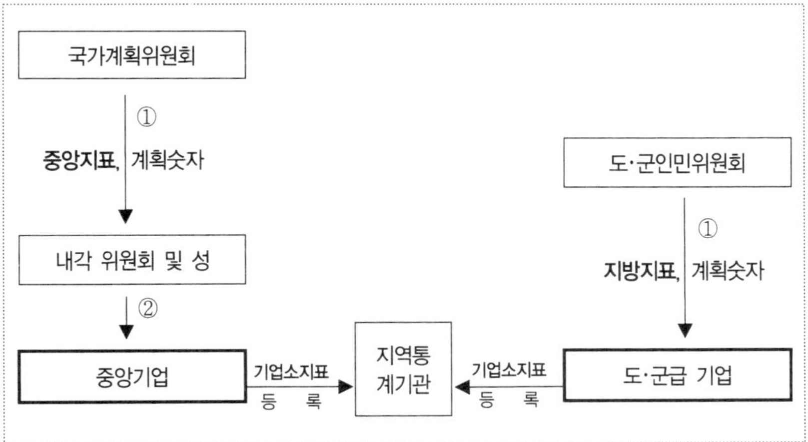

자료: 저자 작성

<표 5> 중앙기업과 지방기업의 경영관리방법

구 분	중앙기업		지방기업
	중앙지표	기업소지표	지방지표
생산방식	계획생산	주문 및 자체생산	계획생산
가격	계획가격(국정가격)	시장가격	계획가격(지방가격)
판매방식	국가계획에 의한 거래	자체판매	지방계획에 의한 거래

자료: 저자 작성

나. 자금조달의 다원화

기업이 원활한 경영활동을 위해서는 자금마련이 필수적이다. 전통적인 계획경제에서 북한은 기업에 대해 설비자금과 유동자금 등 생산수단마련을 위한 자금을 국가재정(국가예산)으로 공급하였으며 그 과정에 일시적으로 부족한 자금은 은행 대부를 통해 해결하도록 하였다. 그러나 최근 북한은 기업이 경영활동 자금을 주동적으로 마련할 수 있게 하였다. 즉 은행 대부자금과 주민들이 가지고 있는 유휴자금을 이용할 수 있도록 하는 등 파격적인 조치를 취해주었다.

90년대 경제난 이후 국가재정이 점차 축소되어 일부 설비 및 건설자금만 국가재정으로 공급하고 기타 운영자금은 은행대부와 기업자체로 해결하도록 하였으나, 은행대부자금의 부족으로 일부 기업은 사금융을 이용하는 상황이 발생하였다. 북한당국은 2015년에 이르러 기업들의 자금조달 편의를 위해 개인을 통한 불법적인 자금조달을 합법화 하게 된다.

> "기업소는 정해진데 따라 부족되는 경영활동자금을 은행으로부터 대부받거나 주민유휴화폐자금을 동원 이용할 수 있다."[52]

사실 북한이 개인의 자금을 직접 기업이 이용할 수 있도록 한 부분은 상당히 파격적인 제도라 할 수 있다. 왜냐하면 아직까지 북한은 사회주의 계획경제를 고수하고 있고 또 사기업은 존재하지 않기 때문이다. 국가의 중앙집권적 지도에 의해 관리되는 기업이 개인자금을 이용하게 된다면 그에 대한 국가적 통제는 예외로 될 수밖에 없다. 점차 기업의 은행대부와 개인자금 이용 범위와 규모가 확대된다면 기업의 재정관리체계는 기업의 재무관리체계로 전환될 가능성도 있다. 북한 기업이 '기업소재정'이라는 재정의 범주에 있었던 것은 경영활동자금을 국가예산

---

52) 국가정보원, 「북한법령집」, 2017, p.536.(기업소법 38조)

으로 공급받은데 기인한다.

<그림 7> 최근 북한 기업의 재정계획 수립 및 경영자금 조성체계

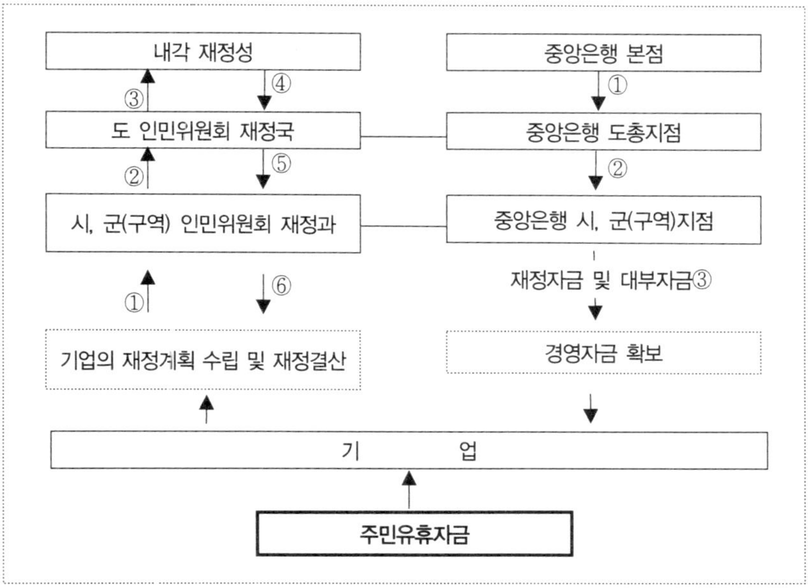

자료: 저자 작성

다. 자재조달의 다원화

최근 북한 기업의 자재조달체계는 자재공급기관[53]을 통한 자재구입과 생산기업과의 직접거래를 통한 자재구입, 자체조달(수입 또는 시장구입)로 다원화 되었다. 지난 기간 생산기업의 모든 자재는 자재공급기관을 통해 공급받았지만, 지금은 중앙지표와 지방지표에 따른 자재는 자재공급기관이, 기업소지표와 추가적으로 발생하는 자재수요는 시장이나 생산기업과의 합의를 통해 해결할 수 있다.[54]

53) 자재상사는 생산에 필요한 원자재와 설비들을 사다가 기업에 공급해주며 기업들이 생산한 제품을 받아서 팔아주는 전문적인 자재공급기관이며, 여기에는 중앙(성)자재상사, 분상사, 지구공급소 등이 있다.

54) 국가정보원, 「북한법령집」, 2017, p.541.(자재관리법 10조)

최근 입국한 탈북민들에 따르면 음식점인 경우도 국가에서 일부 원자재를 공급받는데 그 비중이 매우 작고 그것으로 만든 음식은 국정가격으로 판매한다고 한다. 또한 일부 옷공장들은 개인으로부터 원자재를 모두 받아 임가공의 형식으로 기업을 운영하고 있으며, 국가자재공급이 전혀 없는 지방기업들은 시장에서 원자재를 구입하여 자체생산제품, 즉 기업소지표 계획을 수행하고 있다고 한다.

<그림 8> 북한 기업의 자재조달체계 변화

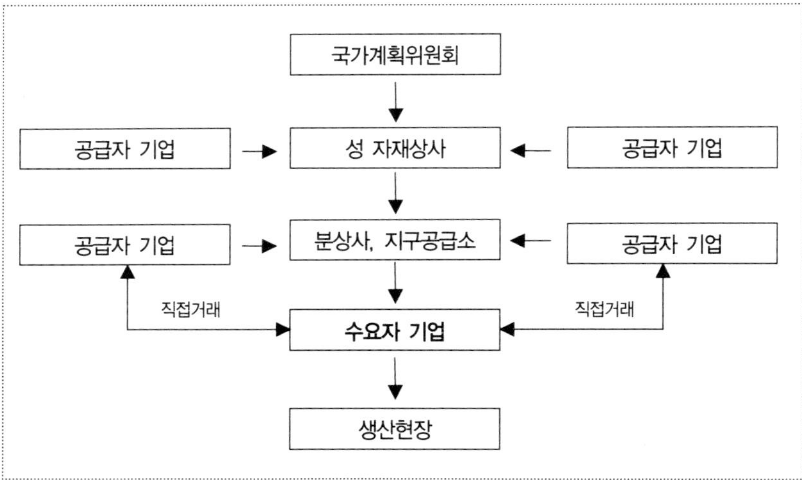

자료: 저자 작성

2. 노동력 확보, 생산물의 가격제정 및 판매체계 다변화

가. 노동력 수급에 대한 기업권한 부여

북한 기업은 국가에서 배정해준 인력을 공급받아 쓰는 것이 원칙이었으나, 현재는 인력을 필요로 하는 경우 인민위원회의 인력관리 부서에 신청하여 추가 인력을 공급받을 수 있다. 또한 기업이 꼭 필요한 인력을 선정하여 공급받을 수 있고 생산능력의 변동으로 초과인력이 발생할 경우 인력관리 기관과의 절차를 밟아 인원을 축소할 수 있다. 그리고 기업 간 필요인력을 주고받을 수도 있다. 다시말해 기업에 관리기구와 인력을 조절할 수 있는 권한이 부여되었다.

이로부터 위에서 일방적으로 내리 공급하던 인력수급체계가 기업의 결정을 상급 담당기관이 추인하는 방식, 즉 아래서 위로 올라가는 체계로 변화되었다.

<그림 9> 변화된 북한 기업의 인력수급체계

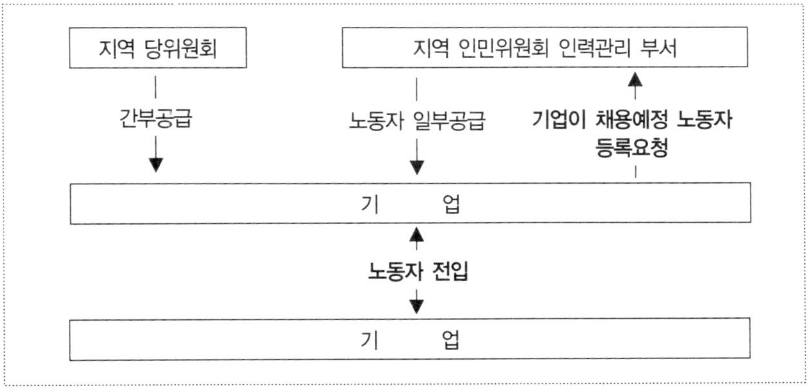

자료: 저자 작성

나. 생산물의 가격제정 및 판매체계의 다변화

기업 생산물의 가격은 제정주체에 따라 국정가격과 기업가격으로 구분할 수 있으며, 국정가격 적용 대상은 중앙지표이고 기업가격 대상은 그 외의 생산지표이다. 예를 들어 철광석, 철강재, 비료, 전력, 설비 등 국가적으로 중요한 생산물의 가격은 국가가 제정해주는데 이 경우 생산 원자재도 국정가격으로 공급된다. 이외의 생산물 즉 소비재, 생산재이지만 기업간 주문계약 또는 기업이 스스로 지표를 찾아 생산한 생산물의 가격은 기업이 자체로 제정할 수 있다.[55] 이 경우도 지방에서 꼭 해결

55) 조선노동당출판사, 「우리당의 선군시대 경제사상해설」, 평양:조선노동당출판사, 2005,

해야만 하는 생산물에 한해서는 지방이 가격을 제정하나 생산자재는 지방에서 지방가격으로 보장해주는 경우에 해당된다. 이처럼 최근 북한 기업의 생산물 가격제정체계는 국가, 지방, 기업으로 다변화되었다.

> "기업소가 수요자와 주문 계약하여 생산하였거나 자체로 지표를 찾아 생산한 제품은 생산물의 가격을 원가를 보상하고 생산 확대를 실현할 수 있게 정해진 가격제정원칙과 방법에 따라 구매자의 수요와 합의 조건을 고려하여 자체로 정하고 판매할 수 있다."[56]

<그림 10> 최근 북한 기업의 가격제정체계

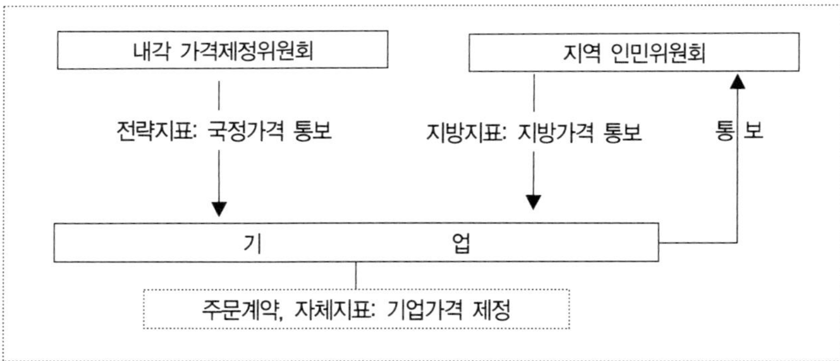

자료: 저자 작성

기업의 생산물 판매체계는 계획수립 주체에 따라 달라진다. 국가계획에 의한 생산물은 자재공급계약 및 상품공급계약에 준해 판매할 수 있고 지방지표는 지방의 계약에 따라 판매가능하며, 기업지표는 기업의 결정으로 판매 가능하다. 그러나 국가계획의 생산물 중에서 일부는 기업의 부족한 경영활동 자금 마련을 위해 계약기관에 국정가격으로 판매하지 않고 시장가격으로 수요자(기업 혹은 개인)에게 판매할 수도 있고 또 수출할 수도 있다.

---

p.305.

56) 국가정보원, 「북한법령집」, 2017, p.536.(기업소법 39조)

> "공장, 기업소들에서 생산정상화 몫의 이용권을 철저히 행사하여야 한다. 공장, 기업소들에서는 경애하는 장군님께서 가르쳐 주신대로 그 누가 무엇이라고 하든지 생산정상화 몫만은 무조건 뚝 떼놓고 그것을 어느 누구도 다른데 쓰지 못하는 엄격한 규율을 세우고 그에 대한 이용은 철저히 해당 공장, 기업소만이 할수 있게 해야 한다. … 최근에 당의 조치에 따라 공장, 기업소들에 생산과 판매의 많은 권한을 준 실정에 맞게 판매체계를 바로 세워야 한다."[57]

> "기업소는 정해진데 따라 기업소지표로 생산한 생산물을 수요자 기관, 기업소, 단체와 계약을 맺고직접 거래하며 소비품, 생활필수품, 소농기구와 같은 상품들은 도매기관, 소매기관, 직매점과 직접 계약하고 판매할 수 있다. 질이 낮아 체화되거나 퇴송되는 상품에 대해서는 해당 기업소가 책임진다."[58]

또한 기업이 국가계획에 없는 제품을 주문과 함께 선불금을 받고 생산하도록 했으며, 사회주의물자교류시장을 통해 기업들간 여유자재를 직접 주고받도록 하였는데, 이 또한 전통적인 자재조달체계와 판매체계와는 다른 기업관리운영방식이다.

---

57) 조선노동당출판사, 「우리당의 선군시대 경제사상해설」, 평양:조선노동당출판사, 2005, p.103.

58) 국가정보원, 「북한법령집」, 2017, p.536-537.(기업소법 39조)

<그림 11> 최근 북한 기업의 생산물 판매체계

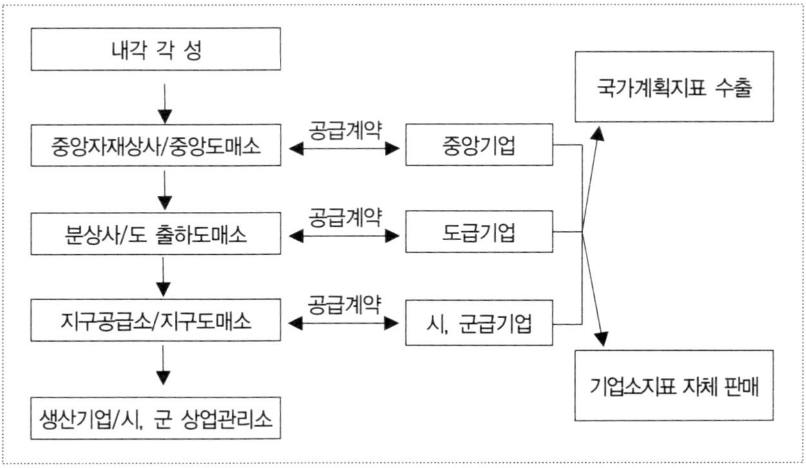

자료: 저자 작성

3. 중앙집권적 기업관리의 약화

북한의 중앙집권적 관리체계에 의한 기업관리운영체계는 2002년 '7.1조치'를 기점으로 점차 변화되어 2014년 '5.30담화'와 이후 개정된 각종 법률을 통해 기업중심의 관리운영체계로 자리매김하고 있다.

북한에서 기업활동에 관한 의사결정은 다른 사회주의 경제와 마찬가지로 중앙의 계획당국에 집중되어 있다. 기업이 무엇을 얼마나 생산해야 하는가, 누구에게 생산물을 판매해야 하는가, 자본재를 누구로부터 얼마만큼 조달해야 하는가, 설비투자를 얼마나 해야 하는가, 노동력을 얼마나 확보해야 하는가에 대한 의사결정과 이러한 모든 거래가 행해지는 가격, 임금 등에 관한 의사결정도 모두 중앙에 집중되어 있다. 이러한 의사결정은 위로부터 아래로 명령·지령의 형태로 전달되며 기업활동과정에서 이윤이 발생하면 국가에 상납하고 적자가 나면 국가가 메워주는 등 기업에는 자율성이 전혀 없다.[59] 이것이 사회주의 북한의 전통적인 기업관리운영시스템이며, 오늘날까지도 이러한 큰 틀이 유지

되고 있다. 그것은 아직도 북한 경제가 헌법상 사회주의 시장경제가 아닌 계획경제이기 때문이다.[60]

그러나 북한은 90년대 중반이후부터 변화되는 현실적 환경으로 인하여 중앙집권적 계획경제의 명목을 유지하고 있으나, 계획작성, 자금 및 자재조달, 인력수급, 생산물의 가격 및 판매 등에 대한 기업의 의사결정이 대폭 확대되었다.

<표 6> 중앙집권적 기업관리의 약화

구분	전통적인 기업관리운영체계	변화된 기업관리운영체계
계획작성	- 중앙정부의 결정	- 중앙지표: 중앙정부 결정 - 지방지표: 지방정부 결정 - 기업소지표: 기업결정
경영자금	- 재정계획에 의해 국가 전액 공급	- 중앙지표: 중앙예산을 중앙정부 공급 - 지방지표: 지방예산을 지방정부 공급 - 기업소지표: 자체해결(대부 및 개인 유휴자금)
자재확보	- 자재공급계획에 의해 국가공급	- 중앙지표: 중앙정부 공급 - 지방지표: 지방정부 공급 - 기업소지표: 자체해결(수입, 시장)
인력수급	- 국가에 의한 내리공급	- 일부 국가에 의한 내리공급 - 기업 요청에 의한 중앙공급 - 기업간 합의에 의한 인력조절
가격제정	- 국가에 의한 가격제정	- 중앙지표: 중앙정부 제정 - 지방지표: 지방정부 제정 - 기업소지표: 기업이 자체로 제정
판매	- 국가계약에 의한 판매	- 중앙지표: 중앙정부에 의한 계약 - 지방지표: 지방정부에 의한 계약 - 기업소지표: 자체판매

자료: 저자 작성

〈표 6〉에서 보는 것처럼 전통적인 기업관리운영체계는 중앙정부가 결정하여 기업에 하달하는 '일원화 체계'였으나, 지금은 중앙정부와 지

59) 양문수, "북한 국영기업의 관리·운영실태와 평가", 『캠코리뷰』 제1권 제3호, 2014, p.44.

60) "조선민주주의인민공화국의 인민경제는 계획경제이다. 국가는 계획의 일원화, 세부화를 실현하여 생산장성의 높은 속도와 인민경제의 균형적 발전을 보장한다"(사회주의헌법 제34조)

방정부 그리고 기업으로 권한이 분화되고 있으며 특히 기업의 자체 운영 권한이 확대되고 있다. 다시말해 계획경제의 근간을 형식적이나마 유지하면서 다른 한편으로는 자율적인 경영활동을 허용하고 있다. 이는 중앙집권적 기업관리운영체계가 서서히 약화되면서 점차 시장경제에서의 기업운영방식인 '기업자유화'가 확대되고 있음을 알 수 있다. 기업관리운영의 변화로 '국영도 장사'한다는 북한주민들의 볼멘 목소리도 나오고 있다.[61] 이러한 북한 기업의 관리운영체계 변화는 머지않아 북한도 사회주의 시장경제체제를 받아들일 수밖에 없음을 보여주고 있다.

Ⅳ. 기업관리운영체계 변화 원인

북한은 왜 사회주의 계획경제를 고수하면서 중앙집권적관리를 약화시키는 관리운영 권한을 기업에 부여한 것일까? 그 원인은 90년대 경제난에 의한 계획경제시스템의 붕괴와 그로 인한 시장화의 확산과 기업의 시장참여 확대 등으로 설명할 수 있다.

1. 90년대 경제난에 의한 계획경제시스템의 붕괴

80년대 말~90년대 초에 발생한 사회주의 종주국인 소련과 동구사회주의권의 붕괴와 더불어 유례없는 자연재해, 사회주의계획경제의 구조적 모순, 국제적 분업을 무시한 자립적 민족경제운영, 중공업 우선 불균형 성장정책, 비생산적 투자확대 등 대내외적 환경은 북한에 초유의 경제난을 초래했다. 특히 북한은 1989년 세계청년학생축전에 45억달러라는 엄청난 경비를 쏟아 부음으로써 그 부담이 가중되어 1990년부터

---

61) "국영여객사업소에서 운행하는 무궤도전차 승차비용은 노동자 월급 50%와 맞먹는 1,000원이다. 이는 택시 이용료보다 싸지만, 국정가격이 시장가격과 맞먹는다"(데일리NK, 2018년 2월 14일, '북당국, 무궤도전차 통해 장사? … 성인 1인당 이용료 1,000원')

본격적인 마이너스 경제성장률을 보이기 시작했다. 1989년 2.4%의 플러스 경제성장률은 1990년 −4.3%로 하락한 후 1998년까지 마이너스 성장을 기록했으며, 국가재정 규모는 1989년 149억달러에서 1998년 91억달러로 60%나 감소하였다. 이러한 경제난은 중앙집권적 계획경제시스템을 유지하기에 역부족이었다.

노동력, 자본, 토지를 생산의 3요소라고 하는 자본주의 시장경제와는 달리 사회주의 북한은 노동력, 노동수단[62], 노동대상[63]을 생산의 3요소로 규정하고 있다. 말하자면 세가지 요소 중에서 하나라도 제대로 공급되지 않을 경우 생산활동이 제대로 이뤄질 수 없다는 얘기다. 그런데 90년대 들어 북한 당국은 기업에 자재는 물론 전력도 제대로 공급하지 못했다. 북한 기업은 모든 생산과 판매활동이 독자적으로 이뤄지는 시장경제의 기업과 달리 서로 유기적으로 연결되어 있다. 예컨대 A기업은 B1, B2, B3 기업과 자재공급 계약을 맺고 있고, 생산된 제품을 C1, C2, C3 기업에 공급하도록 판매계약을 맺고 있다. 또 B1, B2, B3 기업은 또 다른 D1, D2, D3기업과 자재공급 계약을 맺고 있으며, D1, D2, D3 기업도 다른 E1, E2, E3 기업과 계약을 맺게 된다. 이처럼 북한의 모든 기업은 인풋, 아웃풋에서 서로 계약을 맺고 있어 어느 한 기업이 다른 기업과의 계약을 못 지키면 그와 연관된 모든 기업이 릴레이로 계약을 지킬 수 없게 되며 이는 전반 적인 경제문제로 발생하게 된다. 결국 모든 기업의 가동이 멈춰 설 수밖에 없다. 이것이 북한이 고집하는 계획의 일원화, 세부화의 무모성이다.

---

62) 사람이 노동대상에 작용하여 그것을 자기의 목적에 맞게 변화시키는데 이용되는 물질적수단으로 여기에는 노동대상에 작용하는 기계, 설비, 공구 등 물질적 수단과 노동과정의 진행에 전반적으로 필요한 생산용 건물, 도로, 운하, 창고 등과 같은 물질적 조건들이 포함된다.(제2자연과학출판사, 「기업관리운영용어-1000」, 2006, p.69.

63) 물질적부의 생산에서 사람들의 노동이 가해지는 대상, 노동대상은 노동력, 노동수단과 함께 이루어지는 생산의 세 요소의 하나이다. 노동대상은 노동수단과 함께 생산수단을 이룬다. 노동대상은 언제나 사람의 노동활동이 가해지는 물질적 대상이며 이러한 점에서 노동활동의 도구로 기능하는 노동수단과 구별된다.(위의 책, p.67-68.)

<그림 12> 북한 기업의 유기적 연계시스템

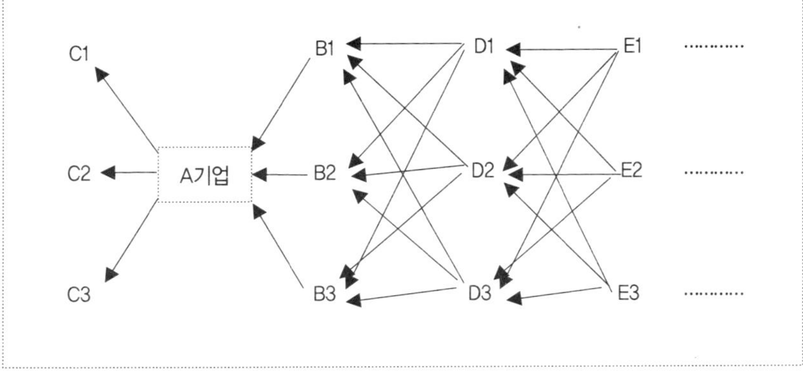

자료: 저자 작성

90년대에 본격적으로 드러난 경제난은 기업의 가동률을 20%이하로 하락시켰다. 전력부족으로 원자재생산기업이 가동을 멈추었고, 이와 연관된 제품생산기업은 전력과 원자재 부족으로 가동할 수가 없었다. 또한 화력발전 연료를 생산하는 탄광들도 전력부족과 자재부족으로 석탄생산량이 감소하였고 이로부터 연료를 제대로 보장할 수 없게 되었다. 기업의 생산활동이 감소되면서 기업소득이 축소되고 이는 국가예산수입 감소를 가져왔다. 기업경영활동 자금을 국가재정으로 공급받는 북한의 경제시스템에서 기업은 재정부족으로 국가자금을 제대로 공급받을 수 없게 되었다. 이로부터 북한은 1995년을 전후로 기업에 대한 유동자금공급을 폐지하고 기업이 부족한 자금을 은행대부금으로 해결하도록 하였다. 이와 함께 기업이 자체로 생산활동을 벌려 자금을 마련하도록 했으며, 기본건설자금공급도 대폭 축소되어 기업이 설비확보 등에서 어려움에 직면하게 되었다.

이러한 상황에서 많은 기업이 문을 닫았고 가동하지 못하는 설비들은 해체되어 중국에 파고철, 파동으로 팔려나가기도 하였다. 대표적인 사례가 바로 황해남도 '송림사건'이다. 1998년 황해제철연합기업소 간부들이 노동자들의 배급을 해결하기 위해 중국에 압연철판을 팔고 옥수수 등의 식량을 들여왔고 이 과정에 일부 노동자들이 제철소 설비를 해체하여 중국에 팔아넘겼다. 이를 보고받은 북한 당국은 국가 소유를 승인없이 중국에 내다 팔아넘긴 간부들과 노동자들을 처형했고 이 사건을 진압하기 위해 송림시를 탱크로 둘러싸기도 했다. 이러한 현상은 단지 송림시에만 국한되지 않았다. 일부 기업은 놀고 있는 설비를 개인에게 임대해주기도 했으며, 또 일부 기업은 불법적으로 개인자금을 차용하고 시장에서 자재를 구입하여 계획지표외 생산활동 또는 봉사활동을 벌리기도 하였다.

즉 경제난은 국가예산 감소 → 기업에 대한 자금공급 감소 → 생산활동 축소 → 기업소득 감소 → 국가예산 감소로 이어지는 등 악순환을 지속시켰다. 90년대 중반 이후 경제의 악순환으로 북한 당국은 국가차원에서 계획을 형식적으로 작성하는데 그치고 기업이 스스로 자생하도록 묵인하게 되면서 기업은 점차 시장친화적으로 변화되었다.

2. 시장화의 확산과 기업의 시장참여 확대

2000년대 말, 어떤 사람들은 북한의 시장화 현상이 계획경제의 변화를 몰고 올 것으로, 또 어떤 사람들은 북한의 시장화 현상이 사회주의 계획경제 자체를 무력화시키는 것이 아니라 오히려 이를 강화하는 측면이 있다고 보는 등 북한의 시장화에 대해 여러 논의가 전개 되었다.64)

북한의 시장은 지난 20년이라는 세월을 거치면서 소비재시장에서 시작하여 생산재시장, 노동시장, 금융시장, 부동산시장을 발생시켰다. 이제는 시장활동에 필요한 대금결제체계와 물자운송체계까지 갖추었다. 또한 2000년대 초반만하더라도 200여개에 달하던 소비재시장이 이제

64) 이석 외, "북한 계획경제의 변화와 시장화", 『경제·인문사회연구회 협동연구총서 09-16-03』, 2009, P.2-3.

는 450여개로 두 배 이상 늘어났다. 북한의 시장화가 양적, 질적으로 확대되고 있음은 부인할 수 없다. 이러한 북한의 시장화 확산은 기업의 관리운영체계의 변화에도 영향을 주었음이 분명하다.

경제난에 의한 계획경제시스템의 붕괴와 시장화의 확산은 동전의 양면과 다름없다. 계획경제시스템의 붕괴로 시장이 발생하고 주민들의 시장활동이 확대되는 등 시장이 활성화 되었다. 이러한 시장활성화는 주민들의 지불능력을 증대시켜주었고 이는 수요 증대로 나타났다. 그리고 수요 증대는 공급의 증대를 가져왔다. 이 과정에서 주민들의 상행위는 더 많은 운영자금(장사밑천)을 필요로 했고 이의 해결사로 '돈장사꾼'이 등장하면서 사금융 시장도 확대되었다. 북한의 시장은 점차 수요자에게 일사분란하게 자금과 생산재와 소비재를 공급하였으며, 특히 개인수공업의 발달은 국내생산품의 공급량을 확대하는데 기여했다. 북한은 아래로부터의 시장화를 수용하여 '7.1조치'를 통해 공식적으로 시장을 제도화 하였으며, 기업간 자재판매가 가능하게 하는 한편 국가계획 외 상품 생산과 봉사, 시장가격에 의한 판매도 허용하였다. 당국의 시장화 조치는 개인 뿐 아니라 기업의 시장참여를 이끌어냈다고 평가할 수 있다.

공업기업소들은 국가에서 정해준 계획지표 외 생산계획을 세우고 필요한 자금과 자재를 시장을 통해 해결하였다. 사금융을 통해 자금조달이 가능했고 '사회주의물자교류시장'과 불법적인 생산재시장을 통한 자재확보도 가능했다. 특히 식료품, 의류와 같은 소비품의 자재는 시장에서 구입이 가능해졌으며, 건설 및 여타 생산용 자재의 일부도 시장에서 구입할 수 있었다. 그리고 공업기업소도 상업기업소와 같은 역할 즉 식당이나 편의봉사시설도 운영할 수 있었고 버스를 구입하여 운송업을 병행할 수도 있었다. 전력도 자체 발동기를 이용하여 해결할 수 있었으며 일부는 국가전력을 시장가격으로 구입할 수도 있었다. 시장가격에 의한 전력공급은 사실상 불법적인 것이나, 배전부는 주요 계획용을 제외하고 일부는 시장가격으로 공급하였다. 이러한 시장참여는 기업의 현물지표별 계획수행에는 도움이 되지 못했지만, 금액계획 수행에 도움이 되면서 국가예산수입에도 적잖은 긍정적인 영향을 미쳤다.

상업기업소도 마찬가지이다. 국영기업에서 공급하는 상품이 없는 관계로 자체로 중국이나 개인에게서 상품을 받아 판매하고 얻은 수입의 일부를 국가예산으로 납부하고 일부는 기업이윤으로 확보하였다. 또한 일부 상업기업소들은 개인에게 시설을 임대해주고 임대료를 받는 방식으로 수입을 얻기도 하였다.

결국 시장화 확산으로 국영기업과 국가의 시장 의존도가 높아졌으며, 특히 기업의 시장참여는 돌이킬 수 없을 정도로 증대되고 기업의 경영활동은 시장과 밀접한 관계가 되었다. 이런 이유로 북한 당국이 과거 아래로부터 자생적으로 발생한 시장을 수용하여 합법화 한 것처럼 기업의 시장참여를 고려하여 기업에 경영권을 부여하지 않을 수 없게 되었다고 볼 수 있다.

Ⅴ. 나오며

북한은 '7.1조치'이후 중앙과 지방, 기업에 그 권한을 부여함으로써 중앙집권적, 일원적 기업관리운영시스템을 다원화, 다변화시켰다. 현재의 '사회주의기업책임관리제'에 의한 기업관리운영체계, 더 나아가 북한 경제의 관리운영시스템은 과거 전통적인 사회주의 계획경제의 그것과 확연한 차이가 있다. 이러한 기업관리운영체계의 변화는 기업에 대한 국가의 중앙집권적지도와 관리를 약화시키고 있으나, 한편으로는 시장을 중심으로 한 생산의 선순환을 통해 북한 경제 전반에는 긍정적 영향을 미치고 있다.

북한 경제의 이러한 변화는 최근 입국한 탈북민들의 증언을 통해서도 알 수 있는바, 북한 기업의 가동률이 지난시기에 비해 많이 증가되었다고 한다. 그것은 '7.1조치'를 통해 기업에 부여했던 자율성이 법 개정을 통해 법제화되고 이로부터 그동안 불법적으로 행해졌던 경영활동 방식이 합법화되면서 나타난 결과라고 할 수 있다.

여기에 더해진 것이 기업이 개인의 자금을 합법적으로 빌려 그 자금으로 기업소지표 계획을 세우고 생산 및 봉사활동을 할 수 있게 된 것이다. 즉 자금조달이 과거보다 원활해지고 또 시장에서 자재조달이 가능하며 필요한 인력도 기업이 선 채용하고 후 통보하는 방식으로 해결할 수 있어 각 기업은 경영활동에서 탄력을 받게 되었다. 어느 한 기업의 가동률 증가는 연관된 다른 기업의 가동률 증가로 이어지게 되면서 자재조달, 생산, 판매 등 생산의 선순환이 어느 정도 가능해졌다. 기업소지표 계획수행이 원활해지면서 기업의 거래수입금과 국가기업이익금을 비롯한 국가예산납부계획 수행도 수월해졌다. 결국 북한 당국은 기업에 대한 중앙집권적관리를 일부 포기한 대신 기업경영활동의 활성화를 통해 국가예산을 확보할 수 있었다.

또한 기업관리운영체계 변화는 기업간 경쟁도 유발하고 있다. 과거에는 국가에서 준 지표 외 다른 지표를 생산할 수 없었으나, 지금은 수요가 있고 자재조달이 가능하면 기업소지표로 설정하여 생산활동을 할 수 있어 기업별 지표가 중복될 수 있으며 이는 기업간 경쟁으로 나타난다. 수요기업이나 개인은 품질이 좋고 납품기일을 지킬 수 있는 기업에 주문을 하게 되며 따라서 기업은 과거 생산만 하면 국가가 알아서 판매계약을 맺어주던 그런 시스템에서 탈피하여 스스로 수요자와 계약을 체결해야 하며 그에 대해 책임을 져야 한다.

이밖에 기업관리운영체계의 변화는 각 기업이 경쟁에서 살아남기 위해 치열하게 이겨내는 기업본위주의를 강화하였다. 자금과 자재는 물론 생산물의 판매도 시장에서 해결하는 등 기업의 시장참여도 촉진하고 있다. 이는 북한 당국이 과거 자생적 시장의 활성화를 공산품까지

거래할 수 있는 '종합시장'으로 확대발전시킨 것처럼, 기업의 관리운영체계 변화도 점차 기업에 상당한 권한을 주는 방향으로 더욱 진전될 것으로 예상할 수 있다. 이러한 현상이 더욱 확대되고 체계화된다면 북한은 향후 아래로부터의 변화를 수용할 수밖에 없다.

본 연구에서 살펴본 북한 경제의 한 주체인 기업의 관리운영체계 변화와 시장화 현상만 보더라도 북한의 경제체제를 계획경제라고 하기에는 무리가 있다. 오히려 북한이 이미 사회주의 시장경제로 진입했다는 평가가 적당하다. 북한의 이러한 경제 변화는 향후 남북경협과 남북경제공동체 형성에 매우 긍정적인 영향을 미칠 것으로 예상하며, 따라서 우리는 북한의 경제변화를 유의주시하면서 이에 맞는 대비책을 강구해야 할 것이다.

참고문헌

국가정보원, 「북한법령집」, 2017.

김영희, "북한의 5대시장 형성과 작동메커니즘을 통해 본 시장화 실태", 『KDB북한개발』, 통권 12호, 2017.

계춘봉, "실제적경영권의 특징", 『경제연구』 2호, 2016.

리원경, "사회주의 은행의 자금문제", 『김일성종합대학학보』, 제3호

문성민, "북한 재정제도의 현황과 변화추이", 『금융경제연구』 제206호, 2004.

이석 외, "북한 계획경제의 변화와 시장화", 『경제·인문사회연구회 협동연구총서 09-16-03』, 2009.

양문수, "북한 국영기업의 관리·운영실태와 평가", 『캠코리뷰』 제1권 제3호, 2014.

사회과학출판사, 『재정금융사전』, 평양: 사회과학출판사, 1995.

조선노동당출판사, 「우리당의 선군시대 경제사상해설」, 평양:조선노동당출판사, 2005.

조선백과사전편찬위원회, 『광명백과사전』 5, 평양:백과사전출판사, 2010, p.225.

제2자연과학출판사, 『기업관리운영용어-1000』, 2006.

『데일리NK』, 2018년 2월 14일

제3절 외국인투자기업 관련법 제정 의미와 평가

Ⅰ. 들어가며

2012년 4월 16일 일본의 마이니찌 신붕은 김정은이 관료들에게 자본주의 방식 도입에 대한 비판에 위축되지 말데 대해 강조하였다고 보도[65]하였다.

김정은은 "경제분야의 일꾼과 경제학자가 경제관리를 이런 방법으로 하면 어떻게 하겠느냐고 제안해도 색안경을 낀 사람들에 의해 자본주의적 방법을 도입하려 한다는 비판을 받기 때문에 경제관리에 관한 의견을 갖고 있어도 얘기하려 하지 않는다"고 지적하였다. 그러면서 "비판만으로는 경제관리 방법을 현실 발전의 요구에 맞게 개선해 나갈 수 없다"고 말하면서 터부가 없는 논의를 통해 북한에 맞는 경제 재건책을 찾아내야 한다고 강조하였다.

이는 "경제관리 연구를 비판에서 해방시킨다"는 의미에서 중국이 개혁개방 초기 내놓았던 "사상으로부터 경제를 해방시키자"는 구호와 맥락을 같이 한다. 김정은이 민생문제 해결을 위해 중국의 방법이든 러시아나 일본의 방법이든 활용할만한 방식이 있다면 도입하도록 지시, 이는 중국의 개혁개방 초기 등소평이"검은 고양이든 흰 고양이든 쥐만 잡으면 된다"고 한 말과 유사하다.

북한의 양형섭 최고인민회의 상임위원회 부위원장은 지난 1월 8일 미국 AP통신과의 회견에서 김정은이 중국 등 다른 국가의 경제개혁 사례를 연구하고 있다고 밝힌바 있다.[66]

이는 김정은이 외자유치에 관심을 두고 있음을 보여주는 것으로, 이

65) 『연합뉴스』, 2012년 4월 16일.
66) 『연합뉴스』, 2012년 1월 18일.

러한 움직임은 법제정의 정비에서도 찾아볼 수 있다.

북한은 김정일이 사망한지 4일 후인 12월 21일 외국인 투자기업 노동법과 재정관리법, 회계법, 세금법, 등록법, 파산법, 외국투자은행법 등을 개정했다. 이는 북한이 한편으로는 김정일 추모를 기하면서도 다른 한편에서는 외자유치를 위한 활동을 멈추지 않았다는 것으로 그만큼 외자유치가 중요한 문제로 제기되고 있음을 보여준다.

그렇다면 북한이 왜 외국인 투자와 관련한 법을 무려 12건씩이나 한꺼번에, 그것도 김정일 사후 4일 만에 전격 개정한 것일까? 한갓 대외선전용인가 아니면 외자유치가 시급해서인가? 외자유치가 시급하다면 발표된 법에서는 어느 정도 나타나고 있는지 자세히 살펴볼 필요가 있다.

이에 본 글에서는 김정일 사망 이후 본격 개정된 외국인 투자기업 재정관리법과 노동법을 통해 살펴보려고 한다.

Ⅱ. 외국인 투자 관련 법제 동향

북한에서 외국인 투자에 대한 관심은 1984년부터 나타나기 시작했다. 이해 발표된 합영법[67]과 더불어 90년대 초부터 외국인 투자유치와 관련한 법제정이 강화되었다. 1992년 헌법 개정을 통해 합작사업의 추진을 명시(헌법 37조)[68]하였으며, 합작법[69], 외국인기업법, 외국인투자법, 자유경제무역지대법, 라선경제무역지대법, 금강산관광지구법, 개성공업지구법 등 외국인투자관련 법령 14개와 시행규정의 제시를 통해 경제협력과 기술교류를 발전시키고자 노력했다. 북한은 2010년 기

67) 1984년 9월 8일 최고인민회의 상설회의 결정 제10호로 제정, 1994년, 1999년, 2001년, 2004년, 2006년, 2007년 개정

68) 국가는 우리나라 기관, 기업소, 단체와 다른 나라 법인 또는 개인들과의 기업합영과 합작을 장려한다.

69) 1992년 10월 5일 최고인민회의 상설회의 결정 제18호로 제정, 1999년, 2004년, 2006년, 2007년, 2011년 개정

존의 합영투자지도국을 합영투자위원회로 격상시키고 국가개발은행과 조선대풍국제투자그룹을 설립하는 등 다양한 투자 확보를 위한 노력을 기울여왔다. 지난해 12월 30일에는 베이징 사무소 개소식을 가졌으며, 올해 1월에는 대풍그룹을 합영투자위원회 산하로 재편하는 등 투자유치를 위한 기구체계를 정리[70]했다. 이러한 속에 지난해 12월 21일 외국투자와 관련한 노동, 재정, 금융, 세금, 회계 관련 등 법률 12개를 개정하였다.

<표 1> 외국인 투자 관련법과 시행규정

외국인 투자기업 관련 법	외국인 투자기업 관련법 시행규정
○ 외국인 투자법 - 1992. 10. 5 제정(상설회의 결정) - 1999, 2004, 2007, 2011 개정	-
○ 외국인 기업법 - 1992. 10. 5 제정(상설회의 결정) - 1999, 2004, 2005, 2006, 2007, 2011 개정	○ 외국인 기업법 시행규정 - 2000. 10. 27 제정(내각결정) - 2002, 2004, 2005 개정
○ 외국투자기업 및 외국인 세금법 - 1993. 1. 31 제정(상설회의 결정) - 1999, 2001, 2002, 2011 개정	○ 외국투자기업 및 외국인세금법 시행규정 - 2002. 6. 14 제정(내각결정) - 2002 개정
○ 외국투자 은행법 - 1993. 11. 24 제정(상설회의 결정) - 1999, 2002, 2011 개정	○ 외국투자 은행법 시행규정 - 1994. 12. 28 제정 - 1999, 2002 개정 ○ 외국인 투자은행 부기계산규정 - 1996년 7. 15 제정(정무원)
○ 외국투자기업 등록법 - 2006. 1. 25 제정(상임위원회 정령) - 2011 개정	-
○ 외국인 투자기업 파산법 - 2000. 4. 19 제정(상임위원회 정령) - 2011 개정	-
○ 외국인 투자기업 회계법 - 2006. 10. 26 제정(상임위원회 정령) - 2011. 12. 21 개정	○ 외국인 투자기업 부기계산규정 - 1995. 12. 4 제정(정무원결정) ○ 외국인 투자기업 회계검증규정 - 2004. 11. 29 제정(내각결정)

70) 통일뉴스 2012.2.21

외국인 투자기업 관련 법	외국인 투자기업 관련법 시행규정
○ 외국인 투자기업 재정관리법 - 2008. 10. 2 제정(상임위원회 정령) - 2011. 12. 21 개정 ○ 외국인 투자기업 노동법 - 2009. 1. 21 제정(상임위원회 정령) - 2011. 12. 21 개정	○ 외국인 투자기업 노동규정 - 1999. 5. 8 제정(내각결정) - 2005년 개정 ○ 외국인 투자기업 재정관리규정 - 1999. 12. 4 제정(내각결정) - 2005 개정
-	○ 외국인 투자기업 명칭제정규정 - 199. 3. 13 제정 ○ 외국인 투자기업 최신기술도입 규정

Ⅲ. 외국인 투자기업 노동법과 재정관리법의 주요내용과 의미

1. 노동법의 주요내용과 의미

북한에서 외국인 투자기업(이하 외자기업)의 노무관리는 1999년 5월 8일 내각결정 제40호로 채택되고 2005년 개정된 노동규정에 준하여 진행되었다. 북한은 2009년 1월 21일 최고인민회의 상임위원회 정령 제3053호로 노동규정의 상위법인 「외국인 투자기업 노동법」을 제정하였고 이어 2011년 12월 21일 개정하였다.

개정된 「외국인 투자기업 노동법」은 8장 51조로 되어있다. 동 법은 외자기업 노동규정의 상위법으로 외자기업과 종업원의 노동과 관련된 내용을 구체적으로 서술하고 있다. 총칙, 노력(이하 노동력)의 채용 및 계약 , 노동과 휴식, 노동보수 및 노동보호, 사회보험 및 사회보장, 종업원의 해임, 민원과 분쟁에 이르기까지 외국인 투자기업이 노무관리에서 지켜야 할 구체적인 내용들을 담고 있다.

가. 노동법의 총칙

총칙에서는 노동법의 사명, 근로자채용원칙, 노동조건의 보장원칙, 노동보수지불원칙, 사회보험 및 사회보장원칙, 타사업동원 금지원칙,

지도기관, 이법의 적용대상에 대해 밝히고 있다.

노동법의 사명은 외자기업의 경영활동에 필요한 근로자의 채용과 노동과 휴식, 노동보수, 노동보호, 사회보험, 사회보장, 해임(이하 해고)에서 제도와 질서를 세워 기업의 경영활동을 보장하고 기업에 종사하는 근로자들의 권리와 이익을 보호하는데 이바지 하는 것이다. 동 법은 합영·합작·외국인기업과 같은 외자기업과 북한의 노동력을 채용하려는 외국투자은행과 외국기업에 적용하고 있다.[71]

노동법의 1장 총칙도 북한의 외자기업 노동규정과 유사하다. 일부 변화된 것이 있다면 로동보수 지불관련 내용이다. 2005년 개정된 노동규정 5조에서는 노동직종, 기술기능수준, 노동생산성에 따라 보수액을 정하도록 규정하고 있다. 동법(4조)에서는 동종의 노동에 대해서는 성별, 연령에 무관하게 동일한 보수를 주도록 하는 노동보수 지불원칙을 제시하고 있다. 학력과 기술기능수준을 고려하지 않은 동일노동, 동일임금 원칙은 북한의 사회주의노동법에 근간을 두고 있는 것으로[72] 노동대가에 대한 평등주의로 자칫 노동생산능률 저하의 원인으로 될 수 있다.

중국의 경우 2001년 WTO가입 이전 외자기업 재무관리규정을 보면 동일업무에 동일보수의 원칙을 적용하고 있다.[73] 중국에 진출한 외국인 투자기업들은 중국인 근로자들이 평등 분배제도에 익숙해져 동일한 임금지급을 통해서 노동의욕을 고취시키는데 한계가 있다고 보고 임금과 보너스의 차등지급 등 성과급 제도를 운용하고 있다. 북한의 동일노동, 동일임금 지불원칙은 기술수준 등을 고려하여 차등 지불원칙으로

71) 여기서 합영기업은 북한의 투자가와 외국투자가가 공동으로 투자하고 공동으로 운영하며 투자몫에 따라 이윤을 분배하는 기업이며, 합작기업은 북한의 투자가와 외국투자가가 공동으로 투자하고 북한이 운영하며 계약조건에 따라 상대측의 투자몫을 상환하거나 이윤을 분배하는 기업이다. 외국인기업은 외국투자가가 단독으로 투자하여 운영하는 기업이며, 외국기업은 북한내에 소득원천이 있는 다른 나라 기관, 기업체와 개인 및 기타 경제조직이다.

72) 북한 사회주의 노동법 제37조 '근로자들은 성별, 연령, 민족별에 관계없이 같은 노동에 대하여서는 같은 보수를 받는다.'(최신북한법령집, 장명봉편, 2011. p.987.)

73) 중국 외자기업 재무관리규정(1992.6.24 재정부 공포) 제27조

변화시켜 나가는 것이 바람직하다.

또한 노동법은 북한 종업원의 경우 사회보험과 사회보장에 의한 혜택(보조금, 연금, 정양, 휴양, 견학)을 받도록 하였는데(5조), 노동규정은 북한의 노동법 규범에 맞게 혜택을 받도록 하고 있다(7조).

외자기업 근로자들이 자연재해와 같은 부득이한 사유를 제외하고 기업 생산경영활동과 관련이 없는 다른 사업에 동원시키지 않도록 규정하고 있다(6조). 그러나 이러한 법규에도 불구하고 합작기업의 경우 북한이 기업 운영을 담당하고 있는 조건에서 이러한 규정은 잘 지켜지지 않을 것으로 보인다. 농번기 철인 5월에는 전국이 모내기에 동원되는 조건에서 합작기업의 근로자라고 예외는 없다.

총칙에서 외자기업의 지도기관에 대해서도 명시하고 있다. 외자기업도 북한 기업과 마찬가지로 중앙노동행정기관 즉 노동성의 총체적인 지도를 받도록 하고 있다. 이는 노동시장이 존재하지 않는 계획경제체계의 한계로 보인다. 북한의 사회주의 노동법 제5조는 모든 근로자들은 국가로부터 안정된 일자리와 노동조건을 보장받는다고 규정하고 있다. 따라서 중앙노동행정기관과 지방노동행정기관은 북한 근로자에 대한 관리를 책임지고 있는 것으로 외자기업이라고 예외는 아닌 것으로 볼 수 있다.

나. 노동력의 채용 및 계약

1) 노동력의 채용

동법은 외자기업의 북한 노동력은 그 기업소재지의 노동행정기관, 즉 인민위원회 노동과가 공급(9조)하도록 하고 있다. 그러나 노동규정에서는 외자기업이 노력알선기관과 채용계약을 맺고 그 기관이 보내주는 노동력을 받도록 하였다(13조). 노력알선기관이라고 하면 마치 우리나라의 직업소개소처럼 느껴지지만 실제로 알선이 아닌 공급이므로 노동법에서 노동행정기관으로 변경한 것으로 보인다.

외자기업이 노동력을 채용하려면 우선 노동력보장신청서를 지역 인민위원회 노동과에 제출하여야 하며(10조), 노동과는 접수 후 30일내에 노동력을 공급(11조)하여야 한다. 신청서에는 채용인원, 성별, 연령, 업종, 기술기능급수, 채용기간, 임금관계 같은 것을 구체적으로 기입(10조)하도록 하고 있다.

<그림 1> 외자기업의 노동력 채용

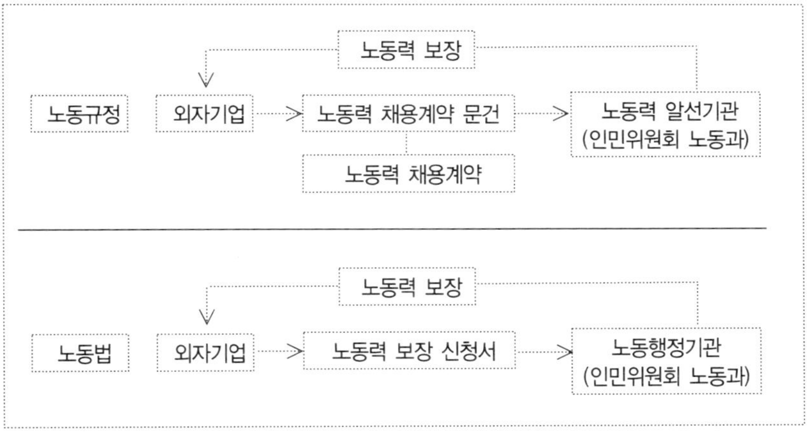

중국 외자기업의 경우에는 해당 지역(소재지) 관할 지방정부의 노동국과 주무부서의 추천자를 채용할 수도 있고 독자적으로 모집하여 채용할 수도 있다.[74] 이 경우 소재지 관할 지방정부의 노동국에 사전에 신고하도록 하여야 하고 소재지 이외 지역에서 직원을 모집하는 경우는 성, 자치구, 직할시의 노동인사담당 부서의 승인을 받아야 한다.

북한의 경우 해당지역의 노동력의 부족하여 타 지역의 노동력을 공급받으려면 동 지역의 노동과는 해당 지역의 인민위원회 노동과와 합

74) 정민영(1999), '중국 진출기업의 노무관리', 한국국제노동재단(중국 진출기업 노무관리 세미나 강연 원고)

의(11조)하여 공급하여야 한다. 왜냐하면 지역 인민위위원회 노동과가 그 지역의 노동력을 관리하고 있기 때문에 해당 지역의 노동력 밸런스를 맞추어야 할 의무가 있다.

외자기업은 해당 노동과가 보내온 노동력을 종업원으로 채용하되, 기준에 맞지 않은 대상이 있으면 채용하지 않아도 된다(12조). 북한은 실업이 영원히 없어졌다고 공언하고 있다. 그러나 90년대 중반이후 기업가동률의 저하로 실질적인 실업은 존재하고 있으나, 대학을 졸업하거나 고등학교를 졸업한 노동력은 대부분 국가배치에 의해 해당 기업에 등록되어 있다. 이러한 노동력은 자유의사에 따라 이직을 하거나 다른 기업에 취업할 수가 없다. 단 해당 지역의 노동과의 파견장에 의해서만 타 기업으로 전직할 수 있다. 이런 조건에서 외자기업들이 자본주의 사회에서의 인력채용처럼 수십, 수백대일의 경쟁을 통해 우수한 인재를 채용하는 데는 무한 한계가 있다. 그러나 공급받은 정원에서 선별을 통해 채용을 거부할 수 있는 조건을 일부 열어놓고 있는 것도 다소 진전된 법규라 볼 수 있다.

2) 노동계약

노동법은 외자기업이 해당 기업의 직업동맹조직과 노동계약을 맺고 이행하도록 하고(14조), 노동계약에는 노동시간, 휴식, 노동조건, 생활조건, 노동보호, 노동보수 지불, 상벌 등을 구체적으로 명시하도록 하고 있다. 노동규정에서도 외자기업이 해당 기업의 직업동맹과 노동계약을 맺도록 하고 있으나, 계약내용에서 종업원들이 수행해야 할 임무, 생산량, 질지표, 노동규율, 사직 조항 등 노동법에서 언급하지 않은 부분도 포함하고 있다. 이는 노동법이 노동규정에 비해 노동력을 공급받으면 기업자체로 탄력적으로 종업원을 배정할 수 있게 하는 등 노동력 이용이 다소 완화된 것으로 보인다.

또한 노동법은 외자기업이 직업동맹조직과 계약을 맺은 서류를 기업소재지의 노동행정기관(시, 군 인민위원회 노동과)에 제출(15조)하도록 하고 있다. 이는 노동행정기관이 노동력 관리에 대한 지도기관으로 당연한 수순으로 보이지만, 외자기업의 경우 사실 복잡한 과정이다. 현재 중국의 외자기업은 중국내 법규에 따르지만 2001년 WTO 가입 이전까지만 하여도 외자기업만의 노무관리규정을 준수하였다. 북한과 달리 중국 외자기업은 개별적 직원과 노동계약을 체결하되 소재지 관할 지방정부 노동국의 승인을 받아야 하기 때문에 근무조건에 대해서는 기업의 조정이 불가하고 오직 임금을 조정할 수 있는 여지만이 있었다.[75] 이에 비하면 북한의 노동법은 임금에 대한 조정도 거의 어려운 수준으로 정부의 엄격한 견제를 받고 있기 때문에 기업들의 자율성을 보장하지 않고 있다.

북한의 직업등맹은 한국의 노조와 같이 근로조건의 유지, 개선 등 근로자의 사회적, 경제적 지위의 옹호 및 개선을 도모하기 위해 조직된 단체가 아니라, 직맹원들의 조직사상생활단체이다. 외자기업 노동규정 8조에는 직업동맹을 종업원들의 권리와 이익을 보호하며 대표한다고 밝히고 있는데 실질적인 직맹의 기능과는 괴리된다. 직맹의 기능과 역할에 외국인기업과의 노동계약을 맺어야 한다는 내용은 없는 것으로 알고 있는데 합영·합작·외국인기업의 직업동맹만이 그 기능을 수행하고 있는 것으로 보인다. 중국은 종업원권익의 보장을 위한 조직으로 노동조합을 설립할 수 있고, 외자기업은 노동조합의 원활한 운영을 위해 매월 종업원 임금총액의 2%에 해당하는 활동자금을 노조에 제공하도록 하고 있다.[76]

다. 노동과 휴식

외자기업 근로자의 노동시간은 하루 8시간, 주 48시간(17조)인데 이

75) 오동호(2009), '중국과 북한의 외국인투자기업법제에 관한 비교연구', p. 271.
76) 위와 동일

는 북한 기업의 노동시간과 동일하다. 우리나라의 경우 하루 근로시간은 8시간을 초과할 수 없고, 주 근로시간은 40시간(특정한 경우 48시간)을 초과할 수 없게 되어 있다.[77] 외자기업은 노동의 힘든 정도와 특수한 조건에 따라 노동시간을 정해진 시간보다 짧게, 즉 6~7시간으로 정할 수 있도록 하고 있는데(17조) 이는 근로자들의 신체조건을 고려한 것으로 볼 수 있다.

외자기업은 근로자들에게 시간외 노동을 시키지 못하도록 하고 부득이하게 노동시간을 연장하려 할 때에는 직맹과 합의(18조)하도록 하고 있다. 사실 북한에서 2교대·3교대 작업의 경우 연장 작업은 거의 불가능하다. 교대자가 갑작스런 사유로 출근을 못했을 경우에는 전 교대 근로자가 연장작업에 들어 갈수도 있다. 중국과 우리나라의 경우 연장근로는 사측과 근로자가 합의하여 1주간에 12시간까지 연장할 수 있다. 따라서 북한의 외자기업의 경우 연장근로는 직맹과 합의해야 하는 불편함이 있다.

또한 명절일과 일요일에는 휴식을 보장하도록(19조) 하고 있으며 부득이하게 노동을 시켰을 경우 1주일 안으로 대휴를 주도록 규정하고 있다. 이는 북한이 외형적으로 내세우는 8시간 노동, 8시간 학습, 8시간 휴식을 통한 근로자의 정신적·육체적 건강증진과 관련된 것으로 보이지만 실제로는 근로자가 더 많은 노임을 받기 위해 많은 일을 하려고 하는 것을 장려하지 않으려는데 있다. 즉 동일노동에 대한 동일임금 즉, 평등주의를 통해 돈에 대한 집착을 가지지 못하도록 사전 통제하기 위한 것이다. 특히 근로자들은 연장작업 혹은 휴일에 노동을 하고 노동의 대가를 지불받아본 적이 거의 없기 때문에 8시간외 노동도 곧 돈이라는 인식을 주지 않으려는데 있다.

동법은 모든 근로자들에게 해마다 14일간의 정기휴가를, 중노동·유

---

77) 근로기준법 50조

해노동을 하는 근로자들에게는 7~21일간의 보충휴가 제공(20조)하도록 하고 있는데 이는 북한의 사회주의 노동법과 동일하며 결혼·제사 등 관혼상제도 정기 및 보충휴가 내에서 이용하도록 하고 있다. 그러나 2005년 개정된 외자기업 노동규정에서는 관혼상제를 위한 1~5일간의 특별휴가를 주되 특별휴가기간에는 왕복여행일수가 포함되지 않는다고 명시(24조)하여 정기·보충휴가외 휴가가 보장되었었다. 금번 외자기업의 노동법을 통해 특별휴가 제도를 삭제한 것은 북한 기업 근로자들에게 자본주의 사회에서의 근로자 휴가대우에 대한 긍정적인 사고를 줄 수 있다는 우려와 휴가의 남발을 제한하기 위한 조치로 보인다. 우리나라의 경우에도 15일간의 연차 유급휴가, 정기휴가를 제공하고 있는데 외자기업의 입장에서는 북한의 휴가제도가 자국의 휴가제도보다 사측에 유리하다. 왜냐하면 북한 근로자의 노동일수가 타국의 노동일수보다 많기 때문이다.

산전산후 휴가의 경우도 정기 및 보충휴가 외 산전 60일, 산후 90일간으로(21조) 북한의 노동법과 동일하게 적용되고 있으나 우리나라의 경우처럼 육아를 위해 2년까지 휴직을 신청할 수 있는 규정에 대해서는 전혀 언급되어 있지 않다. 이는 각 기업에 아이들을 맡겨두고 노동할 수 있는 탁아유치원 시설이 설치되어 있다고 보고 있기 때문인 것으로 풀이된다. 여성근로자의 경우 산전산후 휴가 외에 2년까지의 휴직을 받게 되면 기술수준이 낮아져 노동생산성에 적지 않은 영향을 줄 수 있다. 그러나 5개월간의 산전산후 휴가가 끝나면 노동현장에 복귀하기 때문에 노동공백이 크게 발생하지 않은 이점이 있다.

라. 노동보수 및 노동보호

1) 노동보수

외자기업 근로자의 노동보수(임금)에는 노임, 가급급, 장려금, 상금이 속하며, 외자기업은 노동보수를 정한 기준에 따라 정확히 지불(22조)해야 한다. 중앙 노동행정 지도기관 또는 투자 관리기관이 월 최저임금 기준을 정하며 종업원이 노동과정에 소모한 육체적 및 정신적 힘을 보상하고 생활을 원만히 보장할 수 있게 책정(23조)하도록 규정하고 있다. 이는 북한 기업에 종사하는 근로자들이 받는 생활비(급여)[78]와 다를 바 없다. 여기서 월 최저임금 기준이 대체로 그 기업 근로자에게 지급되는 월정급여라고 할 수 있다. 외자기업 노동규정에서는 중앙노동기관이 정한 노임기준에 따라 직종·직제별 노임기준, 노임지불 형태와 방법, 가급금, 장려금, 상금기준을 자체로 정하도록 하고 있어(25조) 오히려 노임기준 및 지불 방법에서 노동법에서보다 탄력적이다. 오히려 노동법은 노동행정기관에서 동일노동 동일임금의 지불원칙에 따라 최저임금=실질 노임기준을 정하도록 하고 있는데 북한 기업의 생활비등급제와도 대치된다. 북한 기업의 생활비등급제는 직종 및 직제, 기술기능수준, 노동조건 뿐 아니라 노동과정에 영향을 미치는 여러 가지 요인들을 고려하여 지불할 생활비에서 차이를 두는 제도이다.

외자기업은 생산수준과 종업원의 기술기능 숙련정도, 노동생산능률의 증가에 맞게 임금기준을 점차 높여야 한다.(24조) 정기휴가, 보충휴가, 산전산후휴가를 받은 종업원에게는 휴가 전 3개월간의 노임을 실가동일수에 따라 평균한 하루 노임액에 휴가일수를 적용한 휴가비를 지불하도록 하고 있다.(이는 우리나라의 휴가비 지불 규정과 동일) 노동규정에서는 휴가비를 휴가전에 주어야 한다고 밝히고 있으나, 동법에서는 휴가를 받은 다음에 지불하도록 하고 있다. 이는 휴가신청 이후 휴가 취소 등 발생할 수 여러 가지 변수에 의한 선 지급의 문제점을 보완한 것으로 보인다.

---

78) 국가가 근로자, 사무원들에게 노동과정에서 소모된 육체적 및 정신적힘을 보상하고 생활을 원만히 보상하기 위하여 사회총생산물의 일부를 그들이 지출한 노동의 양과 질에 따라 지불하는 사회주의 노동보수의 지불형이다.(기업관리운영용어-1000, 제2자연과학출판사, 2006)

기업의 책임으로 또는 양성기간에 일을 못하였을 경우 일수 또는 시간에 한하여 일당 또는 시간당 노임액의 60% 이상에 해당한 보조금을 지불(28조)하도록 규정하고 있는데 이는 우리나라의 휴업수당보다 10% 낮은 수준이다. 우리나라는 사용자의 귀책사유로 휴업하는 경우에 사용자가 휴업기간 동안 그 근로자에게 평균임금의 100분의 70 이상의 수당을 지급도록 하고 있다.[79)]

공휴일(명절일과 일요일)에 부득이하게 종업원에게 노동을 시키고 대휴를 주지 못하였을 경우 노동일수 또는 시간에 한하여 일당 또는 시간당 노임액의 100%에 해당한 가급급을 지불(27조)하도록 하고 있는데 이는 우리나라의 공휴일 수당과 유사하다. 노동규정에는 일요일에 노동하는 경우 노임지급이 포함되지 않고 있는데 이는 일요일에 노동한 경우에는 무조건 대휴를 주어휴식을 보장해야 한다는 의미가 있다. 1주일에 하루는 노동과 휴식이 결합되어 건강한 몸으로 노동에 성실이 참가하여야 한다는 취지에서 1주일의 일요일은 휴식하도록 하고 있는 것으로 설명가능하다.

또한 노동시간외에 낮 연장작업을 시켰거나 노동시간안의 밤 작업을 한 경우 시간에 한하여 시간당 노임액의 50%에 해당한 가급금을, 노동시간외의 밤 연장작업을 시켰을 경우에는 시간당 로임액의 100%에 해당한 가급금 지불(28조)하도록 하고 있다. 이는 외자기업의 생산성을 고려한 법개정으로 볼 수 있다.

결산이윤의 일부로 상금기금을 조성하고 일을 잘한 종업원에게는 상금을 줄수 있도록 하고 있는데(29조), 이도 상금을 통한 노동의욕과 노동생산능력 제고에 관심을 둔 것이다.

동법에서는 노동규정에서 언급하지 않은 전액 화폐에 의한 노동보수 지불을 규정하고 있다. 즉 현물로 대신할 수 없다는 것이며, 원화 혹은

---

79) 근로기준법 제46조

외화 지불인지에 대해 명백히 확정하지 않은 것은 외화를 장려하여 국가적인 외화수입을 높이기 위한 것으로 보인다.

2) 노동보호

동법에서는 노동안전시설과 고열, 가스, 먼지 등을 막고 채광, 조명, 통풍 등을 잘 보장하는 산업위생조건을 갖추고 그것을 끊임없이 개선완비하여 노동재해와 직업성질환을 미리 막고 종업원이 안전하고 문화위생적인 환경에서 일할 수 있도록(31조) 규정하고 있고 채용 후에 노동안전 기술교육을 준 다음 노동을 시키도록 하고 있다.(32조) 이는 북한의 노동법(2조)과 개성공업지구 노동법(36조)과 유사하다.

동법에서는 노동규정에서 제시되지 않았던 위험개소 제거와 노동안전 조치에 대해 규정하고 있다. 생산 및 작업조직에 앞서 노동안전 상태를 구체적으로 알아보고 종업원의 생명과 건강을 해칠 수 있는 위험개소들을 없애며, 생산과정에 사고위험이 생겼을 경우에는 즉시 생산을 멈추고 위험개소를 정비한 다음 생산을 계속하도록 하고 있다.(33조)(북한의 사회주의 노동법 56조와 동일) 생산과정에 가스, 먼지, 고열, 습도, 방사선, 소음, 진동, 전기마당 같은 유해로운 요소들이 허용기준을 초과하지 않도록 하며 작업현장에는 안전주의표식을 하며 노동재해 발생에 대처할 수 있는 보호수단을 갖추어야 한다.(34조)

여성종업원에 대한 보호규정은 임신 6개월이 넘는 여성에서 임신여성과 유아를 키우는 여성으로 범위를 확대하여 연장작업과 밤 작업을 시키지 않도록 규정하고 있다. 또한 실정에 맞게 탁아소와 유치원을 운영하도록 하고 있다. 북한 기업의 경우 탁아소와 유치원을 운영하고 있어 여성근로자의 이직과 사직을 막고 있다. 탁아유치원은 경제난 이후 형식적으로 가동하고 있지만 80년대 말까지만 하여도 탁아유치원의 정상적인 운영으로 여성근로자의 노동조건을 제대로 보장해 줄 수 있었다.

한편 작업과정에 종업원이 사망, 부상, 중독 같은 사고가 발생하였을 경우 해당한 치료대책을 세우고 기업소재지의 노동행정기관에 통보(38조)하도록 하고 있다. 노동법은 노동규정에서 언급하지 않은 치료대책에 관한 내용을 새로 명시하였다.

마. 사회보험 및 종업원 해임

외자기업에서 일하는 근로자에 대한 사회보험은 사회보험기관에서 대상자에게 직접 지급하도록 하고 있다. 여기서 보조금과 연금은 사회보험기금을 원천으로 하고 외자기업과 근로자는 매월 해당 재정기관에 보험료를 납부해야 한다. 북한 기업의 경우 모든 근로자는 계산된 생활비(노임)의 1%를 의무적으로 공제, 기업은 월 노임총액의 일정율을 적립하여 사회보험료로 납부하고 있다. 이렇게 적립된 사회보험료는 사고, 질병, 정년퇴직 등의 경우 근로자에게 보조금으로 지급된다. 이는 우리나라의 연금제도와 비슷하나 보조금 지급범위가 연금에만 한정되어 있지 않는 것이 특징이다.

이밖에도 외자기업이 종업원의 기술문화수준의 향상, 군중문화체육사업, 후생시설운영 등을 위한 문화후생기금을 결산이윤의 일부로 조성하고 이용(43조)하도록 규정하고 있다.

한편 근로자의 해고는 채용기간 만료, 정년퇴직 전에는 정당한 이유 없이 해고 시킬 수 없도록 하고 있고 만약 해고하려고 할 때에는 직맹과 합의(44조)하고 당사자와 기업소재지의 노동행정기관에 알려주도록 하고 있다. 북한에서 지역 노동행정기관은 역내 노동력 관리를 총괄하는 기관으로 이동, 퇴출 등 노동력의 변동을 항시 장악하고 실업이 없도록 조정하여야 할 의무를 지니고 있다. 해임사유로는 질병·부상으로 현직종이나 다른 직종에서 일할 수 없을 때, 기업에 노동력이 남을 경우, 노동규률을 위반하여 엄중한 사고가 발생했을 경우, 기술기능수준의 부족으로 현 직종에서 일할 수 없을 때, 기업의 재산에 막대한 손실을 주었을 경우(15조)이다. 노동법은 노동규정에서 언급하지 않은 근로자 기술기능 수준의 부족을 해임사유로 넣었는데, 이는 기술기능 수준 여부와 무관한 동일직종 동일임금 지불원칙에서 기업의 생산성을 고려한 규정으로 풀이된다.

근로자 본인이 사직 할 수 있는 이유로는 병, 가정적인 사정으로 일할 수 없게 되었을 경우, 기술기능이 부족하여 일을 수행할 수 없을 경우, 대학·전문학교·기능공학교에 입학하였을 경우를 들고 있다. 노동규정은 개인적인 사정으로 부득이하게 일을 그만두거나 다른 일을 해야 할 사정이 생긴 경우에도 사직을 할 수 있다고 규정하였는데, 이런 경우 다년간의 노동으로 기술기능수준이 어느 정도 성숙한 근로자가 다른 일을 위해 사직을 신청하면 외자기업의 생산활동에 부작용을 초래할 수 있고 외자기업의 노동력에 문제가 발생할 수 있는데 이를 고려한 것으로 볼 수 있다. 따라서 노동법은 개인적인 사정과 다른 일로의 사직은 제외한 것으로 보인다.

2. 재정관리법의 주요내용과 의미

외국인투자기업 재정관리법은 2008년 10월 2일 최고인민회의 상임위원회 정령 제2907호로 제정되었으며, 2011년 12월 21일 최고인민회의 상임위원회 정령 제2044호로 수정 보충되었다. 북한은 이에 앞서 1999년 12월 내각결정 제91호로 외자기업의 재정관리에 대한 법규로 재정관리법의 하위 규정인 외국인 투자기업 재정관리규정을 제시하였다.

외국인 투자기업 재정관리법(이하 재정관리법)은 10장 72조로 구성, 1장은 재정관리법의 기본, 2장은 자본의 구성, 3장은 재정계획, 4·5·6·7장은 재산·비용·수입, 8장은 재정결산, 9장은 재정청산, 10장은 감독통제로 되어있다.

가. 재정관리법의 총칙

총칙에서는 법운영의 사명과 여기에서 쓰이는 용어를 정의하고 관리 대상에는 어떤 것들이 속하며 재정관리 책임자와 계좌설정문제, 회계 법규 적용 등에 대해 규제하고 있다. 재정관리법의 사명(1조)은 재정관리에서 제도와 질서를 엄격히 세워 기업의 경영활동을 원만히 보장하는데 있다고 밝히고 있다. 이는 경영활동의 성과적 수행을 위해서는 모든 외국인 투자기업(이하 외자기업)이 동법을 준수하여야 한다는 내용을 담고 있다.

총칙은 다음으로 재정관리와 관련한 용어를 정의하고 있다. 남북한의 재무관련 용어를 비교하면, 북한은 남한에서 쓰는 재무라는 용어대신 재정이라는 용어를 쓰고 있는데 이는 국가의 재정으로 기업경영활동을 수행하는 북한의 기업 특성에서 비롯된 것으로 보인다.[80]

<표 2> 남북한 재정(재무)관련 용어 비교

북한 용어	남한 용어
재정관리: 외국인투자기업의 경영활동에 필요한 화폐자금을 조성하고 분배 이용하는 기업관리의 한 부분	재무관리: 자금을 조달하고 조달한 자금을 가지고 제품을 생산하고 판매하기 위한 여러 가지 기업조직에 자금을 효율적으로 배분하고 제품 판매대금을 효율적으로 회수하는 것임
재정수입[81]: 경영활동과정에 기업이 벌어들인 모든 형태의 화폐자금	총수입(총소득) 어떤 일에 들어간 비용이나 경비 따위를 포함하여 그 일의 결과로 얻은 모든 이익
재정결산: 일정한 기간 기업의 경영활동 결과를 재정적 측면에서 숫자적으로 확정, 검토 총화 하는 경제활동	결산: 일정한 기간 동안의 수입과 지출을 마감하여 계산하는 것
비용: 기업이 생산 또는 봉사에 쓴 모든 화폐적 지출	비용: 수익을 얻기 위하여 기업이 소비한 재화 또는 용역으로써 소멸된 원가
자본: 외국인 투자기업의 경영활동에 필요한 밑천을 화폐적으로 표현한 것	자본: 장사나 사업 따위의 기본이 되는 돈

80) 북한투자 몫이 국가재정으로 이루어지는 것과 관련된다.

북한 용어	남한 용어
등록자본: 외국인 투자기업을 설립하기 위하여 투자관리 기관에 등록한 자본	등기자본
고정재산: 현물형태를 그대로 유지하면서 재생산과정에 여러번 참가하여 자기의 가치를 새로 생산되는 생산물에 일부분씩 이전시키는 재산	유형자산: 재화의 생산, 용역의 제공, 타인에 대한 임대 또는 자체적으로 사용할 목적으로 보유하는 물리적 형체가 있는 자산
유동재산: 한번의 생산순환과정에 완전히 소비되어 새로운 생산물에 자기의 가치를 전부 이전시키는 재산	유동자산: 1년 이내에 환금할 수 있는 자산 또는 전매할 목적으로 소유하고 있는 자산
총투자액: 외국인투자기업이 경영활동을 위한 자본의 총액	총자본: 기업에 투하된 자본의 총액

북한에서의 재정수입은 우리나라에서의 기업의 총소득과 동일개념이며 재정수입은 국가예산과 관련된 용어이다. 또한 고정재산은 우리나라의 유형자산과 같은 개념으로 현물형태의 고정자산만 포함된다. 즉 영업권, 특허권과 같은 무형고정자산은 고정재산에 포함시키지 않고 있다. 여기서 특징적인 것은 북한 기업과 외자기업의 유동재산의 차이이다. 우리나라의 유동자산과 달리 북한 기업의 유동재산에는 화폐재산이 포함되지 않으나 외자기업에 관해서는 화폐재산도 유동재산에 포함시킨 것이다.

이밖에 재정관리의 대상을 규정하고 있는데 여기에는 재정계획, 투자재산, 경영활동과정에 증가한 재산, 이윤분배금, 투자 상환금 등을 포함하고 있다. 재정관리규정에서는 투자한 재산과 재생산 과정에 늘어난 재산으로 국한했다. 이는 자금 조달로부터 시작하여 생산, 판매를 통한 수입과 이윤에 이르기까지 경영활동 전반에 대해 외자기업 관련 북한기관이 관여하고 있음을 보여준다.

총칙에서는 재정관리의 1책임자(기업책임자)와 2책임자(재정회계책임자), 돈자리(계좌) 개설에 대해 명시하고 있다. 계좌는 외국환자 업무

81) 남한의 경우 재정수입은 나라나 공공단체의 경비로 되는 수입이다.

를 하는 북한 은행에 개설하도록 하고 해외은행에 계좌를 개설하려면 중앙재정지도기관의 합의를 받도록 했다.(5조) 재정관리규정에서는 해외은행 계좌개설에 대해서는 전혀 언급하지 않고 있다. 이는 북한이 국내 은행 계좌개설을 통해 외화유동성을 확보하는 것과 동시에 계좌개설에 대해 다소 완화한 조치라고 볼 수 있다.

투자재산의 법적 보호에 대해 규정하고 부득이하게 국유화하거나 거두어들일 경우에는 해당한 보상을 하도록 하였다.(8조) 이는 외국인 투자의 안정성을 보여주고 있으나, 부득이한 경우 보상에 대한 구체적인 내용은 언급하지 않아 투자 희망기업에 부정적으로 작용할 것으로 보인다.

재정법은 재정관리규정에서 제시하지 않은 재정관리문건의 작성양식과 보관기일에 대해 규정하고 있는데 이는 북한 기업의 재정결산문건의 보관기일과 유사하다.

나. 자본과 재정계획

1) 자본의 조성방식 및 출자재산

자본에는 등록자본(등기자본)과 차입자본이 있으며, 출자·신용·증여·이윤축적과 같은 방식으로 조성(11조)할 수 있다. 재정관리 규정에서는 자본증여에 관한 부분을 제외하고 있다.

동법은 외자기업이 등록자본은 줄일 수 없도록 규정(12조)하고 있는데 이는 자본의 감축를 통한 기업의 축소와 이로부터 발생하는 외화수입, 노동력 문제 등을 차단하려는 의도로 볼 수 있다. 중국의 경우 일정한 법적 조건에 부합되는 경우 심사비준기관의 비준을 받아 등록자본을 줄일 수 있도록 하고 있는데[82] 이는 외자기업에 융통성을 부여하고 기업운영의 현실에도 부합되는 것이라 볼 수 있다.

---

82) 중외 합자경영 기업법 시행세칙 第19조

출자재산의 구성 비율은 계약에서 또는 외국투자자가 정하도록 하고 있는데 지적재산권의 출자비율은 등록자본의 20%를 초과할 수 없도록 제한하고 있다. 중국은 외국투자를 적극 유치하여 국내 자금부족난을 해결하기 위한 목적으로 외국투자자의 출자비율을 반드시 등록자본의 25%이상으로 정확히 명시[83]한데 반해 북한은 계약할 때 혹은 외국투자자가 정하도록 규정하고 있다. 이는 대부분 외자기업이 기술과 자본을 가지고 북한의 저렴한 노동력을 이용하기 위한 목적으로 투자를 결정하는 조건에서 외국투자자의 선택에 따라 출자를 결정하는 것이 합리적이라고 판단하고 있기 때문인 것으로 보인다. 대신 북한은 지적재산권의 출자비율을 명시하였는데 이는 현물재산이나 화폐재산 등 기업활동에 절실히 필요한 재산의 비중을 늘리려는 의도와 관련된다.

또한 투자자가 출자 몫의 일부나 전부를 제3자에게 양도할 수 있도록 하고 있는데(17조) 투자자의 출자에 대해 양호한 조건을 부여함으로써 투자를 유도하기 위한 것으로 풀이된다.

2) 재정계획

재정관리법은 외자기업이 자체로 재정계획을 세우고 해당 기업의 이사회나 공동협의기구에서 토의 결정한 다음 12월 25일까지 중앙재정지도기관에 통보하도록 규정하고 있다. 재정관리규정에서 제시하지 않았던 재정계획 항목을 판매 및 봉사수입금 계획, 비용계획, 고정재산 감가상가금 계획, 이윤 및 분배계획, 납부금계획(22조)으로 구체화하고 항목별 재정계획의 작성원칙을 밝히고 있다.

북한 투자의 경우 현재 직접 투자보다 합영·합작 등 공동투자가 다수를 차지하는 조건에서 외자기업 경영은 북한 혹은 북한과 외국투자기업이 공동으로 하기 때문에 재정계획 작성을 통해 그 기업의 건전성과

83) 중외 합자경영 기업법 제4조

국가납부규모를 예측하자는데 있는 것으로 보인다.

다. 재산과 비용

고정재산은 투자가가 출자한 고정재산, 기업자금으로 마련한 고정재산, 양도받은 고정재산으로 분류하고(26조), 취득한 고정재산은 등록대장에 등록한 다음 30일안에 해당 재정기관에 등록(28조)하도록 하고 있다. 등록대장에는 등록날자, 등록번호, 고정재산명, 규격, 시초가치, 내용연한, 설치장소, 생산연월일, 생산지, 취득연월일 등을 기록(27조)하고 등록가격은 취득가격에 운임, 상하차비, 보험료, 설치비, 보관비 같은 비용을 합한 금액으로 계산(28조)하도록 하고 있다. 고정재산 관리와 관련한 규제는 북한 기업의 고정재산 관리 규제와 거의 유사한데, 결국 이는 기업의 생산능력, 자본(현물출자)과 관련한 문제로서 북한이 철저히 관리 감독하겠다는 의도가 내포되어 있다.

고정재산의 폐기 및 양도, 저당, 재평가는 이사회나 공동협의기구의 결정에 의해 진행할 수 있다. 재정관리법의 하위규정인 재정관리규정에는 합영·합작기업만이 등록된 고정재산을 중앙경제협조관리기관의 합의를 받아 폐기하거나 양도 저당할 수 있도록 하고 있다.(21조) 북한은 재정관리법 제정을 통해 직접투자기업의 경우도 고정재산을 폐기하거나 양도, 저당, 재평가할 때 공동협의기구의 결정을 따르도록 했다.

외자기업 재정관리규정은 유동재산 관리와 관한 내용을 전혀 언급하지 않았으며, 특히 유동재산은 현물재산으로 국한하였다. 따라서 현금, 예금과 같은 화폐재산에 대한 관리에 대한 규정은 제외되어 있었다. 재정법에서는 외자기업에 현금보유 한도를 정하고 초과현금은 해당은행에 입금하도록 규제하고 있는데 이는 북한 기업의 재정관리 규정과 동일하다. 현금유통량을 조절하고 현금을 은행에 집중시켜 효율성을 높이려는 의도로 풀이된다.

비용은 원가와 기타 지출로 분리하여 계산하도록 하고 있다.(37조)

원가에는 원료 및 기본자재비, 연료비, 동력비, 노동력비(인건비), 감가상각금, 물자구입경비[84], 기업관리비, 유통비 등, 기타지출은 기업활동과 관련 없는 지출이 포함된다. 재정관리규정은 비용이 아닌 생산비 계산에 대해 규정하고 있는데 이는 북한이 서비스업이 아닌 생산부문에 대한 합영, 합작, 직접투자만을 허용하고 있다는 반증이다. 그러나 재정법에서 생산 및 봉사에 쓴 모든 화폐적지출이라는 비용의 용어를 도입하고 있는데 결국 이는 생산이 아닌 서비스에 대한 외국투자도 유치하겠다는 의지가 내포되어 있다. 이는 재정법에서 수입금에 생산뿐 아니라 경영활동 과정에 이루어진 상품판매수입, 봉사수입도 포함하고 있는데서 찾아볼 수 있다.

특징적인 것은 대외사업비를 순 판매액 또는 순 영업액의 0.3%~1% 범위에서 기업이 정하고 이용한 다음 원가에 넣어 계산하도록 규정하고 있는데(41조) 이는 기타지출의 범위 지정을 통해 원가를 줄이려는 의도로 보인다. 또한 직업동맹조직의 활동자금을 기업관리비에 포함시켜 원가로 계산(42조)하도록 하고 있다. 북한 기업의 직업동맹조직의 활동자금은 직맹원들의 지불하는 맹비와 국가예산으로 이용하는 것과 상당한 차이를 보인다.

기업 부담의 사회보험료를 정확히 계산하여 납부(43조)하도록 하고 있다.

또한 무현금결제 수수료와 채권손실금, 환자시세 편차손실금(외환차손) 등은 기타지출(44조)에 넣도록 하며 수수료와 채권손실금은 경상계산하고 외환차손은 연별로 계산하도록 규정하고 있다.

라. 수입과 결산

북한의 재정법은 외자기업의 수입과 결산에 대해 비교적 상세히 규정하고 있다. 재정수입은 기업활동 수입과 기타 수입금(45조)으로 구성

84) 물자(원료, 자재, 연료 등)를 구입할 때 든 운송비, 포장비 등

된다.

조업준비기간의 수입금은 그 기간동안 재정계획에 따라 지출한 비용을 보상하고 남은 수입금은 미처분 이윤으로 적립하였다가 조업이 끝난 다음 결산이윤에 포함시켜 계산하여야 한다.

외자기업은 생산과 경영활동 과정에 이루어진 생산물 판매수입, 상품판매수입, 건설공사인도수입, 봉사수입, 운임수입, 요금수입, 임가공수입, 기타 수입을 부문별로 수입이 이루어질 때마다 정확히 계산하고 재정결산기말에는 모든 수입을 종합하여 계산(47조)하여야 한다. 임가공과 관련한 재정수입은 주문자로부터 받은 가공료로 계산(48조)하여야 한다.

외자기업이 생산물을 북한에서 판매하고 그 값으로 대치물자를 받아 수출하는 경우 대치물자 판매수입금을 재정수입으로, 대치물자의 값을 구입지출로 계산하고 생산비는 대치물자판매수입금으로 보상(49조)하도록 하고 있다.

재정결산은 우리나라와 마찬가지로 분기별, 연별로 하도록 하고 있으며, 결산후 회계결산서, 재정총화보고서, 검증보고서를 첨부한 재정결산서류를 중앙재정지도기관에 제출(50조)하도록 하고 있다. 분기재정결산 서류는 분기가 끝난 다음달 15일까지, 연간서류는 다음해 2개월안에 제출해야 한다.

외자기업의 연간 재정총화는 이사회 또는 공동협의기구에서 진행(51조)하도록 규정하고 있다.

결산이윤과 분배할 이윤의 계산과 확정, 예비기금의 적립, 손실충당, 기금의 조성, 기금의 이용에 대해서도 밝히고 있다.

결산이윤=[판매 및 봉사수입금−(거래세, 영업세, 자원세)]
−(원가, 유통비, 기타지출)

분배할 이윤=결산이윤−(기업소득세, 예비기금, 기업기금)

예비기금 조성= 등록자본×25%

매년 예비기금 적립= 결산이윤×5%

기업기금 적립=결산이윤×10%

중국은 예비기금 적립비율을 세금 납부 후 이윤의 10%이상으로 규정하고 있다.[85]

예비기금은 기업이 손실을 충당하거나 등록자본을 증가시키는데 이용할 수 있다. 예비기금이 부족하여 손실을 충당하지 못하게 되면 해당 연도의 결산이윤에서 기업소득세(법인세)를 납부하고 남은 이윤으로 연속하여 4년간 충당할수 있도록 하고 있다. 이는 기업기금을 적립하지 못하더라도 기업 손실을 먼저 해결하는 것을 원칙으로 하고 있음을 보여주고 있다.

생산확대 및 기술발전기금[86], 상금기금[87], 문화후생기금[88], 양성기금[89]과 같은 기업기금은 결산이윤의 10% 범위에서 조성하고 이사회 또는 공동협의기구의 결정에 따라 이용(55조)할 수 있다. 중국은 각종 기금의 적립비율을 이사회에서 확정하도록 규정[90]하고 있다.

최종 확정된 분배할 이윤은 투자자들에게 분배하거나 출자 몫을 상환하는데, 재투자하거나 등록자본을 늘이는데 이용(57조)할 수 있다. 북한은 외자기업 투자자의 출자 몫 상환과 이윤분배는 해당 기업의 생산품(현물)으로 하는 것을 기본으로 하고 있으며, 이때 생산품의 가격

85) 중국 외자기업법 시행세칙 제58조 "외자기업은 중국의 세법규정에 따른 소득세 납부후의 이윤 중에서 준비기금과 종업원상여금, 복지기금을 공제해야 한다. 준비기금의 공제비율은 세후 이윤의 10%미만이어서는 안된다."

86) 생산확대 및 기술발전기금은 발명, 창의고안, 과학기술과 앞선 작업방법의 도입, 설비의 갱신 등에 이용된다.

87) 상금기금은 종업원과 관리 및 간접보조부문일군에게 주는 상금, 생산경쟁상금에 이용된다.

88) 문화후생기금은 합숙, 탁아소, 유치원, 식당 등 문화후생시설의 건설과 보수 및 갱신, 문화오락기재의 마련, 후방물자의 구입, 사회적지원에 이용된다.

89) 양성기금은 기능공, 기술인재의 양성에 이용

90) 중외 합자경영기업법 시행세칙 제76조

은 국제시장가격에 준하여 당사자들이 합의하여 정하도록 하고 있다.

결산이 끝나면 세금과 사회보험료, 토지사용료를 지불하여야 한다.(59조)

마. 재정청산과 감독통제

재정관리법은 외자기업의 해산 또는 파산시 재정청산을 어떻게 할 것인가에 대해 밝히고 있다. 청산재산을 실무적으로 처리할 수 있는 청산위원회를 조직하고 납부금, 청산에 든 비용, 노동보수, 담보채권이 붙은 채무, 일반채무 청산의 순으로 재산을 처리하고 남을 경우 출자몫에 따라 당사자들에게 주도록 하고 있다. 계약의무의 불이행으로 기업이 해산되었을 경우 손해는 책임 있는 당사자가 보상하도록 하고 있다. 청산사업이 끝나면 청산위원회는 10안에 청산보고서를 작성하여 투자관리기관에 제출하며, 기업이 파산되었을 경우에는 청산보고서를 재판기관에 내도록 한다. 이와 함께 주소등록증, 영업허가증, 세무등록증 등을 해당기관에 반납하고 거래은행의 계좌를 정지시켜야 한다.

마지막으로 재정관리 사업에 대한 감독통제에 대해 밝히고 있는데 북한 기업과 마찬가지로 중앙재정지도기관이 진행하도록 하고 있다. 중앙재정지도기관은 내각의 재정성으로서 외자기업에 필요한 자료를 요구하고 외자기업은 제때에 자료를 제공하도록 규정하고 있다. 외자기업이 동법을 어겼을 경우에 정상에 따라 벌금·영업중지와 같은 행정적 책임을, 엄중할 경우에는 형사적 책임을 주도록 하고 있다. 중국도 외자기업의 재정관리 업무에 대해 재정부에서 통합관리하고 성, 자치구, 직할시의 재정청이 해당지역에 소재하는 외자기업을 관리하도록 하였다.[91)]

---

91) 1992.6.24재무관리규정 3조

Ⅳ. 나오며

김정일 추모기간과 더불어 북한이 외국인 투자와 관련한 12개의 법을 전격 개정한 것은 의미하는 바가 크다. 무엇보다 경제강국 건설이 실패로 끝나면서 새로운 슬로건의 수행을 위한 실질적인 대책이 시급하였기 때문인 것으로 풀이된다. 또한 북한에 이미 투자를 하였거나 관망하고 있는 기업가들에게 긍정적인 인식을 제공하여 투자를 유인하기 위한 것으로도 보인다. 이와 함께 김정은 시대 강성국가를 외국자본의 투자유치를 통해서라도 해결한다는 강한 의지를 국제사회에 보여주려 한 것으로도 보인다.

이번에 발표된 외국인 투자기업 노동법과 재정관리법에서는 이러한 측면을 엿볼 수 있다.

1. 노동법에 대한 평가

과거 외국인 투자기업의 노무관리와 재정관리는 법률의 하위규정인 노무관리법과 재정관리법에 준하여 집행되고 있었다. 따라서 이러한 법들이 제정되고 개정된 것은 그 자체만으로도 긍정적으로 평가할 수 있다.

우선 노동력 채용에서 해당지역의 노무관련기관에서 보내주는 노동력중에서 채용을 거부할 수 있도록 한 것이다. 이는 외자기업의 노동력 채용이 국가기관에 의존하고 있지만, 거부할 수 있는 조건을 명시해 놓은 것으로 하여 노력채용에서 자율성이 강구된 측면이라 볼 수 있다.

또한 노동규정에서 외자기업이 해당 기업의 직업동맹조직과 노동계약을 맺을 때 종업원별로 어떤 역할을 수행하고 또 그 종업원은 얼마만큼의 생산을 해야 한다는 것까지 계약했으나, 노동법은 이러한 부분을 삭제하였다. 이와함께 직업동맹조직과 합의하여 기술기능수준이 낮은 종업원을 해임시킬 수 있도록 하고 있다. 이는 외자기업이 노동력을 공급받으면 기업자체로 탄력적으로 종업원을 배정할 수 있게 하는 등 노동력 이용을 다소 완화시킨 것으로 볼 수 있다.

그러나 중국의 외자기업 노무관리 규정에 비해보면 거리가 멀다. 중국의 경우 외자기업이 노동력을 채용하려면 해당 지역 지방정부의 노동국과 주무부서의 추천자를 채용할 수도 있고 독자적으로 모집하여 채용할 수도 있어 노동력 채용에서 기업의 자율성이 비교적 보장되어 있다.

노동법에서 노동규정에서 언급한 특별휴가(관혼상제)제도를 삭제하였는데 이는 북한기업 근로자와의 형편성을 맞추기 위함으로 보인다.

외자기업의 경우 대부분 여성근로자수가 많은데 산전산후 휴가를 150일로 제한하고 우리나라와 같은 육아휴직에 대해서는 전혀 언급하지 않고 있다. 이는 여성근로자가 산전산후 휴가를 마치면 즉시 노동현장에 복귀하기 때문에 노동 공백이 발생하지 않아 기업생산 활동에 유리한 제도로 보인다.

노동규정에서는 부득이하게 일요일에 노동을 한 경우 무조건 대휴를 주도록 규정하였으나, 노동법에서는 대휴를 주지 못하였을 경우 일한 시간에 한해 가급금을 지불하도록 하고 있는데 이는 우리나라의 노무관리규정과 유사하다.

노동규정에서 언급하지 않은 전액 화폐에 의한 노동보수 지불을 규정하고 있다. 화폐의 경우도 외화 혹은 원화인지를 불분명하게 하고 있는데 이는 외화를 장려하여 국가적인 외화수입을 높이기 위한 것으로 풀이된다.

위와 같은 부분에서는 외자기업 활동의 자율성을 보장하려는 시도가 다소 엿보인다. 따라서 외자기업 활동의 자율성을 보장하는 측면에서 긍정적으로 평가할 수 있는 요소이다.

그러나 일부분은 오히려 진부한 측면을 찾아볼 수 있다. 노동법이 제시한 노동보수 지불원칙인 동일노동 동일임금은 북한의 사회주의 노동법에 근간을 두고 있는 것으로 노동대가에 대한 평등주의로 노동생산능률 저하의 원인으로 된다. 중국도 WTO가입 이전 외자기업에 동일노동 동일보수의 원칙을 적용하였는데 기업들은 중국 근로자들이 평등분배제도에 익숙해져 동일한 임금지급을 통해 노동의욕을 고취시키는데 한계가 있다고 보고 임금과 보너스의 차등지급 등 성과급 제도를 운용하였다고 한다.

또한 기업자체로 노동력을 고용하는 것이 아니라 해당 지역의 노동행정지도기관에서 보내주는 노동력을 공급받기 때문에 우수 노동력 선발에는 당연히 어려움이 있다. 이는 곧 기업의 생산성과도 밀접히 연관된다.

연장근로와 관련하여 북한 노동법은 직업동맹조직과 합의하여 연장근로를 하도록 하고 있으나, 중국은 사측과 근로자가 합의하여 1일 3시간이내, 1주 12시간, 월 36시간으로 규정하고 있어 부득이하게 연장근로가 필요할 때 불편함이 없다.

이러한 점을 보면, 형식적 규제에 그친 경우가 적지 않음을 알 수 있다.

따라서 법적 지위로의 승격과는 별개로 외자기업 유치를 위한 대외선전용으로 활용하려는 의도도 있어 보인다.

2. 재정관리법에 대한 평가

재정관리법은 생산업만이 아닌 서비스업에 투자한 외국인 투자기업에 대한 재정관리에 대해 규정하고 있다. 이는 재정관리법에서 제시한 수입금계산에서 상품판매수입과 봉사수입을 포함하고 또 생산비만이 아닌 비용의 개념을 도입하면서 생산 및 봉사에 쓴 모든 화폐적지출로 정의하고 있는데서 찾아볼 수 있다. 이것은 북한이 지금까지 생산을 중심으로 외자유치를 허용하였으나 지난해에 완공된 중국과의 합영 마트인 '광복거리 상업중심'과 같은 유통부문에 대한 투자유치도 적극 권장하기 위한 것으로 해석할 수 있다.

또한 재정관리법은 재정관리규정에 비해 외자기업의 재정관리에 대해 구체적으로 언급하고 있다. 우선 재정관리에서 쓰이는 용어, 외자기업의 해외 계좌개설 문제, 출자재산의 인정시점, 재정계획의 작성원칙, 유동재산 구성·화폐재산 관리 등, 수입금과 소득(결산, 분배이윤)의 계산 확정, 기금의 이용 등 새로운 조항들을 신설하였다.

법규를 통해 북한이 외자기업의 자금 조달로부터 생산, 판매, 수입, 이윤에 이르기까지 경영활동전반에 대해 감독통제하고 있음을 알 수 있다.

고정재산을 취득하면 고정재산 등록대장에 등록하고 30일안에 해당 재정기관에 등록하도록 하고 있고 고정재산을 폐기, 양도, 저당, 재평가 할때도 이사회나 공동협의기구의 결정에 따르도록 하였는데 이는 기업의 생산능력, 자본과 관련한 문제로서 북한이 철저히 관리·감독하겠다는 의도가 내포되어 있다.

또한 북한 기업과 마찬가지로 현금보유한도를 정하고 초과된 현금은 은행에 입금하도록 규제하고 있다. 다만 외자기업이 해외계좌를 개설하도록 허용하고 있고 투자재산을 안정적으로 보호할 것을 규정하고 있다.

또한 재정관리법은 외국투자자에게 출자재산에 대한 선택권을 부여하고 있다. 중국은 국내 자금부족난을 해결하기 위한 목적으로 외국투자자의 출자비율을 반드시 등록자본의 25%이상으로 정확히 명시하고 있다. 그러나 외자기업이 기술과 자본을 가지고 북한의 저렴한 노동력을 이용하기 위한 목적에서 투자를 결정하는 조건에서 외국투자자의 투자비율이 북한의 투자비율보다 비교적 높게 설정되는 것을 볼 수 있다.

중국의 경우 심사비준기관의 비준을 받아 등록자본을 줄일수 있도록 융통성을 부여해 주고 있는데 반해 북한 재정법은 줄일 수 없도록 제한하고 있다.

그러나 아직 북한의 외자기업 노동법과 재정관리법은 외자기업의 자율성을 보장하기에는 거리가 멀다.

이상에서 본바와 같이 외국인 투자기업 노동법과 재정관리법은 평시 환경이 아닌, 김정일의 추모기간에 개정되었다는 의미에 비해 볼 때 진부한 점이 적지 않다. 그러나 외자유치를 바라는 이러한 시도 만으로서도 평가할 만하다.

북한은 지난시기와 같이 법 제정에 그쳐서는 안 된다. 법제정이 외국투자유치 형식에 불과하다는 비판에서 벗어나기 위해서는 새로 개정된 법이 사문화(死文化)되지 않도록 하기 위한 적극적인 노력이 필요하다.

참고문헌

근로기준법 제46조

오동호(2009), '중국과 북한의 외국인투자기업법제에 관한 비교연구'

연합뉴스 2012년 4월 16일.

연합뉴스 2012년 1월 18일.

통일뉴스 2012년 2월 21일

정민영(1999), '중국 진출기업의 노무관리', 한국국제노동재단(중국 진출기업 노무관리 세미나 강연 원고)

중국 외자기업 재무관리규정(1992.6.24 재정부 공포) 제27조

중외 합자경영 기업법 시행세칙 제19조

중외 합자경영 기업법 제4조

최신북한법령집, 장명봉편, 2011.

제4절 북한의 경제특구 실현가능성과 한계

Ⅰ. 문제제기

김정은 정권이 출범한지 4년차다. 김정은은 집권 1개월 후인 2012년 1월 관료들에게 "비판만으로 경제관리 방법을 현실발전의 요구에 맞게 개선할 수 없으며, 허심탄회하게 경제재건책을 논의해야 한다"고 하면서 관료들과 연구자들이 다양한 경제관리방법을 모색하도록 했다. 그러면서 민생문제7 해결을 위해 중국, 러시아, 일본의 활용할만한 방식도 도입할 것을 지시했다.[92] 이는 등소평의 개혁초기 "검은 고양이든 흰 고양이든 쥐만 잡으면 된다"고 한 흑묘백표론과 유사하다고 할 수 있다.

집권하여 겨우 6개월만인 2012년 6월 '우리식의 새로운 경제관리 체계를 확립할데 대하여'라는 '6.28방침'을 통해 2002년 '7.1조치'를 뛰어넘는 북한식 개혁을 선언했다. 협동농장의 분조를 가족단위를 기본으로 4-5명으로 대폭 축소하는 한편 생산물에 대해 국가와 분조가 6:4의 비율로 국가는 수매형식으로 생산물을 가져가고 분조는 분조원에게 현물분배 하도록 했다. 일명 '포전담당책임제'를 도입했다. 우선 일부 협동농장에 시범도입하고 2014년부터 전국의 협동농장에 도입하는 파격적인 조치를 단행했다. 일부에서는 이를 두고 중국식 '가족영농제'라고 평가하기도 한다. 이와 함께 기업이 자체로 원자재를 구입하여 시장수요에 맞춘 제품을 생산하여 시장에 판매할 수 있도록 권한을 부여하는 한편 판매수입에 대해 국가와 기업이 일정비율로 분배하도록 했다. 이러한 조치는 '5.30담화'를 통해 '사회주의기업책임관리제' 도입을 선언했다. 이처럼 김정은 집권이후 표면적으로 북한이 대내경제정책의 변

92) 2012년 1월 16일 양협섭 북한 최고인민회의 상임위원회 부위원장 AP통신과의 인터뷰.

화를 꾀하고 있는 것처럼 보인다.

김정은 정권은 이러한 대내경제정책의 변화와 더불어 경제특구 정책에서의 변화도 보이고 있다. 과거 정권에서 불과 5개의 경제특구를 지정한데 반해 김정은 정권 출범이후 2015년 12월까지 20여개를 지정하였고 특히 평양, 남포, 강령 등 수도와 군사적요충지를 특구로 지정한 것은 김정은의 개혁개방에 대한 긍정적인 인식을 엿볼 수 있는 대목이다. 또한 특구정책 추진을 위해 중국과 평양 등지에서 경제개발관련 토론회와 투자설명회를 개최하고 있으며 북한이 운영하는 인터넷 홈페이지와 영자신문 등을 통해 경제개발구 청사진을 공개하는 등 적극적인 노력을 보이고 있다. 그러나 국제사회의 인식은 냉담하다. 경제특구 지정을 선포한지 2년이 넘었지만, 북한의 경제특구에 공식적으로 입주한 외국기업을 찾아보기 어렵다.

이와 관련해 일부에서는 북한의 경제특구 정책이 선언적인 것에 불과하기 때문에 실현불가능하다는 전망을 내놓고 있기도 한다.

김정은 정권 들어 대외경제정책 변화가 경제특구개발에 맞춰지고 있고 법제화도 이루어지고 있어 가시적으로 드러나는 형태에 대한 고찰보다 근본적인 문제에 초점을 맞춘 분석이 필요하다 하겠다.

본 글에서는 북한의 경제특구 정책의 실현 가능성을 경제정책 기조와 특구정책 관계를 통해, 구체적으로 경제정책 기조와 특구정책 추진행태에 대한 김정은 정권과 선대정권, 북한과 중국의 비교를 통해 설명하려고 한다.

Ⅱ. 경제정책 기조와 특구정책의 관계

일반적으로 기조는 정부나 공공단체 정책의 기본방향이다. 국가 경제건설은 정책기조에 근거한 다양한 정책을 통해서만 실현된다. 경제정책 기조는 국가 경제가 가야할 기본적인 방향만을 가리키지만 경제정책은 실질적으로 경제발전을 추동하는 수단이다. 이런 점에서 경제정책 기조는 해당 정부의 경제정책 기본방향이라 할 수 있다.

경제정책 기조는 국가의 경제발전에 영향을 주는 요인이므로 정치경제적 환경에 따라, 어떤 정권이 들어서느냐에 따라서도 달라질 수 있다. 북한과 같은 세습정권에서는 선대정권에 이은 유훈통치를 하고 있어 경제정책의 기조가 변화되기 쉽지 않다.

북한이 2002년 제시한 '7.1경제조치'도, 합법적인 시장도입 정책도 경제발전을 위한 수단의 일환이다. 경제건설 과정에서 이러한 정책들은 철두철미 북한이 견지하고 있는 경제정책 기조에 기초하고 있다. 이런 점에서 볼 때 북한의 특구정책도 경제정책 기조와 상관관계가 있음을 알 수 있다.

<그림 1> 경제정책 기조와 특구정책 관계

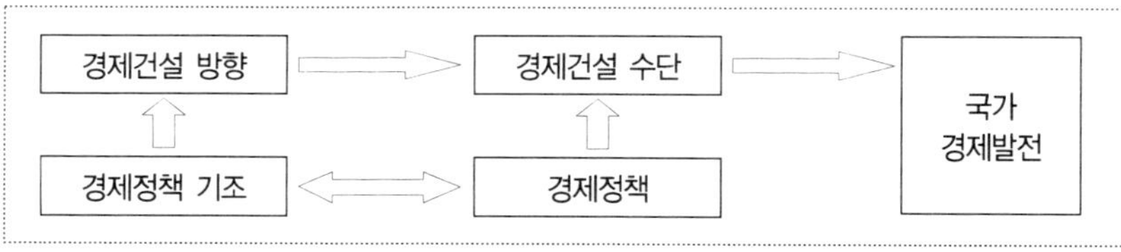

북한의 경제정책 기조는 자력갱생의 원칙에 입각한 자립적 민족경제 건설이다. 북한은 자립적 민족경제를 "자기 나라의 자원과 기술, 자기 인민의 힘에 의거하여 제 발로 걸어 나가는 경제"라고 정의하고 있다. 즉 생산에서 소비에 이르는 모든 경제활동을 자체로 해결하는 경제체제, 다시 말해 자립식 경제구조를 갖춘다는 것을 의미한다. 자립경제건설의 기본정신이 되고 있는 자력갱생에 대해서는 "혁명과 건설에서 나서는 모든 문제를 자신이 책임지고 자체의 힘으로 해결하여 나가는 입장과 정신"이라고 정의하고 있다. 경제적인 측면에서 자력갱생의 의미

는 기계, 설비, 원료, 자재와 같은 생산수단에 대한 수요를 기본적으로 자체적으로 충족시키고 기술혁명과 확대재생산의 물질적인 조건도 자체 내에서 해결한다는 것으로 요약된다. 따라서 자력갱생원칙에 입각한 자립적 민족경제 건설이란 정책기조는 외국의 선진기술이나 해외자본의 도입, 대외무역과 같은 국제협력을 제약한다.

앞서 밝힌바와 같이 경제정책 기조와 특구정책은 상관관계가 있다. 이러한 관계는 체제가 처한 환경과 당국자의 의지에 따라 다르게 나타날 수 있다. 먼저 경제정책 기조를 변화시킨데 기초하여 경제특구 정책을 실행하는 방식과 그 반대의 방식이 있다. 전자 방식을 통한 경제특구 개발은 시장경제를 지향하면서 전반적 범위에서 급진적으로 진행될 수 있고 후자방식은 시장화를 지향하면서 부분적, 점진적으로 경제특구 정책이 실행될 수 있다. 현재의 북한은 두 방식 중 어느것을 선택하고 있을까?

<표 1> 경제정책 기조와 특구정책의 선후차에 따른 특구개발 양상

구분	선 경제정책 기조변화, 후 경제특구 정책 실행	선 경제특구 정책 실행, 후 경제정책 기조변화
변화속도	급진적	점진적
변화영역	전반적	부분적
변화방향	시장경제 지향	시장화 지향

Ⅲ. 북한의 경제정책 기조와 경제특구 정책

전술한 것처럼 북한의 경제정책 기조는 기본적으로 내부자원에 의한 경제를 건설하는 것이다. 따라서 북한 3대정권(김일성·김정일·김정은)의 내부자원, 즉 경제부문에 대한 투자관련 경제정책 기조와 이의 보충적 수단들을 기본으로 살펴보려고 한다.

1. 경제정책 기조

1) 김일성정권의 경제정책 기조

북한은 1953년 8월 노동당 중앙위원회 제6차 전원회의에서 자립경제를 전면적으로 구현하기 위한 전략으로 중공업 우선의 경제성장 전략을 채택하였다.

"우리는 전후 경제건설에서 중공업의 선차적 복구발전을 보장하면서 경공업과 농업을 동시에 발전시키는 방향으로 나아가야 할 것입니다. 그래야 우리 나라의 경제토대를 튼튼히 할 수 있고 인민생활을 빨리 개선할 수 있습니다."(「김일성선집」, 제16권, 24페이지)

즉 자립적 공업체계의 구축을 위해서는 중공업의 선차적 발전이 있어야 한다고 보고 자본을 중공업 부문에 우선적으로 투입하도록 하였다. 이 전략으로 인해 북한의 산업구조는 중공업 편중 구조로 재편되고 심각한 산업간 불균형이 초래되었다.

1960년대 초 중소분쟁과 쿠바위기가 발생하자 북한은 노동당 중앙위원회 제4기 제5차 전원회의에서 경제와 국방을 병진시킬데 대한 노선을 제시했다. 이 노선은 국방공업의 지중을 경제부문 정도로 높여 경제발전과 국방력의 강화를 동시에 병행 추진하는 전략이다. 이로 인해 중공업부문은 군수산업의 계열산업으로 발전하였으며 북한의 산업은 군산복합형 형태를 띠게 되었다. 그리고 1960년대 초반까지 GNP의 10% 정도에 불과했던 국방비 지출은 이후 27~30% 비중을 차지하게 됨으로서 북한 경제 침체의 주요 장애요인으로 되었다.

북한은 자립경제에 기초한 경제국방병진 전략이 한계에 직면하게 되면서 1984년 외부자원을 활용한 경제정책을 실시하기에 이른다. 그해 9월 합영법 제정을 통해 북한 역사상 처음으로 서방의 자본과 기술도입에 대해 규정하였다. 정권수립 이후 소련을 비롯한 공산국가들과의 교류외에 자력갱생 원칙에서 폐쇄경제를 유지하던 북한이 서방자본의 도입을 천명한 것은 대내의 경제적 환경도 일부 영향을 미쳤다고 할 수 있다. 당시 중국은 서방자본과 기술도입에 의해 외화수입을 올리고 있는 반면 북한은 석유파동에 의한 수출품 국제가격 하락으로 외화수입 감소, 여기에 국방공업에 대한 과도한 투자 등으로 경제적 어려움에 봉착하게 되었던 것이다.

1990년대 초에는 나진시와 선봉군에 경제특구를 지정하고 외국자본을 유치하는 특구정책을 내놓았다. 이처럼 김일성정권의 경제정책 기조는 자력갱생에 기반한 경제국방병진 노선과 이를 보조하는 외국자본에 의한 경제특구의 도입이다.

2) 김정일정권의 경제정책 기조

1994년 김일성이 사망하고 김정일정권이 시작되었으나, 북한의 경제정책 기조는 변함이 없었다. 1996년 11월 18일 노동신문은 논설을 통해 "자립적 민족경제는 그 어떤 환경속에서도 사회주의 경제건설을 다그치고 인민생활을 향상시켜 나갈 수 있게 하는 고귀한 밑천"이라고 지적하면서 '자력갱생 간고분투의 혁명정신'을 발휘할 것을 촉구했다. 1998년 9월 17일 노동신문과 근로자는 공동논설을 발표하고 '자립적 민족경제건설 노선을 끝까지 견지하자'고 강조했다. 이후에도 북한은 자력갱생의 경제정책 기조를 지속적으로 강조하였다.

이러한 자력갱생의 원칙에 입각하여 군사를 중시하는 경제정책, 즉 국방공업에 선 투자하는 경제정책 노선을 추구했다. 2002년 9월 김정일은 "군사를 중시하고 국방공업에 계속 큰 힘을 넣어야 합니다. 군사는 국사중의 제일국사이며 국방공업은 부강조국 건설의 생명선입니다."[93]라고 하면서 국방공업의 중요성을 부각시켰다. 그리고 2003년 2월 북한은 노동당 중앙위원회와 국방위원회 공동결정서 "국방공업을

93) 조선노동당출판사, "김정일선집", 제14권, 평양: 조선노동당출판사, p. 457.

우선적으로 발전시킬데 대한 당의 노선을 철저히 관철할데 대하여"를 발표했다. 이 결정서는 경제의 모든 부문에서 국방공업에 필요한 노력과 설비, 원료, 자재, 전력을 최우선 보장해야 한다고 지적했다. 북한의 단행본 '당이 제시한 선군시대의 경제건설노선을 철저히 관철하자'는 "우리당은 선군시대의 요구를 반영하여 국방공업을 우선적으로 발전시키면서 경공업과 농업을 동시에 발전시킬데 대한 경제건설노선을 제시하였습니다."라는 김정일의 발언을 언급하면서 국방공업 우선의 경제건설노선을 분명히 밝혔다.[94]

이처럼 김정일정권 들어 북한의 자립경제는 국방공업에 편중될 수밖에 없었다. 북한은 이러한 경제구조에서 자립경제의 근간을 흔들지 않으면서 경제발전을 위한 방법으로 경제특구를 활용했다. 자립경제를 보충하기 위한 수단으로 2002년 개성공업지구법과 금강산관광지구법, 신의주특별행정구법, 2011년 황금평·위화도 경제지대법 등 외부자원을 활용한 경제특구 정책을 제시했다. 결국 김정일정권의 경제정책 기조는 자력갱생에 기반한 국방공업 우선 경제정책이며 다양한 형태의 경제특구 정책은 이를 보충하기 위한 수단으로 제시되었다고 볼 수 있다.

3) 김정은정권의 경제정책 기조

김정은정권의 경제정책 기조도 자력갱생에 기반한 자립경제이다. 김정은은 2014년 2월 25일 노동당 제8차 '사상일군대회'에서 육성연설을 통해 "우리식 사회주의의 전 역사를 쥐여짜면(한마디로 요약하면) 자력갱생이라고도 말할 수 있다"며 자립경제의 지속성과 정당성을 역설했다. 2014년 3월 26일자 노동신문은 '정론'에서 자력갱생 정신'은 "조선혁명의 영원한 생명선"이라며 "의존심에 종지부를 찍어야 한다"라고 강조했다.

94) 조선노동당출판사, "우리당의 선군시대 경제사상해설", 평양: 조선노동당출판사, 2005, p. 21.

북한은 2013년 3월 노동당 중앙위원회 전원회의를 통해 조성된 정세와 혁명발전의 요구에 맞게 경제건설과 핵무력건설을 병진시킬데 대한 새로운 경제건설 노선을 제시했다. 북한은 이러한 경제노선이 자위적 핵무력을 강화발전시켜 나라의 방위력을 확고히 하면서 경제건설에 역량을 집중하여 사회주의 강성국가를 건설하기 위한 가장 혁명적이며 인민적인 노선이라고 주장했다. 그러면서 동 노선은 국방비를 추가적으로 늘리지 않고도 전쟁억제력과 방위력의 효과를 높여 경제건설과 주민생활 향상에 집중할 수 있다고 강조하였다.

김정은정권이 내놓은 자력갱생에 기초한 경제·핵무력건설 병진노선 역시 선대정권과 마찬가지로 내부자원을 핵무력 건설, 즉 국방공업에 치중하는 정책이다. 북한은 이러한 정책의 한계를 극복하기 위한 대안으로 2013년 3월 동 전원회의에서 대외무역의 다원화와 다각화, 관광 활성화를 위한 관광지구, 도(道)의 실정에 맞는 경제개발구 설치 등 외부자원의 활용을 결정하였다. 2개월 후인 5월에는 경제개발구법 제정을 통해 외부자원 활용의 범위를 넓혀 놓았다.

이처럼 김정은정권의 경제정책 기조는 자력갱생에 기반한 경제·핵무력건설 노선이며 자립경제의 보충적 수단은 대외자원을 활용한 전국의 경제개발구이다.

4) 소결: 경제정책 기조 변화

북한의 경제정책 기조는 항일의 혁명정신, 즉 자력갱생에 기반한 자립적 민족경제건설이다. 북한이 추구하는 자력갱생에 의한 경제건설에는 변화가 없지만 외부자원을 통해 자립경제를 보충하는 정책적 측면에서는 어느 정도 변화를 보여주고 있다.

김일성정권은 합영법을 통해 외국자본과 기술도입을 시도했다. 이시기는 1980년대에 나온 인민경제의 주체화에서 알 수 있듯이 자립적 민족경제의 강화였다. 김정일정권에서는 나선자유무역지대나 개성공업지구처럼 특정지역을 선정하고 외국자본과 기술을 도입하는 정책을 실시하였다. 김정일정권은 자립적 민족경제의 근본적 틀을 유지하면서 외부자원의 활용에 관심을 두었다. 김정은정권 들어 중앙과 지방, 전반지역에 외국자본과 기술도입을 추진하는 등 선대지도자들과는 다른 모습을 보이고 있다. 그러나 근본적인 개방을 거부하고 있어 자립적 민족경제의 현실적용에 머물러 있다고 할 수 있다. 또한 내부자원 활용에서 우선순위(국방우선)에서는 변화가 없지만, 외부자원의 활용이 확대되고 있음을 알 수 있다.

2. 경제특구 정책

1) 김정일정권의 경제특구 정책

김일성이 1991년 나선특구 설립을 추진한데에는 1980년대 말 ~ 1990년대 초 사회주의 시장의 붕괴, 경제개발에 필요한 외화확보의 필요성, 유엔개발계획(UNDP)의 두만강지역개발프로그램 참여를 통한 경제회생 등이 영향을 주었다고 볼 수 있다.

김정일은 1994년 권력을 잡고 1998년 특수경제지대에서의 기업창설에 대한 헌법개정에 이어 2002년 8월 신의주특별행정구, 10월 금강산관광지구, 11월 개성공업지구 등 3개의 경제특구를 발표했다. 김정일이 2002년 한해에 무려 3개의 경제특구를 발표한 것은 과거 10년 동안의 경제의 파괴, 마이너스 성장, 가용자본의 부족, 외자유치의 실패 등 경제적 어려움에 봉착한 것과 관련된다. 당시 과거와 같은 임가공 방식의 대외경제협력으로서는 경제회복이 어려웠고 전력 등 인프라부족으로 외국기업의 투자도 한계에 도달했다. 이런 한계를 극복하기 위해 일정한 지역을 특구로 지정하고 특구내에서 전력문제 등을 해결하면서 외화를 확보할 수 있는 유일한 방법이 모기장식 경제특구 방식이라고 판단 한 것으로 풀이된다. 체제에 영향을 주지 않으면서 노동력만 제공한다면 그리 어렵지 않게 외화를 얻을 수 있다고 판단하여 남북 접경인 개성과 금강산, 북중 접경인 신의주를 특구지역으로 선정하였다고 보아진다. 이처럼 김정일의 경제특구 정책은 국가경제개발보다 외화확보를 목적으로 추진되었다고 볼 수 있다.

2002년 입법권, 행정권, 사법권을 부여한 신의주특별행정구를 설치하려고 하였지만, 초대 행정장관으로 임명된 양빈이 중국 당국에 체포되면서 신의주특구정책은 무산되기에 이른다. 이로부터 김정일의 북중 접경지역에서 경제특구를 통한 외화확보에는 큰 차질이 발생하게된다. 8년후인 2010년 김정일은 황금평·위화도경제지대 추진을 발표했는데, 이 역시 중국 자본과 기술, 북한의 저임금을 이용한 외화확보를 목적으로 하고 있다.

이처럼 김정일은 권력을 승계한 1994년부터 사망한 2011년까지 약 17년 통치기간동안 외화획득을 목적으로 한 신의주, 개성, 금강산, 황금평·위화도와 과거부터 추진 중인 나선특구 개발에만 국한하였다.

한편 북한의 특구별 주요정책은 다음과 같다. 북한은 1991년 12월 정무원 결정 74호에 의해 나진과 선봉의 일부 지역을 자유경제무역지대로 선포하고 1993년 1월 최고인민회의 상설회의 결정으로 「자유경제무역지대법」을 제정하였다. 당시 북한은 나선특구를 △동북아의 국제적인 화물중계지, △수출가공기지, △관광·금융기지의 기능을 가진 중계형 수출가공기지로 발전시킬 것을 구상하였다. 이후 북한은 나선특구의 성공적 개발을 위해 3차례(1999.2, 2010.1, 2011.2)에 걸쳐 관련법률을 지속적으로 정비했다.

<표 2> 나선경제특구 주요정책

구 분		주요내용
설립목적		- 국제적인 중계수송, 무역 및 투자, 금융, 관광 봉사지역으로 개발 - 첨단기술산업, 국제물류업, 장비제조업, 1차가공업, 경공업, 서비스업, 현대농업 관련 산업구 건설
개발원칙		①생산요소의 부교우위 보장 ②토지 및 자원의 절약과 합리적 이용 ③생태환경 보호 ④생산과 봉사에서 국제경쟁력 제고 ⑤경제활동 편의 및 사회공공이익 보장 ⑥지속가능한 규형발전 보장
관리원칙		①법준수 ②관리위원회와 투자기업의 독자성 보장 ③무역과 투자 특혜제공 ④시장원리 준수 ⑤국제관례참고
관리권한		- 중앙특수경제지대기관, 시인민위원회
투자대상		- 외국 법인, 개인, 경제조직과 해외동포
기업활동관련혜택	기업경영 보장	- 투자기업의 자유로운 경영활동 보장 - 회사, 지사, 사무소 설립
	기업활동 우대정책	- 토지, 노동력, 세수 등 특혜보장 - 인프라건설, 첨단기술, 국제경쟁력을 갖춘 제품생산 투자에 혜택 ·토지 위치선택 우선권 부여, 일정기간 토지사용료 면제 - 개발기업의 재산, 인프라시설, 공공시설운영 세금 면제
	세금 감면	- 기업소득세율 결산이윤의 14%, 장려부문 결산이윤의 10% - 10년 이상 일부 기업의 기업소득세는 면제 혹은 감면 - 이윤을 재투자, 신규기업 설립하여 5년이상 운영한 기업은 재투자 부분 기업소득세 50% 감면
	관세	① 경제무역지대 개발자재 ②생산용수입 및 기업생산 수출품 ③위탁가공·중계·보상무역관련 물자 등에 비관세 혜택을 줌
	토지 이용	- 임대기간은 50년 - 토지이용권과 건물소유권을 매매, 교환, 증여, 양도, 임대, 저당 가능
	노동력	- 북한 노동력 및 외국인 노동력 채용 가능
기타혜택		- 우편, 전화, 팩스 등 통신에 대한 자유로운 이용 가능 - 합법적인 이윤과 이자, 기타 소득의 자유로운 송금

북한은 2002년 11월 최고인민회의 상임위원회 정령으로「개성공업지구법」을 제정하였으며 2003년 수정·보충하였다. 개성공업지구는 무관세 수출가공 성격의 공업·무역형 경제특구를 지향하고 중장기적으로 첨단산업과 금융업, 상업 및 관광산업과 국제적 도시 서비스 기능을 포함하는 종합형 경제특구로 개발하는 것을 설립목적으로 하고 있다. 여

타 특구와 달리 남한을 주요 협력대상으로 하고 있고 세금, 토지이용 등에서는 여타 특구와 마찬가지로 특혜가 보장되고 있다. 기업소득세는 결산이윤의 14%, 하부구조(인프라)건설부문, 경공업부문, 첨단과학기술 부문의 경우 10%를 적용하였다.

<표 3> 개성공업지구 주요정책

구 분		주요내용
설립목적		- 국제적인 공업, 무역, 상업, 금융, 관광지역으로 개발 - 공장구역, 상업구역, 생활구역, 관광구역으로 구분하여 건설
개발원칙		①공업지구개발총계획에 근거 ②단계적 개발 ③개발업자가 토지를 임대하여 인프라를 건설하고 투자 유치
관리권한		- 중앙공업지도기관
투자대상		- 남한 및 해외 동포, 외국법인, 개인, 경제조직
기업 활동 관련 혜택	기업경영 보장	- 투자기업의 자유로운 경영활동 보장 - 회사, 지사, 영업소, 사무소 설립
	기업활동 우대정책	- 토지이용, 노동력채용, 세금납부 등 특혜보장(나선과 동일) - 인프라건설, 첨단기술, 경공업부문 장려 하며 우대 ·토지이용에서 유리한 조건, 세금 감면
	세금 감면	- 기업소득세율 결산이윤의 14%, 장려부문 결산이윤의 10% - 장려 및 생산부문 15년이상 운영기업은 이윤 창출연도부터 5년간 면제, 이후 3년은 50% 감면 - 봉사부문에 재투자 하여 10년 이상 운영 기업 이윤 창출연도부터 2년간 면제, 이후 1년은 50% 감면 - 이윤을 재투자하여 3년이상 운영한 기업은 재투자분의 기업소득세 70%를 다음연도 세금에서 감면
	관세혜택	- 비관세 혜택: ①특구내 반입 반출 물자 ②외국반출 및 북한 위탁가공 물자
	토지 이용	- 임대기간은 50년(나선과 동일) - 개발업자는 토지이용권과 건물소유권을 양도, 임대 가능
	노동력	- 북한 노동력, 남한 및 외국인 노동력 채용 가능
기타혜택		- 우편, 전화, 팩스 등 통신에 대한 자유로운 이용 가능(나선과 동일) - 합법적인 이윤과 기타 소득의 자유로운 송금(나선과 동일) - 외화의 자유로운 반출입 가능

북한은 2002년 11월에 「금강산관광지구법」을 제정하여 2003년 4월에 수정·보충하였다. 금강산관광특구는 중앙관광지도기관의 지도에 의해 개성공업지구와 마찬가지로 개발업자가 국제적인 관광지역으로 개

발하는 것을 목적으로 하고 있다. 금강산관광특구는 명승지유람구역, 생활 및 봉사구역, 공장구역으로 구분하여 자연생태환경을 보존하는 원칙에서 개발하도록 하였다.

개발업자는 개발권과 관광 사업권의 일부를 다른 투자자에게 양도 혹은 위탁할 수 있으며, 토지이용권과 건물소유권을 등록한 기업은 그 전부 또는 일부를 양도, 임대, 저당할 수 있다. 투자업종으로는 여행업, 숙박업, 오락 및 편의시설 등 관광부문과 관련 인프라가 있다. 모든 물자는 자유롭게 반출입할 수 있다. 필요한 노동력은 노동력알선기업이 하며 남한 및 해외동포, 외국인을 채용할 수 있다. 노동보수에는 노임, 가급금, 장려금, 상금이 있으며 종업원의 월 최저노임은 50달러, 전년도 월 최저노임의 5%를 초과할 수 없도록 했다. 사회보험료는 월노임 총액의 15%이다. 2009년부터 금강산 관광사업이 중단되면서 북한은 금강산관광지구를 국제관광특구로 개발하는 정책을 제시했다. 이로부터 2011년 5월 「금강산 국제관광특구법」이 다시 제정되었다.

2011년 12월에는 최고인민회의 상임위원회 정령으로 「황금평·위화도 경제지대법」을 제정하였다. 황금평·위화도 경제지대는 정보산업, 경공업, 농업, 상업, 관광업을 위주로 개발하도록 되어있다. 기업소득세와 토지이용에서 특혜를 주고 있는데 10년 이상 운영하는 일부 기업에 대해서는 기업소득세를 면제해주거나 감면하여 주도록 했다. 인프라와 공공시설, 특별장려 부문에 투자하는 기업은 토지위치 선택의 우선권을 부여하였으며 일정기간 동안 토지사용료를 면제하여 주도록 하였다. 또한 이윤을 재투자 할 경우에는 재투자분에 해당한 기업소득세액의 전부를 반환해주도록 했다. 관광업, 호텔업과 같은 대상은 경영권 취득에서 우선권을 가지며 개발기업의 재산과 인프라, 공공시설운영에는 세금을 부과하지 않도록 규정했다. 경제지대에서 기업은 유효기간 안에 토지이용권과 건물소유권을 매매, 교환, 증여, 양도, 임대, 저당할 수 있도록 하였으며 북한 노동력을 우선적으로 채용하도록 하였다.

2) 김정은정권의 경제특구 정책

가. 추진배경

김정은 집권 이후 경제특구관련 정책은 2013년 3월에 열린 노동당 중앙위원회 전원회의에서 대외무역의 다원화와 다양화를 통한 투자활성화와 도(道)별 특성에 맞는 경제개발구를 설립하고 원산과 칠보산을 관광지구로 개발하도록 결정하면서 처음으로 제시되었다. 중앙기관이 관장하던 특구를 각 도에서 책임지고 개발하도록 하였고 기타 중앙급 특구로 원산과 칠보산을 지목하기도 했다. 2013년 5월 29일에는 최고인민회의 상임위원회 정령으로 경제특구관련법률인 「경제개발구법」을 제정하였다. 김정은이 집권한지 2년도 채 되지 않은 시점에서 서둘러 경제개발구법을 제정한 것은 2010년 북한이 처음으로 발표한 '경제개발 10개년 전략계획'을 정책적으로 뒷받침하기 위해서다. 북한은 1987년 3차 7개년 인민경제발전계획을 제시한지 25년만에 '경제개발10개년 전략계획'(2010~2020년, 산업개발은행 설립에 100억달러, 산업개발에 545억 달러, 인프라와 에너지 부분에 355억 달러 투자)을 발표했다. 이 전략계획은 과거 '경제발전 계획'이 아닌 '경제개발 계획'으로 제시되었으며 인프라 건설과 지역개발을 핵심으로 하는 국가경제개발이 전략적 목표로 세워졌다.

2013년 4월에 개최된 최고인민회의 제12기 7차 회의에서는 합영·합작을 통한 경제개발구 설립에 대해 논의되었다. 김정은은 집권초기부터 지식기반 경제를 만드는데 집중하면서 중국을 포함한 다른 나라들의 경제개혁 사례들을 검토하도록 하는 등 대외개방을 위한 준비를 해왔다고 볼 수 있다. 북한은 이러한 경제개발을 실질적으로 뒷받침하기 위해서는 법제도적 장치가 필요하다고 판단, 경제개발구법 제정을 통해 특구정책을 제시했다. 2014년에는 경제개발구 개발규정·환경보호규정을, 2015년 7월에는 경제개발구 부동산규정과 보험규정을 신규 제

정했다.[95)]

이와 함께 과거 경제특구 정책들을 지속적으로 보완 정비하고 있는데, 2013년에는 나선경제무역지대 인민보안단속규정·도로교통규정·외국투자기업노동규정·개발규정·기업창설 운영규정·관리위원회 운영규정과 경제개발구 창설규정·관리기관 운영규정·기업창설 운영규정·노동규정 등을 신규 제정하였다. 또한 2014년 금강산과 원산을 묶어 원산금강산국제관광지대를 개발[96)]하도록 하였으며 2015년 신년사에서는 원산금강산국제관광지대와 경제개발구 개발 사업을 적극 추진하도록 강조하기도 했다.

나. 주요내용

김정은정권의 경제특구 정책은 경제개발구와 관련된 법률과 시행규정 등으로 설명할 수 있다. 경제개발구법은 경제개발구에 대한 명확한 개념을 정리하고 선택과 집중을 통해 경제개발의 단기적인 성과를 목적으로 하고 있다. 경제개발구를 '국가가 특별히 정한 법규에 따라 경제활동에 특혜가 보장되는 특수경제지대'로 정의하고 경제개발구를 공업, 농업, 관광, 수출가공, 첨단기술 등 부문별로, 지방급과 중앙급 등 관리주체에 따라 구분하였다. 경제개발구를 설립하고 지도 관리하는 기관과 조직체계, 이의 역할에 대해서도 구체적으로 명시하고 있다.

또한 어떤 대상들이 투자할 수 있고 어떤 특혜가 있는지에 대해서도, 경제개발에서의 기업설립에서부터 등록, 노동력 채용, 소득세, 유통화폐 등 경제개발구에서의 기업활동에 대해서도 구체적으로 밝히고 있다. 다른 나라의 법인, 개인, 경제조직, 해외동포가 투자할 수 있고 북한의 기관, 기업소, 단체도 개발에 참여할 수 있도록 했다. 경제개발구 설립

95) 조선중앙통신 2015년 7월 22일.

96) 최고인민회의 상임위원회 정령으로 강원도 원산금강산지구에 조선민주주의인민공화국 원산금강산국제관광지대를 내오기로 결정했다. 『연합뉴스』, 2014년 6월 12일.

근거, 지역설정 원칙 등도 제시했는데 이는 여타 특수경제지대법과 다소 차이가 있다. 경제개발구 설립이 외화확보를 위한 목적도 있지만, 전반 경제를 발전시키고 주민생활을 향상시키기 위한데 목적을 두었다는 것과 국가경제개발계획 수행을 뒷받침할 수 있도록 하였다는 점은 긍정적으로 평가할만한 대목이다.

<표 4> 경제개발구 관련 주요정책

구 분		주요내용
설립목적		- 국가경제발전에 기여 - 국가개발총계획과 지역국토건설총계획에 따라 국가개발을 하기 위함
지역선정 원칙		①국가경제발전전략에 부합 ②대외경제협력과 교류에 유리 ③국가경제 및 과학기술발전에 기여 ④주민지역과 일정거리 확보 ⑤국가지정 보호구역 훼손 금지
개발원칙		①단계적 개발 ②외자유치 다원화 ③자연생태환경 보호 ④토지와 자원 합리적 이용 ⑤생산, 서비스 국제경쟁력 제고 ⑥경영활동 편익보장 및 사회공공이익 보장 ⑦지속가능한 균형발전
관리권한 및 개발구 유형		- 중앙특수경제지도기관 및 지방(도(道)인민위원회 - 분야별로 공업개발구, 농업개발구, 관광개발구, 수출가공구, 첨단기술개발구, 관리소속에 따라 지방급경제개발구, 중앙급경제개발구
투자대상		- 외국법인·개인·경제조직, 해외동포
기업활동 관련 혜택	기업경영 보장	- 투자기업의 자유로운 경영활동 보장 - 경영활동에서 특혜보장 - 회사, 지사, 사무소 자유롭게 설립
	기업활동 우대정책	- 토지이용, 노동력채용, 세금납부 등 특혜보장(나선과 동일) - 인프라건설, 첨단기술, 국제경쟁력 갖춘 생산 부문 투자 장려 및 우대·토지위치 선택 우선권 부여, 토지사용료 일정기간 면제
	세금 감면	- 기업소득세율 결산이윤의 14%, 장려부문 결산이윤의 10% - 10년이상 운영기업은 기업소득세 감면 혹은 면제 - 기업에 재투자 혹은 기업을 신설하여 5년이상 운영할 경우 재투자분의 소득세 전부 환급
	관세혜택	- 비관세 혜택: ①건설용 물자 ②가공·중계·보상무역 물자 ③생산 혹은 경영용 물자, 수출물자, 투자가 생활용품
	토지 이용	- 임대기간은 50년(나선과 동일) - 토지이용권과 건물소유권 매매, 재임대, 증여, 상속, 저당가능
	노동력	- 북한 노동력, 외국인 노동력
기타혜택		- 합법적인 이윤과 기타 소득의 자유로운 송금(나선과 동일) - 외화의 자유로운 반출입 가능 - 유가증권 거래가능

북한은 경제개발구법을 제정한데 이어 그해 10월에는 평양 양각도 국제호텔에서 '특수경제지대개발 평양국제토론회'를 개최하였으며 비공개로 열린 경제부문 책임일꾼 회의에서 김정은 경제발전을 위해 자본주의 침투를 두려워하지 말고 대담하게 대도시들과 국경을 개발할데 대해 강조했다. 또한 국가경제개발총국을 국가경제개발위원회로 승격했으며 북한 사상 첫 민간단체인 경제개발협회도 신설했다. 2013년 11월에는 최고인민회의 상임위원회 정령으로 13개의 경제개발구와 신의주특수경제지대를 선포하였다. 2014년 6월에는 최고인민회의 상임위원회 정령으로 무역성에 합영투자위원회, 국가경제개발위원회를 통합하여 대외경제성을 신설하였다. 2014년 7월에 6개의 경제개발구를 추가지정 하였으며 신의주특수경제지대를 신의주국제경제지대로 명칭을 변경하였다. 2015년 4월에는 무봉국제관광특구를, 8월에는 경원경제개발구를 추가로 또 지정하였다. 이에 따라 북한에 운영 혹은 추진중인 경제특구는 28개정도에 이른다.

<표 5> 북한에 운영 혹은 추진 중인 경제특구

번호	도명	시(군)	개발구명	주요 개발사업	비고
1	평양시	은정구역(위성동, 과학 1~2동, 배산동, 을밀동)	은정첨단 기술개발구(추가)	2014.07	중앙급
2	평안북도	신의주 (룡운리, 어적리)	압록강경제개발구	현대농업, 관광, 무역	지방급
3			신의주 국제경제지대		중앙급
4		삭주군 (청성노동자구, 방산리)	청수관광개발구 (추가)	2014.07	지방급
5	평안 남도	청남구 (룡북리)	청남공업개발구 (추가)	2014.07	지방급
6		숙천군 (운정리)	숙천농업개발구 (추가)	2014.07	
7	자강도	만포시 (미타리, 포상리)	만포경제개발구	현대농업, 관광, 무역	지방급

번호	도명	시(군)	개발구명	주요 개발사업	비고
8		위원군 (덕암리, 고성리)	위원공업개발구	광물자원 가공, 목재가공, 기계설비제작업, 농토산물가공, 잠업 및 담수양어과학연구기지	지방급
9	황해북도	신평군(평화리)	신평관광개발구	관광	지방급
10		송림시(서송리)	송림수출가공구	수출가공, 창고보관(유통), 화물운송업	지방급
11	황해남도	강령군(읍)	강령국제녹색시범구(추가)	2014.07	중앙급
12	강원도	원산시(현동리)	현동공업개발구	정보산업, 경공업, 관광기념품산업	지방급
13	양강도	혜산시(신장리)	혜산경제개발구	수출가공, 현대농업, 관광, 무역	지방급
14		삼지연군 (무봉노동자구)	무봉국제관광특구 (추가)	2015.4.22	중앙급
15	함경남도	함흥시 (해안구역 덕풍동)	흥남공업개발구	보세가공, 화학제품, 건재, 기계설비제작	지방급
16		북청군 (문동리,부동리,종산리)	북청농업개발구	과수, 과일가공, 축산	지방급
17	함경북도	청진시 (송평구역 월포리, 남석리,수성동)	청진경제개발구	금속가공, 기계제작, 건재생산, 전자제품, 경공업제품 생산 및 수출가공업	지방급
18		어랑군(룡전리)	어랑농업개발구	농축산, 채종·육종 농업과학연구개발	지방급
19		온성군(읍)	온성섬관광개발구	골프, 수영, 경마, 민족음식 등 봉사시설을 갖춘 관광	지방급
20		경원군(류다섬리)	경원경제개발구 (추가)	2015.10.8	지방급
21	남포시	와우도구역(령남리)	와우도수출가공구	수출지향 가공조립업(임가공)	지방급
22		와우도구역 (진도동, 화도리)	진도수출가공구 (추가)	2014.07	지방급
23	운영중	개성공업지구			중앙급
24		원산-금강산국제관광지대			중앙급

번호	도명	시(군)	개발구명	주요 개발사업	비고
25		황금평-위화도경제지대			중앙급
26		라선경제무역지대			중앙급
27	미정	칠보산관광지구(함경북도 명천군)			중앙급
28		개성고도기술개발구(개성시)			중앙급

<그림 1> 북한이 추진중인 경제개발구

자료: 북한 보도 자료를 종합하여 저자 작성

다. 소결 : 김정은 정권의 경제특구 정책 특징

가) 국토개발과 전국의 특구화

김정일정권의 특구정책은 특구개발에 있어 국가의 경제발전계획을 언급한 적이 없다. 나선경제무역지대 개발은 '승인된 개발계획'(11조), 금강산관광지구개발은 관광개발총계획(9조:구법, 25조: 신법), 황금평·위화도개발은 승인된 개발계획(12조), 개성지구개발은 승인된 개발총계획(14조)에 준해서 하는 등 모두 그 지역개발에만 초점이 맞추어져 있다.

그러나 경제개발구법 제10조는 "경제개발구의 창설은 국가의 경제발전 전략에 따라 한다."고, 제22조는 "경제개발구의 개발총계획과 세부계획은 지역국토건설총계획에 기초하여 해당 기관, 또는 개발기업이 작성한다."라고 규정하고 있다. 이처럼 경제개발구는 국가의 경제발전 전략과 각도, 시(군)의 국토건설총계획에 기초하여 개발하도록 하고 있다.

김정은정권의 경제특구 정책은 특정지역개발과 외화획득을 목적으로 한 과거 정권과 달리 국가의 경제발전 전략에 근거한 지역의 국토개발과 외화획득을 목적으로 하고 있다고 볼 수 있다.

또한 경제특구 지역선정에서 분명한 차이가 있다. 김정일정권은 개성, 나선, 신의주, 황금평·위화도, 금강산과 같이 특정지역을 대상으로 한 경제정책을 추구하면서 주변 지역과 철저하게 단절시켰다. 김정은정권의 경제특구는 기존의 특정지역을 뛰어넘어 북한 전역을 대상으로 하고 있다. 즉 '점'개방에서 '선'개방으로 선회하고 있다고 볼 수 있다. 경제개발구법 제2조는 "경제개발구에는 공업개발구, 농업개발구, 관광개발구, 수출가공구, 첨단기술개발구와 같은 경제 및 과학기술분야의 개발구들이 속한다."고 규정하고 있는데 이는 특정지역만을 대상으로 하고 있지 않음을 보여주고 있다. 또한 북한이 지정한 중앙 및 지방급 경제개발구를 통해 알 수 있다. 특히 김정일정권에서는 수도 평양과 군사요충지역에 특구설치를 제외하였으나, 김정은은 평양과 남포, 강령에도 경제개발구를 지정하였다. 남포에는 서해해군사령부와 함선생산기지인 남포조선소가, 황해남도 강령군은 연평도와 마주한 최전연 지역으로 해군기지와 해안포 부대가 있으며 경제개발구와 불과 수km 떨어진 사곶에는 해군 8전대가 주둔하고 있다. 이처럼 김정은정권의 경제특구 정책은 전국의 특구화이면서도 군사적 지형변화도 고려한 특구정책이라 감히 평가할 수 있다.

나) 특구개발 참여대상

과거 경제특구에는 북한의 기관, 기업소, 단체는 참여할 수 없다. 개성공업지구법 제6조는 "기관, 기업소, 단체는 공업지구의 사업에 관여할 수 없다. 필요에 따라 공업지구의 사업에 관여하려 할 경우에는 중앙공업지도기관과 합의하여야 한다."고 규정하고 있어 북한 기업의 참여는 사실상 불가능하다. 그러나 경제개발구법 제20조는 "우리나라의 기관, 기업소도 승인을 받아 경제개발구를 개발할 수 있다."고 규정하고 있어 경제개발구에서는 외국기업과 북한기업이 함께 기업활동을 할 수 있다.

다) 중앙과 지방의 관리권한 분권화

김정은정권 이전의 경제특구는 중앙기관이 독점관리 하였으나, 김정은식 경제특구는 관리권한을 지방정부로까지 확대하였다. 경제개발구법 제3조는 "국가는 경제개발구를 관리소속에 따라 지방급경제개발구와 중앙급경제개발구로 구분하여 관리하도록 한다."고 규정하고 있는데 이는 전국의 경제특구화, 특구개발의 분권화를 보여주고 있다.

라) 신변안전보장 문제

김정은정권의 특구경제정책에서는 김정일정권에서 한번도 언급한적 없는 외국인의 신변안전 보장에 대해 밝히고 있다. 여타 경제특구법에서는 "경제지대에서 공민의 신변안전과 인권은 법에 따라 보호된다."고 규정하고 있는것처럼 자국 공민의 신변안전에 대해 규정하고 있다. 그러나 경제개발구법에서는 "경제개발구에서 개인의 신변안전은 공화국의 법에 따라 보호된다."(제8조)고 밝히고 있는데 여기서 개인은 외국인과 내국인 모두를 포함하고 있는 것으로 보인다. 이는 금강산피격사건으로 인해 금강산관광이 중단되면서 우리정부와 국민들의 북한 지역에서의 신변안전 보장을 강하게 요구하고 있는 것을 어느정도 반영한 것으로 풀이된다.

Ⅳ. 중국의 경제정책 기조와 특구정책

1. 경제정책 기조

중국은 1976년 모택동이 사망하고 등소평 신지도부가 등장하면서 개혁·개방을 추진하기로 하였다. 모택동이 주창한 폐쇄적인 경제발전 모델이 변화하는 대내외 경제 환경에 부합되지 않는다는 자각에서 1978년 12월 개최된 중국 공산당 제11기 3중 전회를 통해 이데올로기 우선 정책 노선을 실용주의로 전환하고 근대화를 위한 '경제건설 우선 정책'을 채택하였다.

이에 경제발전을 위해서는 실사구시(實事求是)적 논리로 접근하여 자본주의든 공산주의든 상관없이 중국 인민을 잘 살게 하면 그것이 제일이라는 흑묘백묘(黑猫白猫)론을 주창하기에 이른다.

'경제건설 우선 정책'은 농업·공업·군·화학의 '4대 근대화'의 실현을 국가의 최대 목표로 하였으며'경제체제 개혁'과'대외개방 정책'이라는 새로운 정책(개혁·개방정책)을 목표 실현을 위한 수단으로 내놓았다. 대외 개방정책의 내용은 구체적으로 대외무역, 외자도입, 기술도입, 대외공사 청부 수출, 국제관광 추진 등이다. 중국의 대외개방 정책은 중국 경제의 발전, 국민생활 수준의 향상과 사회의식에서 변화를 가져왔다.

2. 경제특구 정책

중국은 경제특구 내에서는 내륙지역과 구별한 특수경제 정책을 실시하였다. 중앙정부는 경제특구 관리위원회에 투자심사 비준권을 비롯해 광범위한 경제관리 권한을 부여하였으며, 투자기업에는 자율적으로 투자계획과 경영계획을 수립하도록 경영자율권을 부여하였다. 특구내에서 경제관리체계, 유통체계, 기본건설관리체계, 노동임금제도 등을 여타 구역과 구별되도록 함으로써 최대한 기업에 경영 자율성을 부여하였다. 투자기업의 노동력은 각 지방의 알선기관에 의한 간접모집 방법과 입주기업의 직접모집 방법을 병행하여 자유로운 노동력 채용을 가능하게 하였다. 또한 특구기업에 대해서는 우대세율을 부여하였다. 기업소득세율은 일괄적으로 15%, 외자 생산기업에 대해서는 이익발생 연도부터 2년간 전액 면제, 3년간 50% 감세혜택을 부여하였다. 기술 선진형 기업은 감면세 기간이 만료되면 신청에 의해 3년간 감세를 연장할 수 있게 하였고 경제특구에서 수입원자재를 사용하여 생산한 수출상품은 관세, 상품세, 증치세를 면제하여 주었다. 기타 투자자는 일정기간 내에 토지사용권을 취득할 수 있게 하였으며 입찰과 경매 방식으로도 토지사용권을 취득할 수 있게 하였다.

특히 중국은 경제특구(심천, 주해, 산두, 하문, 해남도)를 관할하는 지방기관인 성·시 인민위원회가 특구관련 법률을 제정할 수 있도록 했다. 1981년 11월 전국인민대표대회 상무위원회에서는 "광동성, 복건성, 인민대표대회 및 그 상무위원회에 그 소속 경제특구의 각종 단행경제법규를 제정할 권한의 수여에 관한 결의"를 발표하여 이 지역에 수권입법권을 부여하기로 하였다. 이로부터 경제특구의 여건에 적합한 다양한 특구관련 법률을 입법할 수 있었다. 이와함께 경제특구의 자주권 보장과 활성화를 위한 입법 및 투자환경 개선을 추진하는 정책을 장기적으로 일관되게 추진하였다.

중앙정부는 특구내에서의 경제활동을 시장메커니즘에 의해 진행되도록 하면서 자본주의 요소 유입을 막기 위해 외부지역과의 경계에 철망 등을 가설하여 특구를 격리시키는 등 특구 선정에 신중을 기울였다. 또한 특구 지역을 선정함에 있어 개방 초기에는 서방자본이 대거 유입되기 어려운 점을 감안하여 화교 및 화인 자본의 유치를 염두에 두어 대만, 마카오, 홍콩과 인접한 지역을 고려하였다. 이와 함께 주변지역과 연계발전이 가능하고 자본과 기술이 풍부하며 수출시장이 될 수 있는 지역, 체제개혁의 실험으로 체제위협을 최소화할 수 있는 점 등을 고려하였다.

V. 북한의 경제특구 정책 실현 가능성

김정은 정권의 경제특구 정책 실현가능성은 경제정책 기조와 특구정책을 선대정권, 그리고 중국과의 비교를 통해 살펴볼 수 있으며 이에 따른 원인은 북한이 처한 정치군사적 및 대외적 환경으로 설명할 수 있다.

1. 김정은정권과 선대정권의 경제정책 기조와 특구정책 비교

1) 경제정책 기조 비교

북한 3대정권의 경제정책 기조를 비교하면 다음과 같다.

<표 6> 북한 3대정권의 경제정책 기조 비교

구분	경제정책 기조 내용		자립적민족 경제 성격
	내부자원 활용행태	외부자원 활용행태	
김일성 정권	자력갱생에 기초한 경제국방 병진 노선	특정산업분야에 대한 외국자본과 기술 도입	강화
김정일 정권	자력갱생에 기초한 국방공업 우선 노선	특정지역에 대한 외국자본과 기술도입	유지
김정은 정권	자력갱생에 기초한 경제·핵무력 건설 병진노선	전반지역에 대한 외국자본과 기술도입	현실적용

위의 표는 투자 우선순위에서 본 내부자원 그리고 외자유치에서 본 외부자원 활용행태의 변화를 통해 경제정책 기조 성격을 반영한 것이다. 결과 자립적 민족경제 운영의 기본인 내부자원 활용이 점차 줄어들고 외부자원의 활용 범위가 점차 커지고 있어 경제정책 기조에서 양적

인 변화가 일어나고 있음을 보여준다.

2) 경제특구 정책 비교

김정은정권의 경제특구 정책은 선대정권의 특구정책과 적잖은 차이를 보이고 있다. 앞서 살펴본 것과 같이 김정은정권의 특구정책 키워드는 전국 특구화, 국가의 경제발전전략, 지역국토건설계획, 신변안전으로 요약할 수 있으며, 이는 경제특구 개발의 목적과 방식, 관련법의 특징, 특구선정과 규모, 관리방식 등에서 차이가 있음을 알 수 있다.

<표 7> 김정일·김정은정권 경제특구 정책 비교

구분	김정일	김정은
특구개발 목적	특정지역개발, 외화획득	국가의 경제발전 전략에 근거한 국토개발, 회화획득
개방방식	'점' 개방	'선' 개방
관련법	각 특별법	경제개발구법
특구관리	중앙정부	중앙정부, 지방정부 이원화
특구규모	대규모	중소규모
특구성격	관광, 공업, 경제복합	관광, 공업, 수출, 농업 등 7개 분야
특구선정	특정지역, 국경지역	전반지역, 수도권, 군사요충지역
투자대상	외국투자자	외국투자자, 북한 기관, 기업소
신변안전	북한 공민에 국한	북한, 외국인 모두

이러한 특구정책은 자립적 민족경제건설의 정책기조 변화에 따른 것이다. 다시말해 외부자원의 활용에서 전반지역에 대한 외국자본과 기술의 도입을 허용함으로써 가능한 것이다. 그러나 자력갱생에 기초한 경제핵무력건설 병진이라는 내부자원 활용에서의 근본적인 변화는 없다. 즉 경제정책 기조의 양적변화를 지향하고 있다고 볼 수 있다.

2. 중국과 북한의 경제정책 기조와 특구정책 비교

북한은 중국과 유사하게 점진적인 개혁개방을 추진하였지만, 경제정책 기조와 특구정책 추진에서 차이를 보이고 있다. 북한과 중국의 경제특구 정책을 비교하면 다음의 표와 같다.

<표 8> 북한과 중국의 경제특구 정책 비교

구 분	북 한	중 국
경제정책 기조	자력갱생에 기초한 경제핵무력건설정책	실용주의에 기초한 경제건설 우선정책
특구관리 및 기업경영	- 시장메커니즘 미 도입 - 외국투자기업 경영자율권 일부 부여 - 특구관리위원회 경영관리 권한 일부 부여 - 세금우대(여타 지역 합영·합작기업과 유사) - 노동력 직접과 간접모집 병행	- 시장메커니즘 작동(토지이용권 사유제도, 주택매매, 증권시장 도입 등) - 외국투자기업 경영자율권 대폭 부여 - 특구관리위원회에 경영자율권 대폭 부여 - 세금우대(내륙과 차별) - 노동력 알선기관을 통한 간접모집
입지선정	- 자본주의 요소유입 차단을 위해 주민지역과 격리 - 전력 등 인프라 구축을 위해 북중, 남북접경지역 우선 선정 - 국가경제 및 과학기술발전에 유리한 지역	- 좌동 - 화교 및 화인 자본유치를 위해 대만, 마카오, 홍콩과 인접한 지역 선정 - 해상-육지-항공 등 종합적 물류운송에 유리한 연해지역 선정
법률제정	- 중앙정부가 제정	- 특구지역 인민대표회의 및 정부에서 자체로 제정
행정적 지원	- 중앙정부, 지방정부, 특구관리위원회 행정적 지원 수직적	- 지방정부와 관리위원회에 중앙정부 권한 대폭 부여 - 원스톱서비스 제공을 위해 중앙정부의 기능을 담당하는 담당자 파견

위의 표에서 중국은 특구개발에서 경제정책 기조 변화와 더불어 특구정책이 추진되었음을 보여준다. 다시말해 특구개발에서 선 경제정책 기조 변화, 후 특구정책 추진 유형과 유사하다. 중국은 특구개발 초기 개혁개방을 통해 실용주의에 기초한 경제건설 우선 정책을 경제정책 기조로 내세웠다. 반면 북한은 경제특구 정책의 근거가 되는 경제정책 기조가 근본적으로 변화되지 않은 상태에서 경제특구 개발을 추진하고 있다. 2장에서 서술한 것처럼 경제특구 정책은 경제정책 기조에 근거하고 있다. 김정일정권에서 김정은에 이르기까지 경제정책 기조는 양적

인 변화를 보이고 있지만 질적인 변화는 보이지 않고 있다. 이러한 점에서 김정은정권의 경제특구 정책은 자립적 민족경제를 현실에 적용하기 위한 보충적 수단으로 기능할 가능성이 크다. 이는 2002년'7.1경제조치'이후 시장을 합법화하고 이를 계획경제의 보충적 수단으로 이용하고 있는 것과 유사하다.

또한 중국의 특구개발 정책에 대비되는 북한의 특구개발 정책의 한계가 외국자본의 유인에 걸림돌로 작용한다. 중국은 토지이용권 사유제도, 주택매매, 증권시장 도입 등 시장메커니즘을 작동시킨데 반해 북한은 시장메커니즘을 도입하지 않고 있다. 이 밖에 외국투자기업 경영자율권, 특구관리위원회 권한, 세금우대, 입지선정, 법률제정 등에서 많은 차이를 보이고 있다.

3. 경제특구 정책 실현의 한계

북한의 경제특구 정책이 실현되려면 대외적 조건이 갖추어져야 한다. 북한의 경제특구개발은 중국과 달리 분단구조하에서 진행되어야 하고 또 핵문제를 둘러싼 국제제재속에서 진행되어야 하는 난제가 있다.

특구정책이 아주 세밀하게 구체적으로 제시되었다 하더라도 분단구조에 의한 정치군사적 긴장은 외국기업들의 투자를 제약할 수밖에 없다. 이는 2013년 4월 중단된 개성공단 사례와 2010년 중단된 금강산관광 중단이 이를 반증하고 있다. 중국이 특구개발 초기 화교자본의 유치를 통해 외국자본을 유도하려 한 것처럼 북한 역시 민족자본을 통한 외국자본의 유치를 유도하려 했던 것으로 보인다. 그러나 분단구조하의 정치군사적 긴장은 외국기업의 투자는 물론 남한기업의 투자활성화에도 적잖은 어려움을 조성하고 있다. 남북은 개성공단 재가동을 합의하면서 외국기업의 투자를 받아들여 개성공단을 국제화하는데 뜻을 같이

했다. 그러나 만 2년이 지난 현재까지 외국기업의 투자는 이루어지지 않고 있다. 그렇다면 남북간 군사적 긴장은 완화될 수 있을까? 이 문제 역시 북한의 핵문제 해결과 연관되어 있어 남한 일방의 노력으로 해결되기 어렵다.

다음으로 북한 핵문제이다. 김정은은 2013년 3월 당중앙위원회 전원회의에서 국방공업 우선 경제건설노선을 경제건설과 핵무력건설 병진노선으로 전환했다. 전원회의에서 김정은은 "자위적 핵무력을 강화 발전시켜 나라의 방위력을 다지면서 경제건설에 더 큰 힘을 넣어 사회주의 강성국가를 건설하기 위한 가장 혁명적이고 인민적인 노선이다"고 언급했다. 그러나 이 병진노선은 남한은 물론 국제사회의 대북제재를 더 강화하도록 하고 있는것이 현실이다. 북한에 우호적인 중국과 러시아도 핵개발에 따른 국제사회의 대북제재에 참여하고 있어, 이들 국가의 적극적인 대북투자도 어려울 수 있다.[97] 또한 미국이 북한의 핵미사일에 이어 인권 및 사이버 테러를 문제삼아 대북제재를 강화할 조짐마저 보이고 있어 외국기업의 투자가 쉽지 않을 것으로 보인다.[98]

Ⅵ. 결론

위에서 살펴본 것처럼 현재 북한의 경제특구 정책을 가지고서는 외국자본의 유치를 이끌어내기 어렵고 거기에 정치군사적인 리스크도 부정적인 요인으로 작용하고 있다. 북한 당국이 이런 조건과 환경에서 경제특구가 성공할 수 없다는 것을 모르고 추진하고 있는 것일까? 일부에서 주장하는 것처럼 경제특구도 선언에 불과한 것일까?

---

97) 이영훈, "나선 경제특구 개발의 결정요인 및 전망", 『JPI정책포럼』 세미나 발표자료, 2015. p.7.

98) 위의 글; p.6.

경제특구 정책의 행보를 놓고 분석하기보다는 정책기조 변화라는 보다 근본적인 문제에서 출발해야 할 것이다. 정책기조는 특구정책의 근간을 이루므로 북한의 경제특구 정책의 실현가능성을 이들 사이의 관계 변화행태를 통해 고찰하는 것도 하나의 방법 일 것이다.

연구에 따르면 김정은 정권의 경제특구 정책은 정책기조의 변화에 근거하고 있다. 다만 선대정권이 내놓은 정책기조에 한해 양적변화의 차원에 머무르고 있다고 볼 수 있다. 선대정권에 비해 과감하다고 할 정도의 특구정책이 일부 나와도 질적 변화에 접근하기 어려운 한계에 직면해 있다. 중국과 달리 선 특구정책 변화, 후 정책기조 변화의 방향으로 나가고 있는 것이 이러한 이유 때문이라 볼 수 있다. 이러한 차이를 보이는 것은 분단 구조적 환경, 북핵문제에 따른 정치군사적 환경으로 설명할 수 있다.

종합해보면 북한의 특구정책은 정책기조의 질적 변화를 동반하지 않고 있으므로 현재로서 실현되기 어려운 것으로 보인다.

경제특구 정책에 따른 정책기조 변화를 이끌어내기 위해서는 북한 스스로의 노력도 필요하지만, 국제사회의 경제적 유인책도 필요하다. 중국이 경제특구에 홍콩, 마카오, 대만 등 화교자본의 투자를 선도하여 외국자본을 유인한 것처럼 북한 변화를 이끌어내기 위해 우리 기업의 투자를 선행한다면 외국기업의 투자유인을 제공할 수 있다. 우리는 북한이 외국기업의 투자에 유리한 제도적 환경을 조성하도록 지속적으로 요구하는 한편 남북관계 개선과 더불어 개성공단외의 지역에 대한 기업의 투자를 장려하도록 해야 할 것이다.

참고자료

1. 남한자료

이영훈. "나선 경제특구 개발의 결정요인 및 전망" 『JPI경제포럼』 세미나발표자료. 2015.

『연합뉴스』. 2014년 6월 12일.

2. 북한자료

『조선중앙통신』. 2015년 7월 22일.

조선로동당출판사. "우리당의 선군시대 경제사상해설", 평양:조선로동당출판사, 2005.

조선노동당출판사, "조선노동당역사", 평양:조선노동당출판사, 2006.

제5절 북한의 경제개발 실태와 전망

지난 4월 27일 남북정상회담과 이달 12일로 예정된 북미정상회담을 계기로 북한의 비핵화와 이를 통한 대북제재 완화가 예상되며 이로부터 북한의 경제개발은 본격화될 전망이다. 김정은은 2018년 4월 20일 노동당 중앙위원회 제7기 3차 전원회의에서 '경제건설 및 핵 무력건설 병진 노선'의 성과를 결속하고 '경제건설 총 집중 노선'을 제시했다. 물적, 인적 자원을 총 집중하는 것과 함께 유리한 국제적 환경을 마련하기로 했으며 최고인민회의 상임위원회와 내각에는 법적, 행정적, 실무적 대책마련을 주문했다. 이로부터 「외국인투자법」, 「외국인기업」 등 통상·외국투자 부문법을 비롯해 경제특구 및 남북경협 부문법 등이 대거 개정될 가능성이 있다. 따라서 한반도 평화시대에 항구적인 평화정착을 위해 김정은 집권이후 추진하고 있는 경제개발관련 정책과 추진현황, 향후 북한의 정책방향과 그에 따른 남한의 대응을 논의하는 것은 매우 시의적절하다.

북한 경제를 논의함에 있어 우리가 주목해야 할 것은 김정은 집권이후 등장한 '경제개발'이다. 경제개발은 개혁개방이 전제되지 않고서는 추진 불가능하다. 그렇다면 북한은 개혁을 어떻게 정의하고 있을까? 김정일의 노작을 보면 "개혁이란 낡은 것을 개조하고 혁신하는 과정이며 가장 철저한 개혁은 다름 아닌 사회적 변혁, 사회혁명이다"고 했다. 이런 점에서 개혁을 통한 경제개발은 선대정권의 정책을 낡은 것으로 간주하고 뒤집어엎어야 한다. 이러한 선대정권의 부정 때문에 김정일은 경제개발에 엄두를 내지 못했으나, 김정은은 선대정권의 것을 부정하면서까지 경제개발을 과감하게 선택했다.

이는 '5.30담화'와 '경제개발구법' 제정에 의해 김정은식 '개혁개방'으로 나타났다. 김정은의 후계자 시절인 2010년 '국가경제개발10개년

전략계획'이 발표되었고 2013년부터 지금까지 23개의 경제개발구가 지정되었으며, 지속적인 경제개발을 위해 경제개발전문가도 양성하고 있다. 관광산업개발을 위한 관광대학을 신설하였으며 김일성종합대학 경제학부에 국제경제학과, 인민경제대학에는 개발학과, 정준택원산경제대학에는 관광경제학과, 경제법률학과, 가격학과도 신설하였다. 이와 함께 기업에 제품판매권, 가격제정권 등 경영자율권을 부여하여 과거 중앙집권적인 경영방식을 변화시키기도 하였다. 이러한 김정은의 경제개발정책으로 집권이후 북한 경제는 플러스 성장을 기록했으며, 시장가격과 환율도 2013년 이후 지속적으로 안정되어 있다. 지난해 고강도 대북제재로 대중무역규모는 올해 1-8개월동안 전년대비 57.8%, 대중수출은 89.3% 대폭 감소했으나, 아직까지 북한에 경제난은 발생하지 않고 있다.

김정은은 지난기간 핵무기를 보유함으로써 스스로 체제안전을 보장하는 방식의 경제개발을 선택했으나, 오늘은 핵무기를 버리고 미국과 국제사회로부터 체제안전을 보장받은 방식의 경제개발을 선택했는데, 이는 남북 모두에 매우 긍정적이다. 때문에 북미회담이 성과적으로 끝나고 비핵화를 통한 대북제재가 완화된다면 북한의 경제개발은 급진적으로 추진될 것이다. 때문에 경제개발 경험이 풍부한 남한은 북한이 연착륙할 수 있도록 도와주면서 북한 개발을 통해 저성장, 고실업의 늪에서 벗어나야 한다.

제3장

경제특구에 대한 외국기업의 외면, 선 핵-후 경제개발로

제1절 북한의 「경제발전 5개년 전략」의 함의와 전망

Ⅰ. 들어가며

2016년 5월 6일부터 9일까지 평양에서 개최된 북한 노동당 7차대회(이하 7차 당대회)는 세인의 관심을 모았다. 북한의 최고 권력을 거머진 김정은이 당의 최고권력기구인 당대회를 36년만에 개최하고 새로운 정책을 제시할 수도 있다는 기대감에서다. 더욱이 집권 첫해인 2012년 과거 '7.1조치'보다 진전된 '우리식 경제관리방법'이라는 내부개혁과 '경제개발구'라는 대외개방 정책을 제시한 것도 기대감을 높이는데 한몫했다고 할 수 있다. 그러나 7차 당대회가 끝난 이후 실망스러운 평가가 이어졌다. 새로운 비전과 정책의 제시없이 기존에 나왔던 주장을 정리한 수준이라는 평가다. 통일연구원의 김갑식은 '경제분야에선 「국가경제발전 5개년전략」(이하 5개년전략)을 제시했지만, 경제관리개선조치에 대한 전향적이고 구체적인 내용은 없고 기존에 나왔던 주장을 정리한 수준이었다'고 언급했다.[1] 통일부는 과거 당대회시 발표된 경제계획을 모방했으나, 구체성이 결여되어 1980년 6차 당대회의 「80년대 사회주의 경제건설 10대전망」 보다도 오히려 후퇴했다고 분석했다.[2] 이외 많은 전문가들과 언론사들도 속없이 텅빈 껍데기에 불과한, 오직 김정은의 장기집권을 위한 당대회였다고 평가했다.

그렇다면 북한은 36년 만에 당대회를 개최하면서 왜 주민들이 김정은에게 더욱 충성할 수 있는 비전을 주지 못했을까? 그리고 과거 당대회에서 제시했던 인민경제발전 「5개년계획」이 아닌 「5개년전략」을 제시한 것일까? 북한이 7차 당대회에서 제시한 5개년전략은 어떤 의미를

---

1) 김갑식, "조선노동당 제7차 대회 분석: 총평", 통일연구원, 2016

2) 통일부, "제7차 당대회 사업총화보고 분석", 배포용, 2016

담고 있을까? 5개년전략 수행기간인 향후 5년 동안 북한 경제는 어떻게 변화 될 것인가? 본고에서는 위 4가지 질문에 대한 해답을 찾으려고 한다.

이를 위해 우선 지난 1~6차 당대회와 기타 회의들에서 제시된 경제발전 계획과 7차 당대회에서 제시된 5개년전략의 주요내용을 살펴보고 '계획'과 '전략'의 차이를 통해 경제발전 5개년전략의 특징과 의미, 향후 5년간의 경제정책 방향을 전망해보려고 한다.

Ⅱ. 과거 「경제발전 계획」과 향후 경제목표

1. 「경제발전 계획」별 세부 과제

북한은 1945년 10월 10일 노동당을 창립하고 이듬해인 1946년 8월 1차 당대회, 1948년 3월 2차 당대회를 개최했다. 당시에는 노동당의 조직 정비 차원의 대회였기 때문에 경제발전 중장기 과제를 제시할 수 없었다. 한국전쟁이 끝나고 전후 경제복구발전을 위해 노동당 중앙위원회 전원회의에서 처음으로 「전후경제복구발전 3개년계획」을 제시했다. 당시는 전쟁으로 파괴된 경제를 복구하여 경제의 모든 부문을 전쟁전의 수준으로 회복하는 것을 목표로 삼았다. 이후 3차 당대회에서 「경제발전 1차 5개년계획」, 4차 당대회에서 「1차 7개년계획」, 5차 당대회에서 「6개년계획」, 노동당전원회의에서 「2차 7개년계획」, 최고인민회의 8기 1차회의에서 「3차 7개년 계획」이 발표되었다. 「2차 7개년계획」기간에 개최된 6차 당대회에서는 이례적으로 「80년대 10대전망목표」가 제시되었다. 이처럼 북한의 경제발전 계획은 대체로 당의 최고 권력기구인 당대회에서 제시되지만, 경우에 따라 노동당 중앙위원회 전원회의와 최고인민회의[3]에서 제시되기도 하였다.

3) 남한의 국회에 해당된다.

북한의 경제발전 계획을 구체적으로 살펴보기 전에 1-7차 당대회에서 논의된 의제에 대해 보기로 하자. 아래의 표에서 보는 것처럼 1-2차 당대회에서는 당규약 제정 및 개정 그리고 지도기관선거 등에 중점을 두었다. 3-6차 당대회에서는 당규약 개정 및 지도기관선거 외 사회주의경제건설을 위한 경제발전 계획 및 전망목표가 제시되었음을 알 수 있다. 그러나 7차 당대회에서 경제건설 과제는 이례적으로 「경제발전 계획」이 아닌 「경제발전 전략」으로 제시되었다. 3차 당대회 이후부터 인민경제 계획이든 전략이든 사회주의 경제건설을 위한 중장기 과제가 제시된 것은 의심의 여지가 없다.4)

<표 1> 북한 노동당 대회와 주요 의제

당대회	개최일	의제
1차	'46.8.28~30 (3일)	- 북조선공산당과 신민당 합당문제 - 북조선노동당 강령 및 규약 채택
2차	'48.3.27~30 (4일)	- 당규약 개정 - 당중앙지도기관 선거(김일성 당 부위원장 선출)
3차	'56.4.23~29 (7일)	- 경제발전 5개년계획 - 당중앙지도기관 선거(김일성 당중앙위 위원장 선출) - 당규약 개정
4차	'61.9.11~18 (8일)	- 경제발전 7개년계획 - 당규약 개정 - 당중앙지도기관 선거(김일성 당정치위 위원장 선출)
5차	'70.11.2~13 (12일)	- 당중앙위, 검사위 사업총화보고 - 경제발전 6개년계획 - 당규약개정(주체사상 공식 이념화)
6차	'80.10.10~14 (5일)	- 당규약 개정 - 당중앙지도기관 선거(김정일 당정치국 상무위원 선출로 후계지위 공식화 등) - 1980년대 사회주의경제건설 10대전망목표

4) 북한의 노동당 규약은 3장 21조에서 당대회는 △당중앙위원회와 당중앙검사위원회 사업총화, △ 당의 강령과 규약 채택 또는 수정보충, △당의 노선과 정책, 전략전술의 기본문제토의 결정, △ 노동당 총비서 추대, △ 당중앙위원회와 당중앙검사위원회 (당중앙 지도기관)선거 등의 역할을 수행한다고 밝히고 있는데, 이로부터 경제발전을 위한 계획 등이 제시되고 있다.

당대회	개최일	의제
7차	'16.5.6~9 (4일)	- 경제발전 5개년전략 - 당중앙지도기관 선거(김정은 노동당 위원장 선출) - 당규약 개정

자료: 『김일성저작집』 10권, 15권, 25권, 35권 참조하여 저자 작성

그렇다면 지금까지 제시된 북한의 경제건설 발전계획들은 무엇을 목표로 하였고 구체적으로 어떠한 과제들을 제시했을까?

북한은 1953년 8월 노동당 중앙위원회 6차전원회의에서 처음으로 경제발전을 위한 「3개년계획」을 제시했다. 「3개년계획」의 목표는 인민경제의 각 부문에서 전쟁전 수준을 회복하는 것으로 정하고 중공업을 우선하면서 경공업을 복구하도록 했다. 제철, 기계, 조선, 지하자원개발, 전력, 화학, 건재, 경공업, 수산업 등 경제의 부물별 발전방향도 제시했다. 구체적인 숫자로 된 계획은 발전능력 140~150만kwh, 대외무역수출 2억~3억루불, 천(직물) 6,000만~7,000만m, 건설자재인 벽돌 5억매, 시멘트 20~30만톤 생산 등을 제시하는데 그쳤다.[5)]

1956년, 한국전쟁이 끝난지 3년만에 개최된 3차 당대회에서는 「5개년계획」이 발표되었다. 노동당 중앙위원회 보고에서는 공업화의 기초를 마련하고 인민들의 먹고 입고 쓰고 사는 문제를 기본적으로 해결하는 것을 「5개년계획」의 중심과제로 제시했다. 세부과제로 금속, 석탄, 화학, 건재, 경공업, 철도운수, 전력, 농업 등 부문별 과제가 제시되었다.[6)]

1961년 4차 당대회에서는 「7개년계획」이 제시되었다. 3차 당대회와 마찬가지로 공업, 농업, 운송 등 부문별로 구체적인 목표를 제시했다. 공업총생산액은 3.2배, 이중에서 생산수단 생산은 3.2배, 소비재 생산은 3.1배로 증대하도록 했다. 이와 함께 전력, 석탄, 금속공업, 경공업,

5) 김일성, "모든 것을 전후인민경제복구발전을 위하여", 『김일성저작집』 제8권, (평양: 조선노동당출판사, 1980), pp.19~28.

6) 김일성, "조선노동당 제3차대회에서 한 중앙위원회사업총화보고", 『김일성저작집』 제10권, (평양: 조선노동당출판사, 1980), pp.214~240.

수산 등 부문별 과제를 제시했다.[7] 4차 당대회에서 제시된 경제부문 과제들은 3차 당대회와 달리 몇배 증산이 아니라 구체적인 수량을 제시했다는 점에서 다소 차이가 있는데, 계획이 구체성을 띠고 있다고 할 수 있다.

5차 당대회에서는「6개년계획」이 제시되었다. 기본과업으로 기술혁신을 통해 근로자들을 힘든 육체노동에서 벗어나도록 했으며 코크스와 같은 수입원자재를 국내에서 해결하도록 하는 한편 화학공업·기계공업을 발전시키기 위한 방향을 제시했다. 경공업, 농업부문에 대한 과제는 정확한 목표없이 큰 방향성만 제시하는데 그쳤다.[8]

「2차 7개년계획」은 1977년 12월 최고인민회의 6기 1차회의에서 의제로 토의되었다. 경제의 주체화, 현대화, 과학화를 통해 경제토대를 강화하고 인민생활을 향상시키는 것을 기본과업으로, 전력, 석탄, 광업, 금속, 화학, 경공업, 농업 등 부문별 계획은 숫자로 제시했다.[9]

6차 당대회에서는 인민경제의 주체화, 현대화, 과학화를 위해 노력할데 대해서와 1980년대 사회주의경제건설의 주요 과제가 제시되었다. 완전히 승리한 사회주의 사회에 맞는 튼튼한 물질기술적 토대 마련과 인민들의 물질문화생활을 높이는 것을 경제건설의 기본과업으로 제시하는 한편 80년대 수행해야 할 10대 전망목표도 밝혔다.

「3차 7개년계획」은 1986년 12월에 개최된 최고인민회의 제8기 1차회의에서 제시되었다. 북한은「2차 7개년계획」이 성과적으로 수행되었다고 자평한데 이어「3차 7개년계획」을 발표했다. 경제의 주체화, 현대화, 공업화를「3차 7개년계획」의 기본과업으로 제시하고 계획기간에

7) 김일성, "조선노동당 제4차대회에서 한 중앙위원회사업총화보고",『김일성저작집』제15권, (평양: 조선노동당출판사, 1980), pp.210.~231.
8) 김일성, "조선노동당 제5차대회에서 한 중앙위원회사업총화보고",『김일성저작집』제25권, (평양: 조선노동당출판사, 1983), pp.265.~277.
9) 김일성, "조선민주주의인민공화국 인민경제발전 제2차 7개년계획에 대하여",『김일성저작집』제32권, (평양: 조선노동당출판사, 1983), pp.545~546.

공업생산은 1.9배, 농업생산은 1.4배 증산하도록 했다. 이외 부분별 구체적인 과제는 제시되지 않았다. 이는 1980년 6차 당대회에서 10개의 구체적인 과제가 제시된 것과 관련된 것으로 보인다.

"새전망계획 기간에 당 제6차대회가 내놓은 사회주의 경제건설의 10대전망목표를 실현하며 총체적으로 공업생산은 1.9배, 농업생산은 1.4배 장성시켜야 하겠습니다."[10]

<표 2> 북한에서 제시된 경제발전 계획

구분	과제추인	목표	세부계획
3개년계획 ('54~'56)	'53년 8월 노동당 중앙위원회 전원회의	전쟁으로 파괴된 경제를 복구하여 전쟁전 수준 회복	- 발전능력 140~150만kwh - 대외무역수출 2억~3억루불 - 천 6,000만~7,000만m - 벽돌 5억매, 시멘트 20~30만톤
5개년계획 ('57~61)	'56년 4월 3차 당대회	사회주의공업화의 기초축성 및 의식주 문제 해결	- 선철 2.8배, 입철 3배, 강철 3~3.5배, 압연강재 3.5~4배, - 석탄 1.7배, - 화학비료는 40만톤 이상, 시멘트 100만~150만톤 - 천 1.5~2배, 신발 인구1인당 1년에 2.4켤레, 물고기 1.3배, 육류 7만톤 - 철도화물수송량 2,300만~2,500만톤, - 전력발전량은 85억kWh
1차 7개년계획 ('61~'67)	'61년 9월 4차 당대회	경제의 모든 부문을 현대적 기술로 전환하여 물질문화생활수준 제고	- 전력 200만kW 이상 - 1967년 석탄생산량은 2,300만~2,500만톤 - 선철과 입철, 강철은 각각 220만~250만톤, 압연 강재 160만~180만톤 - 인조섬유와 합성섬유 8만~10만톤, 합성수지 6만~7만톤, 합성고무 1만 5천톤~2만톤 - 시멘트 400만~450만톤, - 천 3억m, 물고기 100만~120만톤 - 트랙터 1967년에 8만대 - 식량 600만톤
6개년계획	'70년 11월 5차	공업화의 성과에	- 60~70%이상을 자체원료를 이용하는

10) 김일성, "사회주의의 완전한 승리를 위하여", 『김일성저작집』 제40권, (평양: 조선노동당출판사, 1983), pp.224.

구분	과제추인	목표	세부계획
('71~76)	당대회	기초하여 기술을 발전시켜 물질기술적 토대 강화	공업부문으로 전환 – 콕크스탄 자체해결, 경급속 자체 생산, 신화학공업부문 창설, 경공업원료 자체 해결 등 부문별 방향 제시
2차 7개년계획 ('78~'84)	'77년 12월 노동당 중앙위원회 전원회의	사회주의경제토대 강화하여 주민생활 한단계 제고	– 공업생산 2.2배(생산수단 2.2배, 소비재 2.1배) – 전력 560억~600억kwh – 석탄 7,000만~8,000만톤 – 철광석 1,600만톤 – 유색금속 100만톤, 강철 740만~800만톤, 압연강재 560만~600만톤 – 화학비료 1.6배, 농약 2배, 화학섬유 1.8배, 합성수지 2배 – 시멘트 1,200~1,300만톤 – 사탕 30만톤, 종이 1.8배 – 물고기 270만톤 – 알곡 1,000만톤
80년대 인민경제 전망계획	'80년 10월 6차 당대회	완전히 승리한 사회주의사회에 맞는 질기술적기초 마련, 인민생활 획기적 제고	– 전력 1,000억㎾h, 석탄 1억2천 만톤, 강철 1,500만톤, 유색금속 150만톤, 시멘트 2,000만톤, 화학비료 700만톤, 천 15억m, 수산물 500만톤, 식량 1,500만톤, 간석지 30만정보 개간
3차 7개년 계획	'86년 최고인민회의 8기 1차회의	사회주의완전승리[11])를 위한 물질기술적 기초 마련	– 공업생산 1.9배, 농업생산 1.4배

자료: 『김일성저작집』 8권, 10권, 15권, 25권, 32권, 40권 참조하여 저자 작성

위의 표에서 보는 것처럼 경제발전 계획은 대부분 명시된 수치로 제시되었다.

11) 완전히 승리한 사회주의사회는 계급이 없는 사회이며 모든 사회구성원들이 완전한 사회정치적평등과 유족한 물질 문화생활이 보장되는 발전된 사회이다. 다시말해 자본주의로부터 사회주의에로의 과도기가 끝나고 공산주의 낮은 단계가 완전히 실현된 사회이다.(조선노동당출판사, "사회주의의 완전한 승리를 위하여", 『김일성저작집』 제40권, (평양: 조선노동당출판사, 1983), pp.214.

2. 향후 장기 경제목표

북한은 7차 당대회에서 '경제강국'을 사회주의강국을 건설하기 위한 장기목표로 제시하였다. 그렇다면 북한이 장기적으로 추진해야 할 '경제강국'의 주요 과제는 무엇일까?

김정은은 이번 7차 당대회에서 강성국가 건설이라는 표현이 아니라 사회주의강국건설이라는 표현을 25번이나 사용했다. 강성국가건설 표현은 지난 기간 정치사상강국과 군사강국이 훌륭히 건설되었음을 다시 확인하면서 한번 사용하는데 그쳤다. 김일성 사망이후 김정일이 정권을 잡고 강성대국(사상의 강국, 군사의 강국, 경제의 강국)을 내세웠으나, 2012년 강성대국 완성 목표기일을 불과 14일 앞두고 돌연 사망했다. 김정은은 2013년 집권 이후 첫 육성 신년사에서 아버지가 사용하던 강성대국건설 대신 사회주의 강성국가 건설이라는 표현을 사용했는데, 이는 모두 정치·경제·군사부문에서 달성해야 할 최종 목표로 제시되었다. 강성대국이나 강성국가는 3대강국(사상, 군사, 경제)을 목표로 하였다는 점에서 별 차이가 없다.

그러나 7차 당대회에서 김정은이 내세운 사회주의강국 건설은 김정일시대 강성국가건설에서 완성하였다고 자처한 정치강국과 군사강국을 더욱 튼튼히 하면서 3대강국건설에서 이루지 못한 경제강국에 더해 '김정은식' 과학기술강국과 문명강국을 달성하는 것이라고 볼 수 있다.

> "우리는 사회주의강국 건설을 다그쳐 정치군사강국의 지위를 공고히 하고 과학기술강국과 경제강국, 문명강국의 령마루(정상)에 승리의 기발을 휘날림으로써 온 사회를 김일성-김정일주의화 하기 위한 투쟁에서 결정적 전환을 이룩하여야 합니다."[12]

이처럼 김정은은 7차 당대회를 통해 경제강국 건설에 앞서 과학기

12) 노동신문 2016년 5월 8일 "조선노동당 제7차대회에서 한 중앙위원회 사업총화보고"

술강국을 강조했는데, 이는 과학기술만이 국제사회의 대북제재속에서 경제를 발전시킬 수 있는 유일한 대응책이라고 판단했기 때문으로 보인다.

> "과학기술이 경제강국 건설에서 기관차의 역할을 하도록 하여야 하겠습니다. 과학연구부문에서는 과학기술로 경제발전의 길을 열고 과학기술로 경제를 이끌어나가야 한다는 관점과 입장을 가지고… 에네르기(에너지)와 철강재, 화학제품, 식량문제를 비롯하여 현시기 경제강국 건설에서 관건적 의의를 가지는 문제들을 과학기술적으로 해결하는데 주되는 힘을 넣어야 합니다."[13)]

북한은 7차 당대회에서 이례적으로 경제강국 건설을 장기과제로 제시했다. 이는 지난 20여년간 붕괴된 경제를 90년대 이전 수준으로 되돌리는 것이 상당히 어렵다는 판단에 기인된 것으로 볼 수 있다.

> "지금 우리나라가 정치군사강국의 지위에 당당히 올라섰지만 경제부문은 아직 응당한 높이에 이르지 못하고 있습니다."[14)]

북한이 말하는 경제강국은 자립성과 주체성이 강하고 과학기술을 기본생산력으로 하여 발전하는 국가이다. 다시말해 외국에 의존하지 않고 자국의 힘으로 과학기술발전을 통해 경제를 발전시키겠다는 의미이다. 지난 기간 북한이 시종일관 자립성과 주체성을 강조해왔다는 점에서 크게 새로운 것은 아니지만, 첨단기술을 통한 경제발전을 내세운 것은 눈여겨 볼 대목이다.

이러한 경제강국을 수행하기 위한 전략적 노선으로는 자력자강의 정신과 과학기술로서 인민경제의 주체화, 현대화, 정보화, 과학화를 높은

---

13) 노동신쿤 2016년 5월 8일 "조선노동당 제7차대회에서 한 중앙위원회 사업총화보고"
14) 노동신문 2016년 5월 8일 "조선노동당 제7차 대회에서 한 중앙위원회 사업총화보고"

수준에서 수행할 것을 제시했다. 북한이 경제강국 실현을 위해 이러한 노선을 제시한 것은 지속적으로 강화되고 있는 국제사회의 대북제재에 의한 경제건설의 한계를 해결하기 위한 자구책이라고 볼 수 있다. 7차 당대회에서 제시된 경제강국 건설 과제는 크게 '자립경제강국'과 '지식경제강국'으로 구분된다.

<표 3> 경제강국 건설을 위한 주요 과제

구분		경제강국건설 과제
경제의 주체화 (자립경제강국)	원료와 연료, 설비의 국산화	○ 원료문제 - 국내원료를 공급할 수 있는 생산기술과정 수립 ○ 설비문제 - 첨단설비 등 기술수단 자체로 생산공급 ○ 에너지문제 - 원유 등 주요자원 적극 개발 - 수력을 위주로 하면서 화력에 의한 전력생산 적절히 배합 - 원자력 발전의 비중 제고 - 다양한 자연에너지 원천 이용 - 에너지생산방식 개선 및 에너지절약형 경제로 전환
	식량의 자급자족	- 식량 지속적으로 증산 - 사회주의 농촌테제(강령)와 당의 농업혁명 방침 수행
	국내생산에 의한 종합적인 경제구조로 개선 완성	- 모든 경제부문 균형있게 발전 - 마그네사이트, 흑연, 규석, 희토류 등 지하자원으로 세계적인 패권을 쥘 수 있는 경제분야 개발
현대화 정보화 과학화 (지식경제강국)	전략적 목표	- 생산과정의 자동화·지능화, 공장·기업소의 무인화
	과제	- 통합생산체계 및 무인조종체계 도입 - 녹색생산(친환경)방식 등 생산방법 도입 - 과학기술과 생산의 일체화 실현 - 지식경제의 하부구조 구축 - 과학과 기술, 지식이 생산을 주도하는 경영관리체계 도입 - 공장·기업소의 생산과 기술관리과정을 개발창조형으로 전환 - 정보산업, 나노산업, 생물산업 등 첨단기술산업 설립, 경제발전에서 첨단기술산업이 차지하는 비중 제고

자료 : 노동신문 2016년 5월 8일 "조선노동당 제7차 대회에서 한 중앙위원회 사업총화보고" 참조하여 저자 작성

Ⅲ. 「경제발전 5개년전략」의 주요내용과 함의

1. 「5개년전략」의 주요내용

Ⅱ장에서 북한의 장기 경제목표인 '경제강국'의 세부과제를 먼저 살펴보았다. 왜냐하면 7차 당대회에서 제시된 「5개년전략」이 '경제강국' 건설을 위해 우선적으로 수행해야 할 당면과제이기 때문이다.

> "사회주의 경제강국을 성과적으로 건설하기 위해서는 인민경제발전을 위한 단계별전략을 과학적으로 현실성있게 세우고 어김없이 집행해나가야합니다. 당면하여 2016년부터 2020년까지의 국가경제발전 5개년전략을 철저히 수행하여야 합니다"15)

북한은 우선 「5개년전략」의 목표를 제시하였는데, 이는 90년대 이후부터 침체되어 있는 경제전반을 활성화하고 경제부문간 균형을 보장하여 국가경제가 지속적으로 발전할 수 있는 토대를 마련하는 데 있다. 이러한 목표 달성을 위해 크게 3가지를 경제발전 「5개년전략」으로 제시했다. 첫째로 인민생활 결정적 향상, 둘째로 국토관리사업 적극 추진, 셋째로 대외경제관계의 확대발전이다.

가. 인민생활 향상

김정은은 인민생활 향상을 우선 과제로 제시하면서 이를 위해 전력문제를 해결하고 경제의 선행부문과 기초공업부문은 정상적인 수준으로 높이도록 했으며 주민들의 생활과 직결된 농업·수산·경공업부문에서 생산을 증산하도록 했다.

---

15) 노동신문 2016년 5월 8일 "조선노동당 제7차대회에서 한 중앙위원회 사업총화보고"

<그림 1> 인민생활 향상을 위한 3대과제

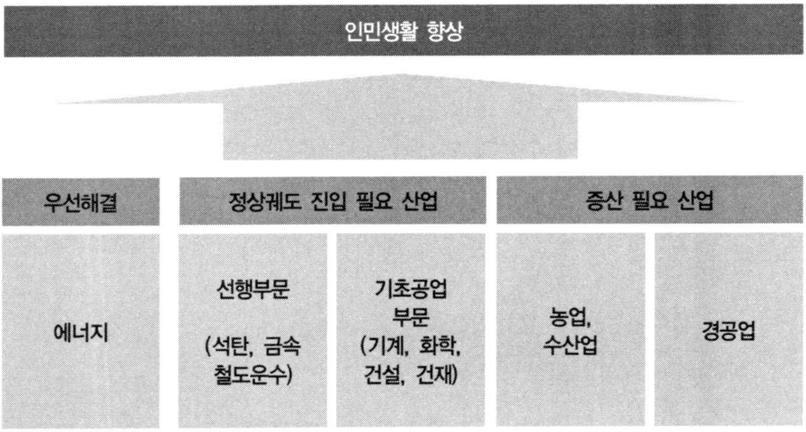

자료 : 노동신문 2016년 5월 8일 “조선노동당 제7차 대회에서 한 중앙위원회 사업총화보고” 참조하여 저자 작성

인민생활향상을 위한 세부과제에서 에너지문제를 가장 중요하게 다루었다. 북한에서 전력문제는 경제 활성화의 선결조건이다. 국가가 아무리 훌륭한 비전을 세우고 과제를 제시한다하더라도 전력문제 해결 없이는 선언에 불과하다. 이로부터 북한은 「5개년전략」에서 경제의 선행부문에 포함되던 전력문제를 따로 구분하여 우선 해결과제로 에너지 문제를 제시한 것으로 보인다. 아래의 표에서 보는 것처럼 북한은 향후 5년 동안 인민생활 향상을 위해 추진해야 할 부문별 과제도 제시했다. 이는 계획이 아닌 전략과제로서 사실 부문별 추진 방향이라고도 볼 수 있다. 북한은 매해 신년사에서도 1년 동안 추진할 산업 부문별 과제를 제시한 바 있다.

<표 4> 산업별 세부과제

부문별	세부과제	
전력	○ 발전효율 제고 및 전력생산원가 저하 ○ 전력부문에 설비, 자재, 자금 우선 공급 ○ 통합전력관리체계 운영, 교차생산 조직 ○ 전력공급 과정에서 손실을 줄이고 유연교류송전계통으로 전환 ○ 자국의 동력자원에 의한 전력생산시설 건설 ○ 건설중에 있는 발전소 조업기일 단축, 대규모의 단천발전소 최단기간에 완공, 원자력발전소 건설 병행 추진 ○ 도, 시, 군에서 중소형발전소 건설 및 운영 ○ 풍력과 조수력, 생물질과 태양에너지에 의한 전력생산 확대	
경제 선행부문	석탄공업	○ 경제의 석탄수요 원만히 공급
	금속공업	○ 철강재생산 증대 ○ 금속공업의 물질기술적토대 강화 ○ 합금강과 규격강재의 품종 확대
	철도운수	○ 철도수송의 신속성, 정확성, 원활성, 안전성 보장 ○ 철도공장과 기업소들의 기술개선 추진 ○ 현대적인 철도수송수단 개발생산 ○ 철도망 완비, 철길의 중량화 고속도화 추진, 철도시설과 장비의 현대화, 관리운영의 정보화 실현
기초공업 부문	기계공업	○ 첨단설비 새로 구비하고 현재 쓰고 있는 기계설비 성능 개선 ○ 유연생산체계 등 생산과정 현대화 ○ 측정설비 및 공구문제 해결 ○ 현대적 기계설비를 세계적인 수준에서 설계제작하고 계열생산 체계 수립
	화학공업	○ 생산설비 보수를 통한 생산능력 확대 ○ 촉매의 국산화를 실현하여 주체비료, 비날론, 기초화학제품 생산 정상화 ○ 국내자원에 의한 새로운 화학제품생산공장 건설 ○ 5년내 석탄가스화에 의한 탄소하나화학공업 창설
	건　　설	○ 선 편리, 선 미학성의 원칙을 준수하면서 건축물 최상의 수준 에서 최대의 속도로 완공 ○ 중앙과 지방의 설계역량과 건설역량 강화, 설계수단·건설장비·기공구 현대화 ○ 건식공법 장려, 영에너지와 영탄소건축기술, 지능건축기술 도입
	건재공업	○ 건재공업 공장, 기업소 현대화 ○ 건재생산 전문화, 전통화 ○ 최신기술을 활용하여 건재의 다양화, 다종화, 국산화 실현

부문별	세부과제	
농업 · 수산업	농 업	○ 과학농사를 추진하여 식량생산목표 달성 ○ 축산 : 초식동물 생산 대중화, 협동농장들의 공동축산 및 농촌 세대의 개인축산 발전 ○ 과수업에서는 집약화와 과학화 수준 제고하여 과일생산 증대 ○ 남새온실(비닐하우스)과 버섯공장의 생산 정상화 ○ 농산작업의 기계화 비중 60~70% 제고
	수 산	○ 수산물생산목표 수행 ○ 바다양식면적 증대 및 양식방법 개선
경공업	경공업	○ 소비품에 대한 주민 수요 보장
		○ 세계적 수준의 다양한 경공업 제품 생산 – 신제품개발 및 질 제고

자료 : 노동신문 2016년 5월 8일 "조선노동당 제7차대회에서 한 중앙위원회 사업총화보고" 참조하여 저자 작성

나. 국토관리사업

「5개년전략」의 두 번째 과제는 국토관리사업이다. 90년대 중반 경제난으로 야산의 나무가 땔감으로 사용되고 소토지가 형성되면서 북한 산림은 황폐화되었으며 수해가 나면 산사태가 발생했다. 유엔식량농업기구(FAO)에서 발표한 자료에 의하면 1990년 820만 헥타르였던 산림이 2015년말 현재 503만 헥타르로 전체 산림의 38%가 훼손된 것으로 나타났다.[16]

북한은 산림 황폐화를 막기 위해 2001년 '산림조성 10개년계획'을 발표하기도 했다. 이후 2013년에는 2023년까지 나무 65억그루를 심는「산림복원 10개년계획」을 추진하고 있다.[17] 이처럼 김정은도 집권이후 산림의 수림화를 정책적 과제로 제시하고 나무심기를 전국적인 대중운동으로 추진하도록 하였으나, 아직 큰 성과를 내지 못하고 있는 실정이다. 이로부터 7차 당대회에서 김정은은 산림복구를 위한 연차별 계획을

16) KBS뉴스, 2016년 4월 2일, 「클로즈업 북한」, "北, 나무심기도 70일전투…한계는?"
17) MBC뉴스, 2015년 7월 30일, 「뉴스플러스」, "北, 산림 32% 황폐화…묘목지원으로 남북대화 물꼬틀까?"

세우고 전민, 전군이 함께 '나무심기 전투'를 추진하도록 했다. 이와함께 환경보호사업 개선과 자원 보호증식, 대기와 강하천, 바다오염 등을 막기 위한 사업도 과제로 제시했다.

다. 대외경제

북한은 수출위주의 산업구조가 아니기 때문에 대외경제부문이 차지하는 비중이 크지 않지만, 경제개발을 위해서는 대외무역보다 외국자본의 투자가 필연적이다. 김정은 집권이후 경제개발을 내세운 북한에서 대외경제는 과거보다 더 중요하게 부각되어야 했으나, 7차 당대회에서는 중요도에 있어 산림복구보다 후순위로 밀렸다. 북한은 7차 당대회에서 대외무역에서 가공품수출과 기술무역·서비스무역의 비중을 높이는 등 무역구조를 개선하도록 했다.

북한은 최근 소프트웨어와 의료 및 선박 운항 등의 전문가를 해외에 파견하는 등 기술무역과 서비스무역을 적극 추진하고 있는데 이번 당대회에서 제시한 대외무역 과제는 현재 수행하고 있는 부분을 더욱 강화하기 위한 것으로 보인다. 또한 석탄, 철광석, 희토류 등 광물자원을 가공하여 부가가치를 높여 수출하도록 했다. 합영, 합작과 같은 경제협력을 통해서는 선진기술을 도입하도록 했으며, 경제개발구들에서는 유리한 투자환경과 조건을 보장하는데 중점을 두면서 관광을 적극 추진하도록 했다.

2. '계획'과 '전략'의 차이점

북한이 7차 당대회에서 경제부문 과제를 왜 '계획'이 아닌 '전략'으로 제시하였는지 그 함의를 살펴보려면 우선 계획과 전략의 차이점을 먼저 이해하는 것이 중요하다. 일반적으로 전략은 그 무엇을 수행하는데 필요한 방법이나 책략이다.[18)] 전략이라는 용어는 정치, 군사, 경제 등에서 핵전략, 평화전략, 군사전략, 경영전략, 그리고 전략무기, 전략물자, 전략목표, 전략노선 등 다양하게 사용되고 있다. 그렇다면 북한은 전략을 어떻게 설명하고 있을까? 우선 군사용어에서 사용되는 전략은 '전쟁전반의 승패를 좌우하는 작전방침'으로, 일반적으로는 '일정한 혁명단계에서 반드시 해결하여야 할 목표 또는 기본 과업과 내용'으로 정의되고 있다.[19] 그리고 전략은 일정기간 동안 달라지지 않는다고 한다. 이에 비추어 북한이 7차 당대회에서 언급한 국가경제발전 5개년전략은 현 상황에서 해결해야 할 기본과업으로 설명할 수 있다.

그렇다면 계획은 어떤 의미일까? 계획도 전략과 마찬가지로 경제계획, 학습계획, 활동계획 등 다양하게 사용하고 있는데 여기서는 경제관련 계획에 대해 논의하도록 한다. 북한은 국가계획, 인민경제계획, 인민경제발전계획으로 표현하고 있다.

<표 5> 북한의 경제계획 관련 용어

구분	주요내용	기간
국가계획	- 당의 노선과 정책에 의해 인민경제의 발전방향과 발전수준을 과학적으로 타산하여 제시한 법적과제	
인민경제발전계획	- 당의 노선과 정책, 객관적 경제법칙에 의해 인민경제 모든 부문과 단위들에서 해당시기에 수행해야 할 경제발전의 방향과 수준, 규모 등을 규정한 국가계획	중장기
인민경제계획	- 인민경제계획은 경제발전을 과학적으로 예견한 국가의 지령	1년이하

자료: 『김일성저작집』 참조하여 저자 작성

위의 표에서 보는 것처럼 북한은 국가계획으로 표시하며 또 국가계획은 인민경제발전계획과 인민경제계획으로 구분한다. 전자는 전국가적인 경제부문별 중장기 계획이고 후자는 기관·기업소·단체, 나아가 국가가 수행해야 할 1년 이하의 계획이라고 할 수 있다. 북한의 기업소

18) NAVER 국어사전
19) 북한의 "김일성 저작집" 참고

법 제3조는 "기업소에는 인민경제계획을 실행하는 생산, 건설, 교통운수, 봉사단위 같은 것이 속한다"고 명시[20]하고 있다. 그리고 계획은 전략과 달리 숫자로 표현된다. 북한의 인민경제계획법은 "인민경제계획의 작성은 예비숫자를 묶는것으로부터 시작한다. 기관, 기업소, 단체는 생산장성의 가능성을 타산하여 예비숫자를 묶어야 한다."[21]고 명시하고 있는데, 이를 통해 북한의 계획은 분명 숫자로 제시되고 있음을 알 수 있다.

또한 계획은 법적성격을 띤다. 북한의 경제연구에서는 "경제전략, 기업전략은 경제단위들의 상대적 독자성을 전제로 하므로 인민경제계획에 비하여 법적성격, 법적 구속력이 강하지 않다."라고 언급하고 있다.[22]

<표 6> 전략과 계획의 차이

구분	기간	법적측면	목표
전략	중장기	법적구속력이 약함	숫자가 아님, 선언적임
계획	단기, 중기, 장기	법적구속력이 있음	숫자로 제시 (예시 강철 1,200만톤, 혹은 2.3배)

자료: 『김일성저작집』, "2013년 최신북한법령집"(장명봉편) 참조하여 저자 작성

이처럼 전략은 숫자가 아닌 기본과업이고 법적성격을 가지지 않지만, 계획은 숫자로 제시되며 또 법적성격을 가진 국가의 법적 과제로서 무조건 수행해야 할 당의 지령이라는 점에서 상당한 차이가 있다. 그리고 계획은 전략을 수행하기 위한 구체적인 과제로 제시되기 때문에 전략의 하위개념이라고 할 수 있다.

---

20) 장명봉편, "2013 최신북한법령집" (북한법연구회, 2013), p.384.
21) 장명봉편, "2013 최신북한법령집" (북한법연구회, 2013), p.372.
22) 박홍규, "경제전략, 기업전략에 대한 옳은 이해에서 나서는 몇가지 문제", 『경제연구』 2008년 제3호(평양:과학백과사전출판사, 2008), pp.13~14.

3. 「5개년전략」의 함의

지난기간 개최된 5차 당대회를 제외한 여타 당대회에서는 숫자로 된 경제발전 과제와 이를 수행하기 위한 방법론 적인 문제들이 제시되었으나 새로운 경제정책들은 발표되지 않았다. 이를 통해 당대회는 새로운 경제정책을 제시하기 보다는 전망목표(중기과제) 제시와 이러한 숫자(계획)를 수행하기 위한 부문별 과제를 제시한다고 볼 수 있다. 결국 북한 노동당의 최고권력기관인 당대회는 경제문제에 있어 전망목표와 중장기 계획을 제시하는 역할을 수행하고 있음을 알 수 있다. 또한 북한 최고의 권력기관에서 제시한 과제라는 점에서, 최고지도자가 육성으로 제시했다는 점에서 그 어떤 회의에서 결정된 과제와는 비교할 수도 없는 중요한 과제임을 먼저 이해해야 한다.

북한은 올해 7차 당대회에서 과거 인민경제발전계획과는 전혀 다른 국가경제발전전략을 제시했다. 사실 김정은으로서는 36년만에 열리는 당대회이고 또 김정은집권 5년차에 열리는 국가행사이기 때문에 주민들에게 중장기계획을 통해 희망과 비전을 제시하고 싶었을 것이다. 그러나 비전제시가 없이 중장기 기본과제, 국가경제발전 5개년전략을 제시했는데 이는 어떤 함의를 담고 있을까?

가. 경제개발 보류

「5개년전략」에는 김정은 집권이후 야심차게 시작한 경제개발을 당분간 보류하려는 의도가 담겨있다. 현재까지 김정은정권의 아이콘은 경제개발이었다. 북한은 2010년 9월 노동당 대표자회를 소집하고 김정은을 국방위원회 부위원장으로 임명하면서 공식 후계자로 내세웠다. 김정은이 후계자로 공식 등장 한 다음해인 2011년 1월 북한은 역사상 처음으로 경제개발 장기계획인 「경제개발10개년전략계획」[23])을 발표했

23) △농업개발 △5대물류산업단지조성(라선 신의주, 원산, 함흥, 청진) △석유에너지개발

다. 대부분 구체적인 수치로 발표된 동 계획은 '발전'이 아닌 '개발' 계획으로 제시되었으며 하부구조건설과 지역개발을 핵심으로 하는 국가경제개발의 전략적 목표로 세워졌다. 경제개발은 개혁개방을 전제로 한다. 북한은 그 일환으로 2002년 7월에 제시된 '새로운 경제관리개선조치'[24) 보다 진전된, 기업과 협동농장에 자율성을 대폭 부여한 '우리식의경제관리방법'을 제시했다. 이러한 경제관리방법은 김정은의 '6.28방침'[25)과 '5.30담화'[26)에 의해 처음으로 제시되었으며, 우리식경제관리방법은 '사회주의기업책임관리제'[27)와 '포전담당책임제'[28)로 요약된다.

이후 2013년 5월 경제개발구법을 제정한데 이어 11월 13개, 2014년 6개, 2015년 2개의 경제개발구[29)를 공식 발표하는 등 경제개발을 최우

△2천만톤 원유가공 △전력 3천만kw △지하자원개발 △고속도로 3천km건설 △철도현대화 2,600km △공항, 항만건설 △도시개발 및 건설 △국가개발은행 설립 △제철 2,000만톤(연합뉴스 2011년 1월 15일)

24) 2001년 10월 3일 김정일은의 담화 "강성대국 건설의 요구에 맞게 사회주의경제관리를 개선강화할 데 대하여"에서 "국가계획위원회는 경제건설에서 전략적 의의를 가지는 지표들, 그밖의 소소한 지표들과 세부규격지표들은 해당기관, 기업소들에서 계획화하도록 하여야 한다."고 지시하면서 도입하였다. '7.1조치'는 물가·임금·환율의 현실화, 기업의 경영자율권 확대 및 사회보장제도의 축소로 요약할 수 있다. 구체적으로 생필품의 국정가격은 평균 25배 인상, 임금은 평균 18배 인상, 환율은 평균 70배 인상되었다. 지배인에게는 임금결정, 노무관리 등을 결정할 수 있는 권한이 주어졌다.

25) 2012년 6월 28일에 제시된 당의 방침이다.

26) 2013년 5월 30일 "현실발전의 요구에 맞게 우리식경제관리방법을 확립할데 대하여"라는 담화가 발표되었다. 동 담화에서 국가소유의 생산수단으로 실제적인 경영권을 가지고 기업활동을 자율적으로 하여 근로자들이 생산과 관리에서 책임을 다하게 하도록 하는 사회주의기업책임관리제가 제시되었다. 이를 통해 기업이 제품개발권, 품질관리권, 인재관리권을 행사하도록 했으며 노동에 대한 평가와 분배에서 평균주의를 없애고 일한만큼 분배하는 인센티브제를 적극 도입하도록 했다.(조선노동당 중앙위원회 2013년 3월 전원회의에 관한 보도, 노동신문 2013년 4월 1일)

27) 공장·기업소·협동단체들이 생산수단에 대한 사회주의적소유에 기초하여 실제적인 경영권(제품개발권, 품질관리권, 인재관리권 등)을 가지고 기업활동을 창발적으로 하여 당과 국가앞에 지닌 임무를 수행하며 근로자들이 생산과 관리에서 주인으로서의 책임을 다하게 하는 기업관리방법이다(통일뉴스 2015년 1월 6일 "5.30담화"와 내각 상무조)

28) 협동농장의 분조를 소규모(4-5명)의 가족단위로 구성하고 토지를 나누어 준 다음 국가가 생산비용을 선지급해 주는 방식으로 농업생산을 수행, 이후 생산물을 분조와 국가가 일정 비율로 분배하되 국가는 수매형식으로 생산물을 가져가고 분조는 남은 몫을 분조원에게 현물로 분배하는 방식이다. 여기서 생산비와 생산물에 대해 현실적인 시장가격을 반영한다는데 큰 의미가 있다.

29) 경제개발구는 국가가 특별히 정한 법규에 따라 경제활동에 특혜가 보장되는 특수경제지대

선 과제로 제시했다. 한편 김정은은 경제개발을 위해 중국과 다른 나라들의 경제개혁 사례검토, 관료들에게 자본주의 방식 도입에 대한 비판에 위축되지 말 것을 강조하는 등 경제개발의 의지를 적극적으로 표명하였다.[30)]

이와함께 경제개발 인재양성을 위해 대학 및 학과도 신설했다. 관광개발을 위해 장철구평양상업대학의 관광봉사학부와 평양관광학교를 모체로 평양관광대학을 신설하고 관광경영학부에 경영, 개발학과를 내왔다. 김일성종합대학 경제학부에 국제경제학과, 인민경제대학에 개발학과, 정준택원산경제대학에 관광경제학과·보험학과·경제법률학과·가격학과를 신설[31)]하는 등 전문가 양성을 위한 토대를 마련한 것은 경제개발을 지속적으로 추진하기 위한 의지로 볼 수 있다.

또한 경제개발을 총괄하는 기구를 새로 조직했다. 2013년 10월 15일 최고인민회의 상임위원회 정령으로 국가경제개발총국을 국가경제개발위원회로 격상시키는 한편 북한 사상 처음으로 민간급 경제조직인 조선경제개발협회[32)]도 신설했다. 2014년 6월에는 경제개발과 대외무역을 관장하던 기구인 합영투자위원회와 국가경제개발위원회, 무역성을 통합하여 대외경제성으로 확대했다.[33)]

경제개발을 위해 조선경제개발협회가 주최하는 경제개발구 전문가 토론회도 적극 추진했다. 2013년 10월 16~17일 평양 양각도 국제호텔

이다.(경제개발구법 2조 1항) 경제개발구는 공업·농업·관광·수출가공·첨단기술개발구 등 부문별 개발구와 관리소속에 따라 중앙급과 지방급경제개발구로 구분된다.

30) "비판만으로 경제관리방법을 현실발전의 요구에 맞게 개선할 수 없으며, 허심탄회하게 경제재건책을 논의해야 한다. 민생문제 해결을 위해 중국, 러시아, 일본의 활용할만한 방식도 도입해라"(2012.1월 16일 양형섭 북한 최고인민회의 상임위원회 부위원장 AP통신과의 인터뷰

31) 조선신보 2014년 3월 23일

32) 경제개발협회는 북한의 특별경제구역에 관심을 보이는 외국기업들과 학자들의 활동을 지원하기 위해 새로 설립된 비정부기구로 기업활동을 지원하고 정보를 제공하며 잠재적인 투자자들에 대한 상담활동과 같은 역할을 수행하기로 하였다.

33) 조선중앙통신 2014년 6월 18일

에서 미국, 중국, 캐나다, 인도, 말레이시아, 베트남 등의 관련 전문가들의 참석하에 '특수경제지대개발 평양국제토론회'를 개최하였다. 2014년 5월에도 양각도 국제호텔에서 중국, 인도, 캐나다, 필린핀, 미국의 경제특구 전문가와 북한 주재 외교관 및 국제기구대표 참석하에 '경제개발구 전문가 토론회'를 개최했다.[34] 2014년 9월에는 중국 대련에서 대외경제성 산하 원산지구개발총회사의 주최로 세계한인무역협회 회원 200여명을 대상으로 투자설명회를 개최하기도 했다. 이 회의에는 미국, 호주, 일본 등 동포기업이 참여하였다.[35] 이처럼 김정은 집권이후 지난 4년 동안 북한은 경제개발에 중점을 두었다고 볼 수 있다.

김정은의 경제개발은 올해 신년사에서부터 언급의 빈도가 점차 줄어들었으며 북한 최고의 권력기구인 당대회에서 경제개발이 아닌 경제발전계획을 발표하기에 이른다. 이러한 점을 미루어보아 향후 5년 동안 북한의 경제개발은 대북제재와 같은 대외적 환경에서 당분간 보류 또는 현 상태를 유지하는데 초점이 맞춰질 것으로 보인다.

나. 핵무기 완성의 지속 추진

북한은 2012년 3월 개최된 노동당 중앙위원회 전원회의에서 핵보유를 법적으로 고착시키고 세계의 비핵화가 실현될 때까지 핵무기를 질량적으로 확대 강화할 것을 천명했다. 이후 4월에 열린 최고인민회의 제12기 7차회의에서 헌법개정을 통해 핵보유국임을 명시하기도 했다.

> "… 우리 조국을 불패의 정치사상강국, 핵보유국, 무적의 군사강국으로 전변시키시였으며 …"(북한의 사회주의헌법 서문)[36]

이처럼 핵보유를 자인한 북한이 지속적으로 핵무기의 질량을 언급하

---

34) 조선중앙통신 2014년 5월 3일

35) 연합뉴스 2014년 9월 21일

36) 장명봉편, "2013 최신북한법령집" (북한법연구회, 2013), p.73.

고 있는 것은 아직도 북한이 목표한 핵무기 완성에는 미치지 못했다는 반증이다. 때문에 이번 7차 당대회에서도 정치군사강국의 공고화와 함께 핵무기의 질량적인 강화를 강조했다. 핵개발에서 북한의 목표는 미국 본토를 타격할 수 있게 대륙간 탄도미사일에 탑재할 수 있을 정도의 핵무기의 소형화 경량화이다.

김정은은 집권이후 한편으로 핵무기를 소형화 경량화 하면서 다른 한편으로는 주민생활을 위해 경제문제를 해결하려 했다. 이는 2012년 3월 개최된 노동당 중앙위원회 전원회의 내용을 통해 알 수 있다. 북한은 전원회의에서 경제건설과 핵무력건설을 병진시키는 노선을 제시하면서 이는 "국방비를 추가적으로 늘이지 않고 전쟁 억제력과 방위력의 효과를 높여 경제건설과 인민생활향상에 집중할 수 있게 하는 노선"이라고 자평했다. 그러면서 병진노선을 수행하기 위해 대외무역과 외자유치를 적극 추진하도록 하면서 2013년 3월 3차 핵실험, 2016년 1월 4차 핵실험을 강행했다. 그러나 4차 핵실험은 북한의 예상을 초월한 엄중한 결과를 초래했다. 유엔안전보장이사회의 포괄적이고 강도 높은 대북제재와 각국의 독자제재 조치가 취해지면서 북한은 핵과 경제개발 중 어느 하나를 잠정 보류해야만 하는 상황에 직면하게 되었다.

북한으로서는 이미 헌법에 핵보유를 명시하고 국제사회에서 핵보유국으로서의 지위를 인정받으려고 하고 있어 핵은 절대 포기할 수 없다. 이러한 엄중한 상황에서 김정은은 국가의 법적과제이며 의무인 경제계획을 제시할 수 없었을 것으로 보인다. 경제발전 5개년전략 과제는 수행하지 못해도 법적 책임이 따르지 않기 때문에 김정은과 북한 당국은 물론 모든 기관, 기업소에도 큰 부담이 없다. 북한은 이러한 과제제시로 경제문제보다 핵무기 완성에 올인 할 수 있는 조건을 마련한 것으로 보인다. 7차 당대회에서 경제-핵무력건설 병진노선을 '항구적'으로 추진해야 할 노선으로 재차 강조한 것도 바로 이 때문이라 할 수 있다.

다. 대내경제개혁과 인력송출을 통한 경제난 극복

북한이 경제개발에서 성과를 달성하기 위한 방안은 전술한 것처럼 '우리식경제관리방법'과 '경제개발구'의 적극적인 추진이다. 북한은 지금까지 이 두가지 경제운영 방법을 모두 도입하고 추진하였으나, 7차 당대회를 통해 대외개방은 보류한 채 우리식경제관리방법만을 전면 도입하려고 하고 있다. 김정은은 7차 당대회에서 우리식경제관리방법인 '사회주의기업책임관리제'의 올바른 실시를 강조했다.

> "사회주의기업책임관리제를 바로 실시하여야 합니다."[37]

원래 북한의 대내경제개혁에는 '사회주의기업책임관리제'와 '포전담당책임제'가 있다. 7차 당대회에서는 공장, 기업소, 협동단체들에 해당되는 사회주의기업책임관리제만 언급할 뿐 포전담당책임제에 대한 언급은 전혀 없다. 이는 포전담당책임제는 2012년 '6.28방침'이후 시범농장을 시작으로 지난 4년 동안 전반적인 농업부분으로 확대 도입하고 있기 때문에 계속적인 사업으로 인식하고 있는데서 비롯된 것으로 보인다. 기업책임관리제는 경영자금, 전력, 원료자재 부족 등 기업경영의 한계로부터 아직 도입 중에 있다. 특히 협동농장을 제외한 북한의 모든 경제주체들이 사회주의기업책임관리제를 도입해야 하기 때문에 그 범위가 광범하고 또한 북한주민들의 식생활외 전반생활과 직결된 부분이라는 점에서 적극 추진해야할 의미가 있다. 2014년 현재 북한의 산업구조를 보면 농림어업은 국내총생산의 22%에 불과하다. 78%에 해당하는 산업이 포함된 기업체들에 자율경영권을 적극 보장하여 자력자강으로 북한 경제에서 제기되는 문제들을 극복하려고 하고 있다.

이와함께 인력송출을 통한 무역을 확대하려고 한다.

---

37) 노동신문 2016년 5월 8일 "조선노동당 제7차 대회에서 한 중앙위원회 사업총화보고"

"대외무역에서 신용을 지키고 일변도를 없애며 가공품수출과 기술무역, 봉사무역의 비중을 높이는 방향에서 무역구조를 개선하여야 합니다."[38)]

4차 핵실험으로 인한 대북제재에 의해 북한의 광물자원 수출은 상당히 어려워질 수 있다. 민생과 관련한 무역은 예외로 하고 있지만, 유엔회원국들의 독자제재는 대북수입을 금지하면서 북한 선박의 자국내 입항과 송금을 차단하고 있는 등 북한을 전방위적으로 통제하고 있다.

이런 상황에서 북한은 고급기술을 가진 인력들의 해외송출과 서비스업종에 대한 인력송출을 통해 부족한 외화를 대체하려고 하고 있는 것으로 보인다. 북한은 핵개발과 대외개방을 병행추진하려고 시도했으나, 대북제재로 인한 외자유치의 어려움으로 대외개방을 보류했을 것으로 보인다.

Ⅳ. 경제정책 추진 방향

북한은 7차 당대회에서 경제강국 건설을 장기과제로 제시했는데, 이는 북한이 경제회생과 경제성장이 급진적으로 중기 혹은 단기에 해결되기 어렵다는 것을 잘 알고 있다는 반증이다. 김정은은 하루빨리 경제강국의 완성을 통해 주민생활을 향상시켜 이들이 당과 최고영도자에게 충성하도록 유인함으로써 장기집권을 꾀하고 싶을 것이다. 그럼에도 경제강국 건설을 장기과제로 제시한 것은 북한에 있어 핵무력 완성이 경제문제 해결을 통한 주민생활 향상보다 더 중요한 과제로 되기 때문이다.

북한은 올해 연초 단행한 4차 핵실험과 미사일발사로 유엔 역사상

---

38) 노동신문 2016년 5월 8일 "조선노동당 제7차 대회에서 한 중앙위원회 사업총화보고"

가장 강력한 대북제재를 받고 있다. 유엔제재 2270호는 물론 미국·중국·유럽·아프리카 등 유엔회원국들은 별도의 단독제재조치도 취하고 있어 북한은 대외무역은 물론 전방위적인 측면에서 상당한 어려움에 놓여 있다. 북한은 5년내 핵무기 완성을 목표로 하고 있어 대북제재 완화와 같은 새로운 변수가 발생할 가능성이 매우 희박하다고 판단하고 있는 것으로 보인다. 이러한 대외적 환경에서 향후 북한경제는 대체 어떤 방향으로 전개될 것인가?

우선 북한은 다시 문을 닫아걸고 폐쇄된 경제정책을 추진할 수 있다. 그러나 과거의 폐쇄정책과는 다른, 우리식경제관리방법의 전국적인 도입 즉 내부개혁에 중점을 둔 경제정책을 적극 추진할 것으로 보인다. 북한은 김정은 집권 이후 2011년부터 1%대의 플러스 성장[39)]을 보이고 있다.

그러나 현재의 대북제재속에서, 더욱이 향후 5년내 핵무기 완성을 목표로 한 북한의 현실에서 경제발전은 차지하더라도 현 상황을 유지하는 것도 쉬운 일이 아닐 것이다. 따라서 기업의 시장참여와 개인의 시장활동을 활성화하는 방법으로 현재의 경제적 어려움을 극복하려고 할 것으로 보인다. 북한이 지속적으로 강조하는 자강력제일주의도 대북제재와 같은 대외적 환경을 고려한 자구책이라 할 수 있다. 이는 이번 7차 당대회 보고 내용을 통해서도 알 수 있다.

> "공장, 기업소, 협동단체들은 사회주의기업책임관리제의 요구에 맞게 경영전략을 잘 세우고 기업활동을 주동적으로, 창발적으로 하여 생산을 정상화하고 확대발전시켜나가야 합니다. 국가적으로 기업체들이

---

39) 〈북한의 경제성장률 추이〉

연도	2006	2007	2008	2009	2010	2011	2012	2013	2014
경제성장률(%)	-1.0	1.2	3.1	-0.9	-0.5	0.8	1.3	1.1	1.0

자료 : 통계청 "북한의 2015년 주요통계지표"

부여된 경영권을 원활하게 활용할 수 있도록 조건을 충분히 보장해주어야 합니다."[40]

"자력자강의 정신을 가져야 그 어떤 시련과 난관도 뚫고 나갈 수 있으며 최악의 조건에서도 최상의 성과를 이룩할 수 있습니다."[41]

다음으로 경제의 동력인 전력문제 해결을 위한 원자력발전소 건설 추진, 지방경제 발전 등에 중점을 둘 것으로 보인다. 아무리 좋은 정책을 통해 기업이 스스로 경영활동을 할 수 있도록 하여도 전력공급이 받쳐주지 않으면 성과달성이 어렵다. 북한이 이번 당대회에서 전력을 경제의 4대 선행부문에서 분리하여 가장 중요한 과제로 제시한 것은 가시적인 성과를 목표로 하고 있는 것으로 분석할 수 있다. 지금까지는 중소형 수력발전소 건설에 중점을 두었다면 앞으로는 원자력발전소 건설에 더 큰 방점을 둘 것으로 보인다. 7차 당대회에서 경제강국 건설을 장기과제로 제시하면서 원자력발전 비중을 제고할 것을 주요과제로 제시한 것에서 유추할 수 있다.

또한 민생문제를 지방정부에 위임하고 그 지역의 특화된 산업을 발전시켜 자급자족하도록 하는 정책을 제시하는 등 중앙과 지방의 분권화를 점차 확대할 수 있다. 이번 7차 당대회에서 김정은이 "지방스스로 살림살이를 위한 작전을 세우고 특성에 맞게 지방경제를 발전시켜야 한다"고 언급한 바 있다. 한편 농산·축산·수산과 같이 주민들의 식생활부문, 주택과 관련된 건설부문은 국가적 차원에서 지속적으로 강조할 수 있다.

또한 경제의 전반부문에 선진과학기술을 도입하기 위한 노력을 경주할 것이다. 과학자, 기술자들에 대한 대우를 제고하는 한편 신기술제품 박람회, 과학자대회, 기술자대회와 같은 사회적 분위기 고조를 위한 행

---

40) 노동신문 2016년 5월 8일 "조선노동당 제7차 대회에서 한 중앙위원회 사업총화보고"
41) 노동신문 2016년 5월 8일 "조선노동당 제7차 대회에서 한 중앙위원회 사업총화보고"

사도 진행할 수 있다. 이번 당대회에서 북한이 '강성대국', '강성국가' 대신 '사회주의강국'이라는 표현을 통해 본래의 3대강국(사상, 군사, 경제)에 과학기술과 문명강국을 포함하고 경제강국에 앞서 과학기술강국을 더욱 강조한 것은 국내원천을 이용한 경제발전에 중점을 둔 것으로 풀이된다.

마지막으로 소프트웨어 전문가 등을 해외에 파견하여 외화수입을 획득하려고 할 것이다. 유엔안보리의 대북제재 결의 2270호와 미국을 비롯한 유엔회원국의 독자제재로 북한은 제품수출입과 대금결제 혹은 송금 등에서 상당한 어려움에 직면하고 있다. 외화원천과 외화유입 통로가 차단되어 대폭 감소한 외화수입을 확보하기 위해 단가가 높은 고급인력송출을 통해 이를 대체하려고 하겠으나, 받은 인건비의 북한으로 유입은 스스로 해결해야할 난제이기도 하다. 그럼에도 북한은 외화확보를 위해 기술자, 전문가의 인력송출을 확대할 것으로 보인다. 이는 북한이 7차 당대회에서 기술무역과 서비스무역의 비중을 높여 무역구조를 변화시킬 것을 언급한데서 읽을 수 있다.

이처럼 북한은 향후 5년 동안 시장을 중심으로 한 경제발전에 중점을 두어 현재 플러스 성장에서 하락하지 않도록 노력할 것이다. 국가소유의 공장·기업소·단체들에서 시장을 통한 생산 및 서비스 활동을 적극적으로 추진하도록 함으로서 시장적 요소가 계획적 요소를 점차 대체할 수 있다. 결국 향후 5년 동안 경제개발구와 같은 대외개방은 위축되지만 내부개혁을 통해 시장화는 오히려 확대되고 공적경제가 시장경제의 모양대로 점차 변화될 것으로 보인다.

Ⅴ. 나오며

북한이 36년 만에 개최한 7차 당대회에서 「5개년전략」을 제시한 것은 올해 3월 2일 유엔안보리에서 채택된 대북제재 결의 2270호 등 현재 처한 대외적 환경을 고려한 것으로 풀이된다. 2270호는 유엔 헌장 7장 41조에 따라 대북한 제재조치를 대폭 확대 강화한, 유엔 역사상 전례를 찾아 볼 수 없을 정도로 비군사적 조치로는 가장 강력하고 실효적인 제재 결의이다. 따라서 북한은 자력자강에 의한 경제난 타개 즉 공장·기업소·협동단체의 자율경영에 의한 공적경제 운영, 종합시장의 활성화를 통한 국가예산수입의 확보 등 국내적 차원에서 자구책을 마련할 것으로 보인다. 또한 석탄·철광석·희토류 등의 수출 감소를 기술무역과 서비스무역으로 대체하여 외화수입의 부족분을 확보하려고 할 것이다.

결국 「5개년전략」 기간 동안은 경제개발구와 같은 대외경제부문은 축소되는 반면, 대내경제개혁이 확대·활성화될 것이다. 사실 지난 20여년간의 시장화 확산으로 북한의 대내적 환경도 많이 변화되었다. 따라서 경제개발구에 대한 국제사회의 대북투자는 주민과 기업의 변화를 유도하기에 아주 좋은 방법이기도 하다. 그러나 대북제재로 대외개방을 통한 북한 변화는 기대하기 어렵다.

이런 상황에서 국제사회와 우리 정부는 대북제재를 통한 북한의 핵 포기와 함께 대외개방과 내부개혁을 통한 북한 변화를 동시에 유인하는 전략을 구사해야 할 것이다. 특히 현시점에서 단기적으로는 내부개혁을 통한 북한 변화를 유인하고 중장기적으로는 핵 포기와 함께 대외개방에 나설 수 있도록 유도하는 강온양면 정책을 추진하는 것이 바람직하다 하겠다.

참고문헌

김갑식. "조선노동당 제7차 대회 분석: 총평", 통일연구원, 2016.

김일성. "조선노동당 제3차대회에서 한 중앙위원회사업총화보고", 『김일성저작집』 제10권, (평양: 조선노동당출판사, 1980)

_____. "조선노동당 제4차대회에서 한 중앙위원회사업총화보고", 『김일성저작집』 제15권, (평양: 조선노동당출판사, 1980)

_____. "조선노동당 제5차대회에서 한 중앙위원회사업총화보고", 『김일성저작집』 제25권, (평양: 조선노동당출판사, 1983)

_____. "조선노동당 제6차대회에서 한 중앙위원회사업총화보고", 『김일성저작집』 제35권, (평양: 조선노동당출판사, 1987)

_____. "모든 것을 전후인민경제복구발전을 위하여", 『김일성저작집』 제8권, (평양: 조선노동당출판사, 1980

_____. "조선민주주의인민공화국 인민경제발전 제2차 7개년계획에 대하여", 『김일성저작집』 제32권, (평양: 조선노동당출판사, 1983)

_____. "사회주의의 완전한 승리를 위하여", 『김일성저작집』 제40권, (평양: 조선노동당출판사, 1983)

박홍규. "경제전략, 기업전략에 대한 옳은 이해에서 나서는 몇가지 문제", 『경제연구』 2008년 제3호(평양:과학백과사전출판사, 2008)

장명봉편. "2013 최신북한법령집" , 북한법연구회, 2013.

통계청 "북한의 2015년 주요통계지표", 2016.

통일부. "제7차 당대회 사업총화보고 분석", 배포용, 2016.

『노동신문』. 2013년 4월 1일.

『조선신보』. 2014년 3월 28일.

『조선중앙통신』. 2014년 5월 3일.

__________. 2014년 6월 18일.

『연합뉴스』. 2011년 1월 15일.

________. 2014년 9월 21일.
『통일뉴스』. 2015년 1월 6일.
『MBC뉴스』. 2015년 7월 30일.
『KBS뉴스』. 2016년 4월 2일.
『NAVER 국어사전』

제2절 김정은 정권 6년, 경제정책 노선과 대북제재 영향

Ⅰ. 들어가며

김정은은 집권 6년 동안 4차례 핵실험과 수십 차례의 미사일발사를 단행했다. 이런 측면에서 김정은 정권 6년은 핵과 미사일 개발을 두고 사생결단을 했던 시기로 평가할 수 있다. 그러한 노정에서 북한은 올해 11월 29일 핵무력 완성의 선포를 통해 국제사회에 더 이상 핵과 미사일 개발은 추진하지 않을 수도 있음을 암시했다.

지금까지 북한 주민들은 북한 당국이 미국의 핵위협에 대응하기 위해 핵과 미사일개발에 많은 자금을 투자하고 이 때문에 대북제재도 받고 있어 나라 경제가 어려움에 처해있다고 인식하였다. 그러나 북한 당국의 핵무력 완성의 선포는 주민들에게 국방비에 지출되던 예산이 경제부문으로 투입되어 잘 살 수 있을 것이라는 희망을 주었다. 다시말해 지금보다 잘사는 세상, 사회주의 부귀영화가 있는 그런 세상이 올수도 있다는 기대를 가지게 만들었다는 것이다. 주민들의 이러한 기대가 앞으로 북한의 행보를 핵개발에서 경제개발로 바꿀 수도 있다.

한편 북한에 대한 고강도 대북제재는 김정은의 주머니 외화를 대폭 감소시키고 국가경제를 악화의 길로 몰아가고 있는데, 이 또한 김정은의 현명한 판단을 요구하고 있다. 이런 상황에서 만약 북한이 국면전환을 통한 경제개발을 추구하게 된다면 남북간 경제교류협력의 재개가 가능해진다. 때문에 김정은 정권의 경제정책과 실태에 대해 살펴보는 것은 향후 남북경제협력 재개와 북한의 행보를 예측하기 위해 필요하다.

이런 관점에서 본고에서는 김정은 정권의 경제정책과 지난 6년동안 정책노선, 그리고 경제지표를 통한 대북제재 영향 등을 살펴보려고 한다.

Ⅱ. 김정은 정권의 경제정책

김정은 정권의 경제건설 최종 목표는 사회주의 경제강국을 건설하는 것인데, 이는 김정일 정권의 경제건설 목표를 그대로 계승한 것으로 볼 수 있다. 이러한 목표를 수행하기 위해 김정은은 2013년 3월 노동당 중앙위원회 전원회의에서 '경제건설과 핵무력건설을 병진시킬데 대한 노선'을 제시했다. 다시말해 자위적인 핵무력을 강화발전시켜 나라의 방위력을 튼튼히 하면서 다른 한편으로 경제건설을 추진하겠다는 것이다. 김정은 정권의 경제-핵무력건설 병진노선은 사실상 자원배분 측면에서의 경제건설 방향이라고 할 수 있다.

김정은 정권의 경제정책은 집권초기 제시한 '6.28방침'과 '5.30담화', '경제개발구법'등을 통해 알 수 있는바, 한마디로 제한적인 경제개혁개방이다.

1. 경제개발을 위한 제한적인 내부개혁

김정은은 집권 초 경제발전을 위해 상당한 관심을 가진 것으로 보여진다. 2012년 초 경제분야를 시찰하면서 "인민생활 회복을 위해 실정에 맞는 새로운 경제관리방법을 만들어야 한다. 인민이 좋아하면 그것이 옳은 것이며 계속 발전시켜나가야 한다"고 언급했다.[42] 또한 관료들에게 "비판만으로 경제관리 방법을 현실발전의 요구에 맞게 개선할 수 없으며, 허심탄회하게 경제재건책을 논의해야 한다. 민생문제 해결을 위해 중국, 러시아, 일본의 활용할만한 방식도 도입해야 한다" 등의 발언을 통해 관료들과 연구자들이 다양한 경제관리방법을 모색할 것을 강조하기도 했다.[43] 2012년 말에는 노동당 행정부 산하에 경제발전 전략

---

42) 『노동신문』, 2012년 4월 19일

43) 2012년 1월 16일 양형섭 북한 최고인민회의 상임위원회 부위원장 AP통신과의 인터뷰

을 연구하는 '전략문제연구소'를 신설하기도 했다. 이러한 관심으로부터 경제개발을 위한 새로운 경제관리방법이 제시되었다고 할 수 있다.

김정은은 집권한지 수개월만인 2012년 6월 '우리식의 새로운 경제관리 체계를 확립할데 대하여'라는 방침을 통해 국영기업에 경영자율성을 보장하고 협동농장은 가족 혹은 소규모의 작업단위로 토지를 이용하도록 하는 등 경제관리 방법의 개선에 대해 제시했다. '6.28방침'의 특징은 국가 및 기업에 시장가격의 부분적 적용을 공식화한 것, 시장수요에 의한 생산품목의 생산과 생산물 처리를 자율화 한 것, 근로자들에 대한 평균분배를 전면 배격하도록 한 것이라고 할 수 있다. 다시말해 '6.28방침'은 기업운영을 시장에 접근시키고 기업이 이윤본위주의를 받아들인 것이라 할 수 있다.

<표 1> '6.28방침'의 특징

구 분	특 징
국가 및 기업 경영활동	- 장가격의 부분적 적용 공식화 - 시장수요에 의한 생산품목, 생산물 처리, 가격결정 자율화
노동결과 평가	- 평균분배 전면배격

자료: 저자작성

이후 2014년 5월 30일 당, 국가, 군대, 기관 책임일군들과 한 담화에서 '현실발전의 요구에 맞게 우리식 경제관리방법을 확립할데 대하여'란 주제의 논문발표를 통해 기업의 경제적 실리를 보장하기 위해 '기업책임관리제'와 '분조담당책임제'(포전담당책임제)의 도입과 기업의 인사관리권한, 노동에 대한 평가와 분배 등에 대해 구체적으로 밝혔다.

<표 2> '5.30담화' 주요내용

구 분	주요내용
기업책임관리제	공장, 기업소, 협동단체들의 생산수단은 국가소유이지만, **실제적인 경영권**을 가지고 **기업활동을 자율적**으로 하여 근로자들이 생산과 관리에서 책임을 다하게 하는 기업관리 방법
기업권한	제품개발권, 품질관리권, 인재관리권 행사
직장, 작업반, 분조담당 책임제	기계설비, 토지, 시설물 등 국가 및 협동소유 재산 관리 이용
노동에 대한 평가 및 분배	일한만큼, 번 것만큼 분배

자료: 저자작성

'5.30담화'에서 제시된 기업책임관리제와 포전담당책임제는 전통적인 계획경제에서의 경영방법과는 많은 차이가 있으며, 2002년 '7.1조치'보다 획기적인 경제관리방법이라 할 수 있다. 왜냐하면 지금까지 북한은 기업에 대해 '상대적 독자성'을 운운했기 때문에 사실상 기업의 자율성은 전혀 없었다. 국가에서 지정해준 제품을 국가에서 보내준 인력으로, 국가에서 갖추어준 설비와 공급받은 원료자재를 가지고 경영활동을 수행하도록 하였기 때문에 기업 스스로 생산하고 싶은 제품을 개발하거나 생산할 수 있는 권한은 전혀 없었다. 또한 모든 동일노동에 대해서는 동일임금을 지급 하는 등 평균 분배의 원칙을 고수하고 있었다.

그러나 '5.30담화'는 기업에게 실질적인 독자성을 부여했으며, 이로부터 계획외 생산활동, 생산물의 시장판매가 가능하고 필요한 인력을 이용할 수 있게 되었다. 또한 노동의 기여정도에 따라 임금을 차별화하고 인센티브 제공을 통해 생산의욕을 제고할 수 있었다. 물론 국영기업이고 생산수단도 국가소유이라는 측면에서는 시장경제에서의 기업운영과는 큰 차이가 있지만, 전통적인 계획경제 운영방식을 탈피했다는 측면에서는 긍정적인 신호로 볼 수 있다.

2. 경제개발을 위한 제한적인 대외개방

북한의 대외개방 정책은 2013년 3월 노동당 중앙위원회 전원회의에서 관광활성화를 위한 관광구 설치, 각 도마다 실정에 맞는 경제개발구 설치를 강조하면서 제시되었다. 이후 5월 29일 경제개발구법[44] 제정을 통해 대외개방 정책을 제도적으로 뒷받침하였다.

김정은은 2013년 10월 8일 비공개로 열린 경제부문 책임일꾼 회의에서 경제발전을 위해 자본주의 침투를 두려워하지 말고 대담하게 대도시들과 국경을 개방할데 대해 강조하기도 하였다.[45] 또한 2012년부터 경제발전에 집중하였으나 큰 발전은 이루지 못했다고 평가한 뒤 100년 후에도 후회가 없도록 통 큰 계획을 세우고 진행하도록 지시하였다. 김정은의 이러한 발언이 있은 한 달 뒤인 2013년 11월 북한은 최고인민회의 상임위원회 정령으로 각 도에 13개의 경제개발구와 신의주국제경제지대 설치에 대해 공식 발표하면서 사실상 현실화 되었다. 이후 2014년 7월에 6개의 경제개발구, 2015년 4월과 10월에 각각 한 개의 경제개발구가 발표되기도 하였다. 이와함께 2013년 10월 15일에는 최고인민회의 상임위원회 정령으로 국가경제개발총국[46]을 국가개발위원회로 격상시켰으며 2014년 6월엔 경제개발과 대외무역을 관장하던 기구인 합영투자위원회[47]와 국가경제개발위원회, 무역성을 통합하여 대외경제성을 신설하면서 업무를 일원화하였다.[48]

이처럼 김정은 정권은 노동당 회의를 통해 대외개방 정책을 제시하고 법제정을 통해 제도화하였으며 이를 관리운영하기 위한 기관설립과

44) 경제개발구법은 경제개발구의 정의와 유형, 경제개발구 창설과 지도관리 기관, 투자 및 투자가관련 규정, 경제개발구 창설과 개발 등에 대해 명시하고 있다.

45) 『NK지식인연대』 2013년 11월 1일

46) 경제개발총국은 2011년 북한이 '국가경제개발10개년전략계획'을 발표하면서 정부의 경제개발 총괄기구로 설립되었다.

47) 합영투자위원회는 2010년 7월 합영투자지도국이 승격되어 투자협정 체결과 경제특구 관리를 전담하는 정부기구로 내각산하에 설치되었다.

48) 『조선중앙통신』 2014년 6월 18일

함께 외자유치를 위한 특구를 지정하는 등 김정일 정권과는 차별화된 개방정책을 구현하고 있다. 이러한 북한의 제한적인 개혁개방정책은 핵과 미사일 개발로 인해 제대로 추진되지 못하고 있지만, 새로운 변화에 대한 시도는 긍정적으로 평가된다. 이런 상황에서 어떻게 하면 향후 북한 변화를 촉진시킬 수 있을지 등에 대한 고민이 필요할 것으로 보인다.

Ⅲ. 김정은 정권 6년, 경제정책 노선

김정은은 집권 6년간 중장기적인 경제정책 추진을 위해 대내외적인 환경변화에 따라 다양한 정책노선을 선택하였다. 집권 초기 대외경제부문에서는 외국자본을 활용하여 지역개발을 추진하기 위한 경제개발구 개발정책에, 대내경제부문에서는 전력과 같은 산업인프라의 영향을 크게 받지 않으면서도 가시적인 성과를 낼 수 있는 건설, 서비스, 수산부문에 집중하는 정책에 매진했던 것으로 보인다. 그러면서 대북제재에 대응한 국산화 전략과 시장으로 흘러들어가는 주민들의 쌈짓돈을 국영산업으로 돌리기 위한 사업을 함께 강조했다.

1. 외자유치를 통한 지역개발

북한은 2013년 13개의 경제개발구 지정 발표를 시작으로 이후 2015년까지 9개의 도와 평양시, 남포시에 22개의 중앙 및 지방급 경제개발구를 고루 지정하였으며, 외자유치를 위한 컨퍼런스 개최, 전문가양성기관 신설 등 외자유치를 위한 사업을 일사분란하게 추진하였다.

2013년 3월에 노동당 전원회의에서 경제개발구 설립과 원산·칠보산을 관광지구로 개발하도록 결정이 되고 바로 5월 경제개발구법이 제정되었으며, 10월 평양 양각도 국제호텔에서 조선경제개발협회의 주최로 미국·중국·캐나다·인도·말레이시아·베트남 등 기업인들의 참여하에 '특수경제지대개발 평양국제토론회'를 개최하였다. 그리고 그해 11월에 13개의 경제개발구와 신의주특수경제지대를 선포하였고 이듬해인 2014년 2월에는 호주, 이탈리아, 스페인, 영국, 대만, 태국의 사업가 7명의 경제개발구 투자 가능성 타진을 위한 방북이 이뤄지지도 하였다. 3월에는 경제개발 전문가 양성을 위해 평양관광대학을 신설하였으며 김일성종합대학 경제학부에 국제경제학과, 인민경제대학에는 개발학과, 정준택원산경제대학에는 관광경제학과, 경제법률학과 등을 신설하였다. 그리고 4월에는 또다시 조선경제개발협회 주최로 해외 경제개발 전문가 투자방식에 대한 토론회를 개최하였다. 6월 11일에는 최고인민회의 상임위원회 정령으로 '원산-금강산국제관광지대'를 발표하였으며, 18일에는 경제개발을 위한 관리감독기구를 통합하였다. 7월에는 6개의 경제개발구를 추가 지정하고 신의주특수경제지대를 신의주국제경제지대로 명칭을 변경하였다. 9월에는 중국 대련에서 세계한인무역협회 회원 200여명을 대상으로 투자설명회를 개최하였다.

2015년에는 4월에 한 개의 특구를 추가 지정한데 이어 5월에는 금강산에서, 9월에는 평양에서 경제개발구에 대한 투자설명회를 개최하였으며, 7월에는 경제개발구 부동산 및 보험규정을 제정하였고 8월과 10월에는 리수용 외무상과 리용남 대외경제상이 태국 방콕과 베트남 하노이에서 경제개발구 관련 투자설명회를 개최하고 투자를 요청하기도 하였다. 이처럼 북한은 2013년 3월부터 2015년 10월까지 외국자본을 통한 투자유치를 위해 상당한 노력을 기울였다.

그러나 2016년부터는 북한의 외자유치를 위한 국제토론회와 같은 다양한 활동은 모두 중단되었다. 2015년 신년사에서 대외경제관계의 다각적 발전, 원산-금강산국제관광특구를 비롯한 경제개발구의 적극적인 추진을 강조했으나, 2016년과 2017년 신년사에서는 이와 관련해서 전혀 언급하지 않았다. 이는 김정은이 2012~2015년까지 정책을 집행하면서 경제건설과 핵개발을 동시에 추진하는 것이 상당히 어렵다는 것을 인식하였기 때문으로 보여진다. 이로부터 북한은 2016년 5월 7차 당대회 이후 선 핵개발, 후경제개발로 선회하게 된다. 이로서 2016년부터 북한의 적극적인 외자유치 노력은 사실상 잠정 중단되게 되었다.

<표 3> 북한의 외자유치를 위한 노력

시 기	주요 내용
2013년 3월	31일 노동당 중앙위원회 전원회의에서 도별특성에 맞는 경제개발구 설립과 원산과 칠보산을 관광지구로 개발하도록 결정
2013년 5월	최고인민회의 결정으로 경제개발구법 제정
2013년 10월	16~17일 평양 양각도 국제호텔에서 조선경제개발협회의 주최로 '특수경제지대개발 평양국제토론회' 개최 (미국, 중국, 캐나다, 인도, 말레이시아, 베트남 등 참석)
	국가경제개발 총국을 국가경제개발위원회로 승격
	북한사상 첫 민간단체인 경제개발협회 신설
2013년 11월	최고인민회의 상임위원회 정령으로 14개 경제개발구 선포
2014년 2월	호주, 이탈리아, 스페인, 영국, 대만, 태국의 사업가 7명 경제개발구 투자 가능성 타진을 위해 방북
	'내나라' 홈페이지 통해 남포 와우도 수출가공구 소개
2014년 3월	경제개발 전문가 양성을 위해 평양관광대학 신설, 김일성종합대학 경제학부에 국제경제학과, 인민경제대학에는 개발학과, 정준택원산경제대학에 관광경제학과·보험학과·경제법률학과·가격학과 신설
2014년 5월	양각도 국제호텔에서 조선경제개발협회 주최로 '경제개발구 전문가 토론회' 개최, 중국·인도·캐나다·필리핀·미국의 경제특구 전문가, 북한 주재 외교관 및 국제기구 대표 참석
2014년 6월	11일 최고인민회의 상임위원회 정령으로 "원산-금강산국제관광지대" 발표 (원산지구, 마식령스키장지구, 울림폭포지구, 석왕사지구, 통천지구, 금강산지구 포함)
	18일 최고인민회의 상임위원회 정령으로 무역성에 합영투자위원회, 국가경제개발위원회를 통합하여 대외경제성 신설
2014년 7월	주간 영자신문 '평양타임스' 함경북도 경제개발구(청진경제개발구, 어랑농업개발구, 온성섬관광개발구) 청사진 공개
	23일 최고인민회의 상임위원회 정령으로 평양시에 은정첨단기술개발구, 황해남도 강령군에 강령국제녹색시범구, 남포시 와우도구역에 진도수출가공구, 평안남도 청남구에 청남농업개발구, 숙천군에 숙

시 기	주요 내용
	천농업개발구, 평안북도 삭주군에 청수관광개발구 추가지정
	최고인민회의 상임위원회 정령으로 신의주특수경제지대를 신의주국제경제지대로 결정
2014년 9월	중국 대련에서 대외경제성 산하 원산지구개발총회사의 주최로 세계한인무역협회(월드옥타)회원 200여명을 대상으로 투자설명회 개최, 미국·호주·일본 등 동포기업 참여
2015년 4월	최고인민회의 상임위원회 정령으로 무봉국제관광특구지정
2015년 5월, 9월	금강산과 평양에서 경제개발구와 원산금강산 국제관광지대에 대한 투자설명회 개최
2015년 7월	경제개발구 부동산 및 보험규정
2015년 8월	방콕에서 열린 외무장관 회담에서 리수용 외무상 경제개발구 투자 요청
2015년 9월	경제개발구 세금규정 제정
2015년 10월	최고인민회의 상임위원회 정령으로 경원경제개발구 지정
	리용남 대외경제상을 단장으로 하는 경제대표단 베트남에서 경제개발구 투자설명회 개최

자료: 저자작성

2. 가시적인 성과를 위한 경제개발

집권 초 김정은에게는 내세울만한 성과가 별로 없었다. 때문에 주민생활 향상에 기여하면서도 치적을 쌓을 수 있는 사업 아이템이 필요했던 것으로 보인다. 이로부터 김정은은 주택건설 및 위락시설 건설과 수산업, 서비스 부문을 집중 공략했다. 이는 산업인프라가 부족해도 성과를 낼 수 있고 가시적인 성과로 나타날 수 있는 부문으로써 사실상 지난 6년 동안 적잖은 성과를 거두었다.

우선 김정은은 주택, 위락시설, 서비스시설 등 건설부문을 가장 중요한 사업으로 추진했다. 주민생활과 관련한 경공업, 농산, 축산부문에 대해서 신년사나 여타 회의를 통해 강조하지 않은 것은 아니지만, 이부문은 많은 조건을 필요로 하기 때문에 원론적인 언급에 그쳤다. 제조업은 생산설비와 원자재, 전력공급과 같은 생산조건과 환경이 마련되어야 하며 농산은 비료, 농약, 기후 등의 조건이 마련되어야 한다. 여기에 생산이 정상화되어야 가시적인 성과가 지속적으로 나타날 수 있고 주민들에 대한 공급을 진행할 수 있다. 말하자면 제조업과 농업부문은 투자하고 노력한 만큼 기대에 미치는 성과를 내기 어려운 부문이라는 뜻이다.

이에 반해 건설은 시멘트, 철근, 모래와 같은 자재와 타워크레인, 인력 등만 보장된다면 성과를 기대이상으로 낼수 있는 부문이다. 거기에 저층(5층)까지의 건물은 타워크레인과 같은 설비도 필요없다. 인력과 자재만 보장되면 3개월안에 완공이 가능하다. 2016년 북부국경지역을 강타한 홍수로 이해 떠밀려간 1만여세대의 주택도 이렇게 건설되었다. 때문에 김정은은 짧은 기간에 식생활문제를 국가가 보장하기는 어렵다고 판단하고 단기간에 눈으로 보여지고 피부로 느낄 수 있는 부문인 건설에 집중한 것으로 보인다.

이러한 전략적 판단으로 사실상 평양을 중심으로 많은 건축물들이 들어섰다. 대형슈퍼마켓인 광복지구상업중심과 해맞이 식당, 동평양해당화관, 만수대지하상점 등 평양의 각 구역에 1개 이상의 슈퍼마켓이나 전문상점 설립을 추진하였으며 보통문고기상점, 만수교고기상점 등 세계적 수준의 상업봉사시설이 신설되었다. 또한 만수대거리, 창전거리, 은하과학자거리, 김일성종합대학 교육자 살림집, 김책공업종합 교육자 살림집, 위성과학자주택지구, 미래과학자거리, 여명거리 등 평양중심의 대규모 아파트 건설이 추진되었다. 이외 문수 물놀이장, 미림승마구락부, 사격장, 릉라인민유원지 등 위락시설 건설도 적극 추진했다. 이처럼 평양을 중심으로 건설사업을 추진하면서 이를 점차 각 도별로 확대하고 있다.

김정은이 건설부문에서 특별한 관심을 보인 부분은 고아들을 위한 육아원, 애육원, 초등학원, 중등학원과 노인들을 위한 양로원 등 복지시설이다. 평양육아원·애육원·양로원 건설을 시작으로 각 도별로 이러한 복지시설이 모두 건설되고 있다.[49]

<그림 1> 김정은 집권이후 건설된 주요 건축물

자료: 조선중앙연감 참조

김정은 정권의 건설중심의 경제정책은 해마다 발표되는 최고인민회의 국가예산 결산과 편성을 통해서도 알 수 있다. 〈그림 2〉 에서 보는 것처럼 2014년부터 지금까지 공업과 농업부문에 대한 국가예산 증가율은 해마다 4~5% 수준이나, 건설부문은 2~13.7%로 큰 변동폭을 보이고 있다. 이는 김정은 정권들어 건설부문을 가장 중요한 사업으로 추진했다는 반증이다.

49) 김영희, "김정은 집권이후 북한 건설업의 특징과 전망", 「주간 KDB리포트」 제752호, 2017.

<그림 2> 2014~2017년 부문별 국가예산 증가율

(단위: %)

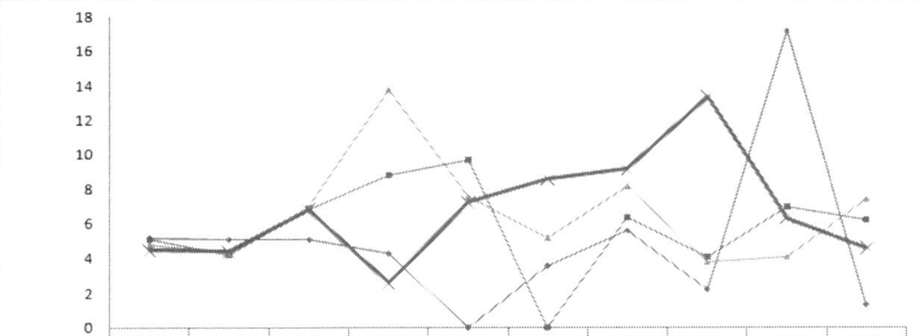

	공업	농업	수산	기본건설	산림	과학기술	교육	보건	체육	문화
2014	5.2	5.1	5.1	4.3	0.0	3.6	5.6	2.2	17.1	1.3
2015	5.1	4.2	6.8	8.7	9.6	0.0	6.3	4.1	6.9	6.2
2016	4.8	4.3	6.9	13.7	7.5	5.2	8.1	3.8	4.1	7.4
2017	4.5	4.4	6.8	2.6	7.2	8.5	9.1	13.3	6.3	4.6

자료: 북한의 최고인민회의 국가예산 발표 내용을 참조하여 저자 작성

수산부문도 김정은 집권이후 상당히 성장했다. 김정은은 군(軍) 수산사업소를 시범적으로 꾸리고 이를 전국에 일반화하도록 하는 한편 생산된 수산물을 주민들에게 공급해주도록 하였다. 2014년 2월에는 취약계층을 위한 수산물 공급기지로 1월 8일 수산사업소 건설을 착공하여 그해 4월에 완공하였으며, 2015년에는 원양어업기지인 5월 27일 수산사업소를 설립하였다. 북한의 수산성의 한 간부는 머지않아 주민들의 식탁에 바다향기가 넘치게 될 것이라고 말하기도 했다.[50)]

이처럼 김정은 집권이후 수산부문은 건설부문과 마찬가지로 중요하게 추진된 사업으로 평가된다. 왜냐하면 수산부문 역시 건설부문과 마찬가지로 산업인프라의 영향을 적게 받는 부분이다. 어선, 어망, 어구, 기름, 인력 등만 보장되면 얼마든지 생산량을 늘릴 수 있다. 김정은 집권이후 북한 어선의 조난사고가 심심치 않게 들려오는 것도 수산업에 대한 김정은의 관심으로 무리한 조업을 한 결과라 할 수 있다. 〈그림

50) 『통일뉴스』2015년 6월 23일

2〉에서 보는 것처럼 수산부문에 대한 국가예산 증가율은 공업과 농업 부문의 증가율보다 해마다 약 2% 이상의 증가율을 보이고 있는데, 이는 북한의 수산부문에 대한 특별한 관심을 방증하고 있다.

살펴본 것처럼 김정은은 지난 6년동안 치적을 쌓으면서 가시적인 성과로 나타날 수 있는 경제부문을 선택하고 집중하는 전략, 즉 기회비용 전략을 구사하였다고 할 수 있다.

3. 국산화를 통한 대북제재 대응

김정은 정권들어 강조되고 있는 국산화는 자체의 원료와 자재에 의한 제품생산을 의미한다. 따라서 이러한 국산화 강조는 북한의 자력갱생과 경제의 자립과 무관하지 않으나, 선대정권과는 다소 차이가 있다. 김일성과 김정일 정권은 주체사상을 내세운 속에 경제운영에서 국산화를 시도했다고 볼 수 있다. 김정일은 주체철 생산을 비롯해 원료자재뿐 아니라 자립경제 운영에 필요한 생산공정 자체의 국산화를 목표로 하였다. 그러나 김정은 정권의 국산화는 과거와 같이 전반적 경제운영과 완전한 자립경제 운영에 필요한 국산화를 추진한다고 보기는 어렵다. 이는 김정은이 후계자 시절이었던 2011년부터 지금까지 북한에서 제시한 국산화 관련 내용들을 통해 알 수 있다.

2011년 공동사설은 경공업의 원료와 자재 국산화에 대한 관심을 가질 것을 강조했고, 김정은의 집권 첫해인 2012년 공동사설 역시 경공업 부문에 필요한 원료, 자재를 국내산으로 해결할 것을 언급했다. 김정은은 2013년 신년사에서 국산화를 언급하지는 않았지만, 12월 3일 노동신문 '국산화와 민족적 자존심'이란 제목의 기사에서는 김정은이 설비와 자재의 국산화를 위해 노력해야 한다고 강조했다고 언급하였다. 2014년 신년사는 경공업부문에서 원료, 자재의 국산화 비중을 높일 것을, 2015년 신년사는 모든 기업이 수입하지 말고 원료·자재의 국산화를 실현할 것을, 2016년 신년사는 원료·자재·설비의 국산화를 정책적으로 추진할 것을, 2017년 신년사는 과학기술을 통한 원료·연료·설비의 국산화를 추진할 것을 밝히고 있다.

<표 4> 김정은 정권의 국산화 강조 차이점

연도	국산화 관련 내용	비고
2011	경공업 원료자재 국산화 하는데 관심 가질 것	공동사설
2012	경공업 제품 생산을 위한 원료자재를 국내산으로 해결할 것	공동사설
2013	설비와 자재의 국산화 노력할 것	노동신문
2014	경공업 제품 생산의 원료자재의 국산화 비중 높일 것	신년사
2015	모든 공장, 기업소들이 수입병 없애고 원료자재의 국산화를 실현할 것	신년사
2016	설비, 원료자재의 국산화를 중요한 정책적인 문제로 추진	신년사
2017	과학기술부문에서 원료와 연료, 설비의 국산화에 중점을 두어야	신년사

자료: 북한의 공동사설과 신년사 참조하여 저자작성

위의 표에서 보는 것처럼 2011년부터 꾸준히 국산화를 강조했지만, 그 요구가 관심 → 노력 → 비중 제고 → 부문확대 → 정책적 추진 → 과학기술에 의한 추진 등으로 연도별로 다소 차이가 있음을 볼 수 있다. 또한 국산화는 경공업 부문에서 여타 부문으로 확대되고 있는데, 이러한 국산화 강조는 북한 기업의 생산조건이 점차 개선되고 있다는 반증이기도 하다. 김정은 정권에서의 국산화는 세계적 명품 생산이라는 질적인 측면도 함께 내포하고 있다.

김정은 정권들어 국산화를 특별히 강조하는 보편적인 이유는 유엔제재에 대한 대응이라고 볼 수 있으나, 수입제품을 국내산으로 대체하여 외화의 대외유출을 축소하려는 의도도 있다. 평양에 설립된 광복지구 상업중심, 해당화관, 백화점 등 대형 쇼핑몰들은 물론 각 지역의 모든 시장들에 유통되고 있는 수입제품의 양을 감소시키려는데 있다. 또 다른 이유는 기업 생산활동을 통한 근로자들의 소득 보장, 생산된 제품의 국영유통기관을 통한 판매와 그로 인한 금융권으로의 자금 집중, 이를 통한 기업에 대한 자금대출 등 경제의 순환을 보장하려는 의도가 커 보인다. 최근 북한이 주민수중의 자금 확보를 위한 다양한 노력을 하고 있는데 이도 국산화를 통한 자금순환과 일맥상통한다. 또한 '6.28방침'과 '5.30담화'를 통해 기업의 독자적인 경영권을 대폭 부여한데 따른 생산증대 요구라 할 수 있다.

4. 금융권으로의 자금 집중을 통한 산업자금화 전략

북한의 전통적인 현금흐름은 중앙은행 → 기관·기업 → 개인(근로자 급여) → 상업유통기관 → 중앙은행으로 되어 있다. 다시말해 은행에서 현금이 인출되어 상업유통기관을 통해 은행으로 다시 돌아오는 구조이다. 이렇게 은행에 입금된 현금은 기업의 대출원천으로 사용되는 등 산업자금으로 이용된다. 그러나 90년대 중반 경제난으로 국영기업의 생산활동이 대폭 감소하면서 주민들의 상업유통기관을 통한 상품구입이 어려워지게 되었고 이로부터 개인 주머니 돈은 사실상 시장을 중심으로 유통되었다. 때문에 북한의 금융기관에는 늘 유통현금이 부족했다.

김정은은 기업의 자율성을 통해 제품생산을 유인하는 한편 상업유통부문을 비롯한 종합서비스 제공을 통해 현금의 흐름을 바꾸려고 하고 있다. 평양에 온라인 쇼핑몰인 '옥류'와 '상연'을 설립하여 소비자가 컴퓨터나 휴대폰으로 원하는 상품을 검색해 주문을 하고 전자카드로 결제하여 구매하는 방식으로 시장으로의 자금을 차단하고 있다. '상연'은 '옥류'와 달리 휴대폰 검색은 불가능하고 중앙은행에서 발행한 전자카드로 결제한다는 점에서 다소 차이가 있다.[51)]

북한 중앙은행총재는 조선신보와의 인터뷰에서 경제건설에서 제기되는 자금수요를 국내자금을 원활하게 회전시키는 방법으로 충족시켜 나가는데 주력하고 있으며 그 일환으로 금융상품 개발과 카드를 도입

---

51) 『조선중앙통신』 2015년 9월 8일, 『조선신보』 2015년 9월 2일

하고 있다고 언급하였다.[52] 상연, 옥류와 같은 인민봉사총국을 통한 전자상업봉사, 즉 온라인 쇼핑방식은 카드충전을 통해 금융기관에 자금을 집중할 수 있고 또 카드결제대금이 봉사기관을 통해 금융기관의 계좌에 입금됨으로써 개인자금을 산업자금으로 활용할 수 있게 한다.

<그림 3> 북한의 온라인 쇼핑몰 '옥류'

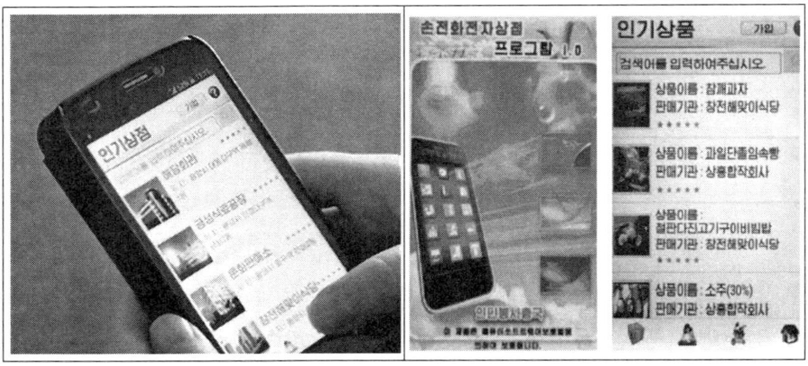

자료: 『연합뉴스』 2015년 4월 1일

Ⅳ. 경제지표를 통한 대북제재 영향 분석

1. 경제성장률

북한의 국내총생산은 김정은 집권 이전인 2011년 30.11조원에서 4년 동안 20.5% 증가하여 2016년 36.3조원을 기록하고 있다. 경제성장률은 2011년 0.8%에서 지난해에는 3.9%의 성장률을 보였다. 올해에는 고강도 대북제재로 국내생산이 다소 감소할 것으로 예상되지만, 지난해까지의 경제 전반 상황을 보면 대북제재의 영향이 크게 나타나지 않음을 알 수 있다.

---

52) 『조선신보』 2015년 2월 3일

<그림 4> 연도별 북한의 경제성장률 추이

(단위: %)

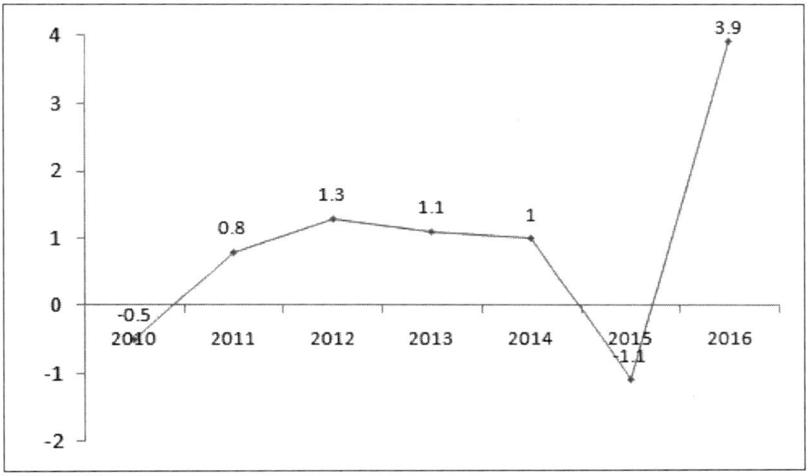

2. 대외무역동향

북한의 대외무역 총액은 2011년부터 60~76억달러 수준으로 2010년(41.5억달러)에 비해 약 44.5~83.1% 증가하였다. 특히 2013년은 73.4억달러, 2014년은 76.1억달러로 지난 6년간 가장 높은 수준을 보인 것은 당국의 관심과 집중적인 지원의 결과라 할 수 있다. 결국 김정은 집권이후 대외무역이 상당한 수준으로 진행되었다는 것을 의미하는데, 이는 2013년 3월 노동당 중앙위원회 전원회의에서 김정은이 대외무역을 다각화, 다양화하도록 강조한 것이 큰 영향을 주었다고 판단된다. 2015년 대외무역 총액은 2011년보다 다소 낮은 수준을 보이고 유엔안보리 결의 2270호와 2321호가 채택된 2016년 대외무역 총액은 오히려 전년대비 4.5% 증가한 것으로 나타났다. 이러한 현상은 2016년은 대북제재 이행의 첫해이고 수출금지 품목이 제한적이었기 때문에[53] 큰 영

53) 2016년 3월에 채택된 유엔안보리 결의 2270호에서는 민생용 석탄만을 수출하도록 하였고, 2016년 11월 2321호에서는 석탄수출의 상한선(4억 90만불 or 750만톤 중 낮은 수준)을

향은 없었던 것으로 평가된다.

<그림 5> 연도별 북한의 대외무역 규모 추이

(단위: 억달러)

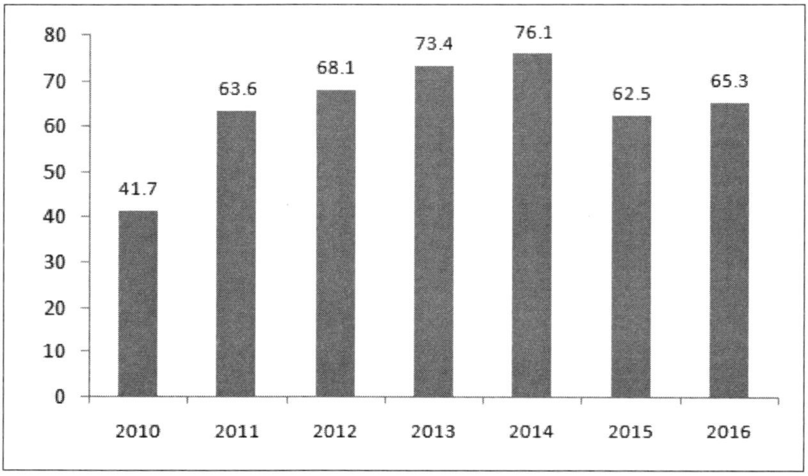

자료: 통계청

북한의 대외무역에서 대중무역이 약 90%정도를 차지하고 있어 대북제재의 영향은 대중무역 추이를 통해서도 살펴볼 수 있다. 2016년 시점에서 대중무역 규모는 전년대비 7.2% 증가하였고, 대중수출과 수입은 각각 6.0%, 8.3% 증가했다. 북한의 전체 대외무역과 마찬가지로 대중무역도 2016년까지는 유의미한 제재영향이 도출되지 않았다.

그러나 고강도 대북제재[54]가 실질적으로 이행된 올해 10월까지의 대중무역 추이를 살펴보면 상황은 상당히 달라진다. 2017년 10월까지의 대중무역은 42.82억달러로 전년(45.92억달러)대비 약 6.7% 감소하였다. 이는 김정은이 집권한 2012년부터 지금까지 대중무역에서 가장

제시했다.

54) 올해 8월 채택된 2371호에서는 석탄, 철광석 전면 수출금지, 수산물 전면 수출금지, 해외파견근로자 신규파견 및 재계약 금지를, 9월 채택된 2375호에서는 원유 연 400만 배럴로 동결하고 정유제품 공급 55% 감축과 섬유제품 수출을 전면 금지하도록 했다.

낮은 수준이나 김정은 집권 이전인 2010년 수준보다는 59.3% 높은 수준이다. 2017년 수출은 전년대비 5.87억달러(28.1%) 감소하고, 수입은 오히려 2.77억달러(11.0%)증가하였다. 만약 올해 11~12월까지 대중무역이 전면 중단된다 하더라도 10월까지 대중무역 총액은 2010년 북한의 대외무역 총액 41.7억달러를 다소 웃돌고 있어 북한에게 아주 큰 충격은 아닐 것으로 판단된다.

<그림 6> 연도별 북한의 대중무역(1~10월) 추이

(단위: 억달러)

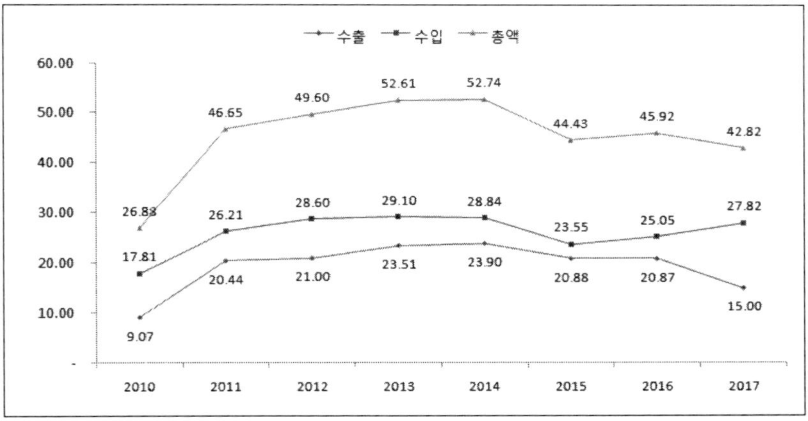

자료: 한국무역협회

유엔안보리 대북제재 금수품목별로 살펴보면 전년대비 석탄은 53.3%, 섬유는 15.3% 감소했으나 철광석과 수산물은 각각 3.4%, 4.5% 증가하였다. 그러나 9월부터 수산물 수출은 전혀 이뤄지지 않고 있다. 이는 대북제재 품목에 한해서는 즉각적인 영향을 미치고 있음을 보여준다.

<그림 7> 연도별 금수 품목의 대중수출(1~10월) 추이

(단위: 백만달러)

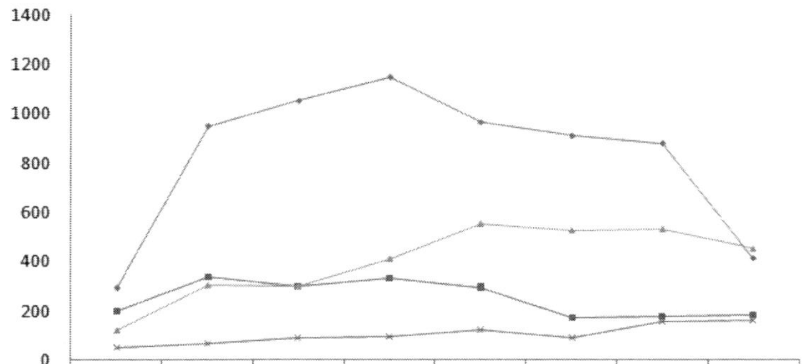

	2010	2011	2012	2013	2014	2015	2016	2017
석탄	291	950	1050	1146	962	907	877	409
철광석	197	336	298	331	295	172	179	185
섬유	120	302	297	410	551	525	530	449
수산물	51	68	88	96	124	90	156	163

자료: 한국무역협회

즉, 대외무역 동향을 통해 대북제재가 북한의 외화수입에 직접적이고 실질적인 영향을 미치고 있음을 알 수 있다.

3. 시장물가와 환율

시장물가와 환율은 북한주민들의 생활과 직결되는 부분이다. 특히 시장 쌀가격은 시장가격의 기준이 되기 때문에 쌀가격 상승은 다른 물가의 상승을 가져온다. 전술한 것처럼 대북제재로 북한의 외화수입은 실제로 감소하고 있지만, 아직까지 대중무역 수입규모에서는 큰 변동이 없는 것으로 나타나고 있다. 이러한 상황이 시장의 쌀가격과 환율에 영향을 미치고 있는지를 살펴보기 위해 연도별로 1~10월 평균 쌀가격과 환율의 추이를 보도록 하겠다.

올해 쌀가격과 환율(북한원/1달러)은 가장 높은 수준을 보인 2013년보다는 각각 9.2%, 2.4% 낮으며, 가장 낮은 수준을 보인 2014년도 보다는 7.4%, 1.3% 높다. 종합하면 쌀가격은 2013년 이후부터 5,300원 수준, 환율은 8,200원 수준으로 수년째 비교적 안정되어 있다. 북한 시장에서 기름가격은 지난 10월말 현재 1kg당 19,200원(약 16위안)으로 8월 12,600원에 비해 52.8% 폭등하기도 했으나, 여타 시장물가의 변동은 크게 나타나지 않고 있다. 현재까지 북한 시장에는 대북제재의 영향이 거의 미치지 않는다고 볼수 있다.

<그림 8> 연도별 북한의 시장 쌀가격과 환율 추이

(단위: 원)

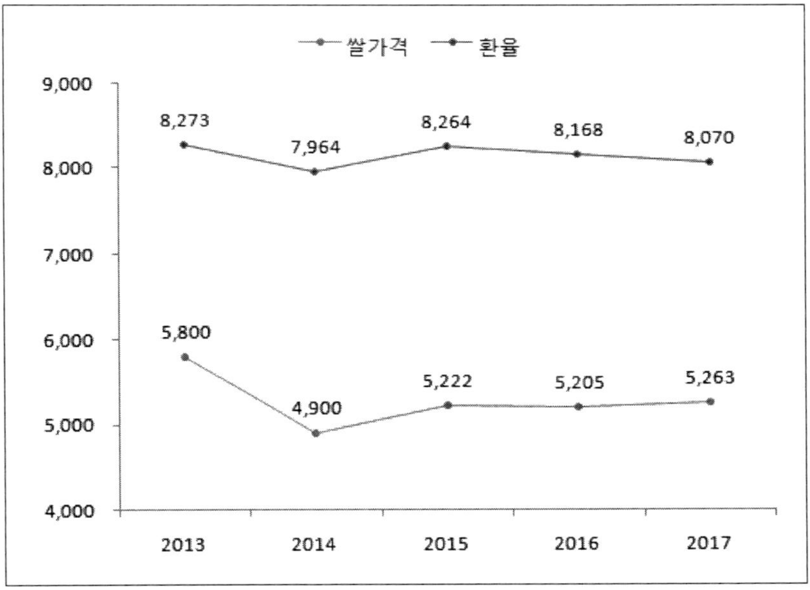

자료: 데일리NK, 대북소식통

Ⅴ. 나오며

김정은의 경제정책은 북한 역사상 가장 파격적인 '개혁개방'정책이었으나, 경제-핵무력건설 병진 노선으로 인해 사실상 성과를 내지 못하고 정책으로만 그친 것으로 평가된다. 그럼에도 환경변화에 따른 다양한 정책노선을 통해 건설, 수산업, 서비스업, 대외무역 등에서 지금까지는 다소 성과를 거둘 수 있었다. 그리고 현재까지 대북제재 영향은 그리 크지 않은 것으로 보이나, 대북제재 강도가 높아질수록 대외무역 규모가 점차적으로 축소하고 있는 것은 분명하다. 이는 북한에 대해 취할 수 있는 모든 제재를 가하게 된다면 북한 경제가 매우 어려운 상황에 처할 수 도 있다는 것을 보여주고 있다.

한편 주의 깊게 봐야 할 부분은 북한의 시장 쌀가격과 환율 동향이다. 현재까지의 동향으로 단정하기는 어렵지만, 북한의 시장과 국가경제는 크게 관련되지 않으며 별개로 작동하고 있다는 것을 인식해야 한다. 여기에 북한이 강도 높게 추진하고 있는 국산화 전략, 석탄과 같은 금수 품목의 내수경제로의 전환은 대북제재로 인한 급진적인 경제 붕괴를 차단할 수 있는 부분이다.

따라서 북한 당국은 90년대와 같은 경제난이 발생하지 않도록 시장과 대내경제 부문을 최대한 관리하면서 국면전환을 통한 경제개발 전략을 동시에 추진할 것으로 예상된다. 이로부터 북한이 7차 당대회를 통해 선택한 선 핵개발, 후 경제개발 전략이 조만간 수정될 것으로 보인다. 우리는 북한의 변화를 면밀히 분석하고 그에 맞는 적절한 대응책을 통해 북한이 개혁개방정책을 적극 추진할 수 있도록 해야 한다.

참고자료

김영희, "집권 2년차, 김정은 정권의 경제개혁 평가", 『북한경제리뷰』, 2014.

______, "김정은 정권의 경제건설 전략평가", 북한정책포럼 제22차 세미나 발표, 2014.

______, "김정은 집권이후 북한 건설업의 특징과 전망", 「주간 KDB리포트」 제752호, 2017.

『노동신문』, 2011년 1월 1일~ 2017년 10월 30일

『조선신보』, 2011년 1월 1일~2017년 10월 30일

『조선중앙통신』, 2014년 6월 18일, 2015년 9월 8일

『조선중앙연감』, 2012년~ 2015년

한국무역협회

통계청 북한정보포털

『NK지식인연대』, 2013년 11월 1일

『연합뉴스』 2015년 4월 1일

제 4 장

핵무력 완성과 고강도 제재, 국면전환에 의한 경제개발로

제1절 핵무력 완성 선포, 북한의 다음 행보는

지난 12일 8차 군수공업대회에서 김정은은 원자탄·수소탄과 대륙간탄도로켓 '화성-15형'을 비롯한 전략무기체계를 개발하고 핵무력 완성의 대업을 이룩한 것은 당과 인민의 값비싼 대가와 사생결단의 결과라고 언급했다. 여기서 주목해야 할 키워드는 '완성', '값비싼 대가', '사생결단'이다. 이 키워드가 갖고 있는 의미를 제대로 해석해야 북한의 다음 행보를 가늠할 수 있고 정부와 국제사회는 적절한 대응전략을 구사할 수 있다.

일부에서는 북한이 핵무력 완성을 선포하였으나, 아직까지 대기권 재진입 기술을 완성하지 못했고 실전배치를 해야 하는 등의 과제가 남아있어 핵과 미사일개발은 지속될 것으로 보고 있다. 북한이 앞으로 어떠한 결정을 하고 어떠한 행태를 보이겠는가 하는 것을 단언하기는 어렵지만 키워드를 통해 몇 가지 추론할 수는 있을 것이다.

우선 '완성'의 의미이다. 북한의 표현 그대로 빌리면 완성은 핵무기 개발을 끝냈다는 것으로 실질적으로 7차 핵실험과 ICBM발사를 하지 않을 수 있다는 것이다. 그런데 김정은이 8차 군수공업대회에서 한 '핵무기를 질량적으로 강화'하겠다는 것은 이와 상충되는 것이 아닌가 하는 의구심을 떨칠 수 없다. 북한은 '강화'라는 표현을 상당히 많이 쓴다. 예컨대 '인민경제를 강화발전시켜 나가야 한다. 나라의 과학기술을 강화발전시켜야 한다. 국방공업을 강화발전시켜야 한다.'는 식으로 늘 어디서든 쓰던 표현이다. 문제는 핵무기의 질량적 강화라는 것인데, 이를 북한식으로 해석하면 이미 완성된 핵무기의 부족한 부분을 보완하는 사업을 지속적으로 해야 한다는 의미라고 볼 수 있다. 여기서 언제까지 강화해야 한다는 시기는 제시되지 않았다. 인민경제의 강화발전처럼 어찌 보면 원론적이면서도 항구적인 과제라고 할 수 있다. 때문에 북한이 저들이 계획한 방향으로 상황이 전개되지 않는 경우 극단적인 선택을 할 수도 있겠지만, 그렇지 않을 경우 단기간내 북한의 핵무기 개발을 위한 실험은 없을 수도 있다.

다음은 '값비싼 대가'와 '사생결단'이다. 이는 핵무기의 완성으로 인해 다시는 값비싼 대가를 치를 일이 없으며 또 죽기 살기로 싸우지 않아도 된다는 의미다. 다시말해 90년대 중반 식량난으로 인해 수백만명이 아사를 발생시킨 것도 경제침체로 주민생활이 회생하지 못하는 것도 핵무기 완성을 위해 대가를 지불했기 때문이라는 것인데 앞으로는 이런 대가를 지불하지 않아도 된다는 것이다. 김일성은 살아생전 "국방비의 1%만 인민생활에 돌리면 인민들이 허리를 폅니다."라고 발언한 적이 있다. 수십년동안 치른 엄청난 대가를 이제부터는 치르지 않아도 된다는 것으로서 '이제는 인민생활을 위한 경제개발 추진이다'로 해석할 수 있다.

그렇다면 북한은 앞으로 어떤 행보를 보일 것인가? 김정은 집권이후 북한의 행태를 분석하면 집권 초기에는 경제-핵 병진을, 2016년부터는 선 핵개발-후 경제개발로 선회하는 등 선택과 집중을 통한 전략을 구사한 것으로 보인다. 지난해 5월 7차당대회에서 '인민경제발전5개년전략'을 통해 2020년까지 핵무력을 완성하고 경제개발을 추진할 것을 예상했다. 김정은은 집권 6년동안 4차례의 핵실험과 ICBM 화성 12~15형 시험발사, SLBM 시험발사를 단행하고 무려 3년을 앞당겨 핵무력 완성을 선포하였다. 아직 기술적으로 미흡한 부분이 많이 남아있음에도 북한이 이러한 결정을 내린 것은 지난해 3월부터 유엔안보리에서 결의한 4차례의 대북제재 때문이라 여겨진다. 북한 역사상 이처럼 강도 높은 대북제재가 취해진 적은 없다. ICBM 화성 15형 발사로 원유공급 전면중단, 해외 파견근로자 전원 철수와 같은 또 다른 대북제재가 추가된다면 김정은으로서는 상당한 어려움에 직면하게 된다. 비록 시장의 활성화로 이 모든 제재가 가해진다 하더라도 90년대 중반과 같은 '고난의 행군'이 발생하기는 어렵겠지만, 김정은이 주민들에게 했던 '배부른 생활, 사회주의 부귀영화'는 전혀 이뤄질 수 없으며 이로부터 충성심 약화, 내부 불안정 등이 초래될 수 있다. 때문에 김정은에게는 핵무기 개발을 조기에 마감하고 국면전환을 통한 경제개발이 매우 중요한 과제로 제기되었다. 따라서 앞으로 북한의 전략적인 정책방향은 경제개발이다. 이러한 상황에서 북한은 핵개발 중단에 따른 대화를 제안하고 경제개발 지원을 요구할 수 있다. 이와 함께 내년 2월 강원도 평창에서 열리는 올림픽 참가를 통해 한미합동훈련 중지를 들고 나올 가능성도 있다. 그러나 북한이 원하는 시기에 북핵 대화가 순조롭게 진행되지 않는다면, ICBM발사를 통해 미국을 최대한 압박하는 등 치킨게임을 시작할 수도 있다. 국제사회의 바람직한 선택은?

제2절 김여정을 특사로 보낸 진짜 이유

지난 2월 9일 북한 노동당 부부장 자격의 김정은 위원장의 여동생인 김여정의 방한은 그야말로 전 세계의 이목을 끌었다. AP통신은 김정은의 여동생이 '올림픽 특사'자격으로 한국에 도착했다고 긴급뉴스로 보도했다. 그러면서 김여정이야말로 김정은에게 조언을 할 수 있는 영향력이 가장 큰 인물이라고 평가했다. 중국 국영 CCTV도 "김여정이 이번 방문에서 상당한 재량권을 갖고 있을 것으로 예상된다"고 보도했다. 워싱턴포스트는 김여정을 도널드 트럼프 미국 대통령의 장녀 이방카에 비유하며 "북한의 이방카(Ivanka Trump of North Korea)가 남한 사람들의 마음을 사로잡았다"고 보도했으며, CNN은 "만약 '외교댄스'라는 종목이 평창 동계올림픽에 있다면 금메달은 김여정이 탔을 것"이라고 추켜세우면서, "한국전쟁 이후 김씨 일가 중 처음으로 남한을 방문한 인사"라고 의미를 부여하기도 하였다.

김정은은 왜 해외경험은 물론 아직 정치경험이 부족하고 국제무대에 나서본 경험이 전무한 김여정을 공식데뷔를 시킨 것일까? 이번 평창올림픽에는 북한이 가장 적대시하는 미국 대통령의 딸 이방카의 방한도 있는데 말이다. 두 여성의 방한을 두고 많은 비교가 되고 있음에도 김정은은 김여정을 특사로 파견했다. 이는 그 누구보다도 혈육인 동생만이 자신을 대신할 수 있고 또 보고 듣고 체험한 모든 진실을 보고 받을 수 있는 유일한 길이라는 판단 때문이었을 것이다. 필자는 김여정의 방한 과정에서 직접 눈으로 보고 듣고 체험한 남한의 사회상에 대한 인식과 이에 바탕한 향후 김정은의 대남정책과 북한의 태도변화에 초점을 맞추고 싶다.

김여정은 북한의 '공주'이지만 해외경험이 일천하다. 10대에 스위스에서 4년동안 초등학교 생할을 한 것이 전부이다. 20년이 지나 성인이

된 지금 '한강의 기적'을 일궈낸 대한민국 땅을 밟았으니 얼마나 많은 생각이 교차했을까? 순안국제공항과는 비교할 수 없을 정도로 최첨단으로 화려하게 건설된 인천국제공항, 시속 300㎞로 달리는 평창행 KTX, 평창올림픽스타디움에서의 화려한 개막식, 평창-서울간 이동을 통해 본 남한 사람들의 모습 등은 김여정을 많이 놀라게 했을 것이다. 여기에다 묵었던 호텔 분위기와 음식 등 남한의 소소한 모든 것이 김여정에게는 놀라운 경험이었을 것이다. 여성들은 일상의 소소한 것에도 의미를 두고 관심을 갖는 경향이 있다. 여기에 문재인대통령을 비롯한 남한 정부 인사들과의 만남 또한 그에게 많은 생각거리를 던져주었을 것이다.

2월 11일 임종석 대통령비서실장 주재 환송만찬에서 김여정은 "제가 원래 말을 잘 못한다. 솔직히 이렇게 갑자기 오게 되리라 생각 못했고 (남한이) 생소하고 많이 다를거라 생각했는데 비슷하고 같은 것도 많더라. 하나되는 그날을 앞당겨 평양에서 반가운 분들을 다시 만나길 바란다"는 말을 남겼다. 그녀의 말속에는 북한 지도부가 갖고 있는 한국사회에 대한 부정적 인식, 그러나 그것과 너무나 다른 점을 인정할 수밖에 없는 현실, 미래지향적인 남북관계 진전에 대한 기대가 묻어있는 것 같다. 이는 고위급 대표단의 방한 후 귀환 보고를 받고 김정은이 '남측이 고위급대표단을 비롯해 북측 선수단 방문에 성의를 다하는 모습이 인상적이었다"고 사의를 표한 것에서도 읽을 수 있다.

김여정은 평양으로 돌아가 국무위원장인 김정은에게는 공식적인 보고를, 오빠인 김정은에게는 남한에서 보고 듣고 느낀 모든 것을 그대로 전달했을 가능성이 높다. 사실 남한을 공식적으로 방문한 그 어떤 누구도 공식적인 회담결과와는 무관한 보고는 할 엄두도 내지 못한다. 그러나 여기서 김여정은 매우 자유롭다. 남조선이 북조선보다 훨씬 잘 살고 엄청 발전했으며 많이 부러웠다고 얘기해도 무방하다. 김정은은 남한 TV, 남한라디오, 인터넷 검색 등을 통해 남한에 대해 누구보다 많이 알고 있겠지만, 동생을 통해 그 사실을 확인할 수 있었을 것이다. 김여정의 이번 방한은 그녀뿐만 아니라 김정은의 국정운영과 대외정책 등에 적잖은 긍정적 영향을 미칠 수 있다.

향후 김정은이 대남정책에서 어떤 전략을 구사할 것인지, 또 북핵문제를 어떤 방법으로 풀어갈 것인지는 세계의 눈과 귀가 주목해야할 대목이다. 예측컨대 김정은은 이번 김여정의 방한 경험을 통해 북핵문제 해결과 남북관계에서 남한 정부의 조언을 신중하게 고려해볼 것으로 판단된다. 때문에 우리는 북한이 대화와 협상에서 과거와 같은 행태를 지속할 것이라는 사고에서 벗어나는 것이 미래를 예측하고 대비하는데 도움이 될 것이다. 문제해결에서 가장 중요한 것은 정책의 일관성과 상대방에 대한 신뢰다. 우리 정부와 국제사회는 북핵문제 해결과 한반도 평화를 위해 김정은이 올바른 선택을 할 수 있도록 신뢰를 보내면서 지속적인 노력을 기울여야 할 것이다.

제3절 북한 서해지구와 서해경제특구 개발 방안

Ⅰ. 들어가며

지난 6월 12일 싱가포르 센토사섬 카펠라 호텔에서는 전 세계가 주목하는 가운데 역사적인 북미정상회담이 성공적으로 개최되었다. 이로부터 북한 비핵화를 통한 체제안전 보장과 대북제재 해제 등이 예상된다. 이런 대외적 환경은 남북간 경제협력 재개 가능성을 보여주며, 전 세계 투자자들의 눈과 귀는 그동안 한반도 나아가 동북아의 정세긴장을 고조시키던 비핵화가 해결국면에 들어서면서 블루오션인 북한으로 향하고 있다. 때문에 일부에서는 비핵화문제가 성과적으로 해결되고 북미관계 정상화, 북중관계 복원, 북일관계 정상화 등이 수반될 경우 북한 진출을 둘러싸고 미국, 중국, 일본 등 다국적 기업들과의 치열한 경쟁이 벌어질 수 있다는 우려도 나오고 있다.

이런 상황에서 남한은 신성장동력 창출을 통해 수년간 지속되고 있는 저성장, 고실업의 늪에서 벗어날 수 있는 대안을 마련해야 한다. 한편 북한은 통일을 위한 한반도의 북쪽 지역이다. 때문에 후세들에게 더 나은 한반도를 물려주기 위해서는 경제통일의 관점에서 적극적인 개발참여가 필요할 것으로 판단된다. 특히 북한의 해주와 강령 위주의 서해경제특구 개발은 2007년 제2차 남북정상회담에서 합의된 내용이며 금번 '4.27판문점선언'에서도 '10.4선언'의 이행이 명시되면서 우선 과제로 제시되었다. 북한은 시종일간 남북간 이미 선대정권이 합의한 사항들을 이행하면서 새로운 문제를 합의해야 한다는 입장을 지켜왔고 이에 대해서는 변함이 없다. 올해 3월 16일 계춘영 인도 주재 북한대사는 인도 장관 주최 행사에서 남한의 신봉길 대사에게 개성공단을 재개·확대해야 할 뿐 아니라 황해도 해주까지 일대를 한반도 통일경제권으로 만들어야 한다는 견해를 피력했다. 이는 해주지역과 주변해역을 포괄하는 서해평화협력특별지대설치, 공동어로구역과 평화수역설정, 경제특구건설 추진 등 남북정상이 2007년 '10.4선언'에서 합의한 내용을 이행해야 한다는 의미이기도 하다. 이처럼 해주지역을 포괄하는 서해지대는 지정학적으로 남북간 항구적인 평화정착을 위해서 매우 중요한 지역이다.

이에 본 연구에서는 김정은 정권의 경제특구[1] 정책의 특징과 서해경제특구 개발의 의의, 서해지구 산업실태를 살펴보고 바람직한 서해경제특구 개발방안을 제시하고자 한다.

Ⅱ. 서해경제특구 개발과 서해지역의 주요산업

1. 서해경제특구 개발의 중요성

가. '10.4선언'과 '4.27선언'의 이행

본 논문에서 논의되고 있는 서해경제특구는 2007년 10.4선언의 제5항에서 언급된 서해평화협력특별지대 설치와 관련된다. 10.4선언에서 남북경협 과제로 △투자장려, △기반시설 확충, △자원개발 추진, △해주지역과 주변지역을 포괄하는 서해평화협력특별지대 설치, △개성공단 1단계 완공 및 2단계 착수, △문산-봉동간 화물수송 시작, △통행·통신·통관 해결, △개성-신의주 철도와 개성-평양 고속도로 개보수, △안변·남포 조선협력단지 건설, △농업·보건의료·환경보호 협력 등이

1) 본 논문에서는 경제개발구를 북한이 이미 추진 중인 라선경제무역지대, 황금평위화도경제지대, 개성공업지구, 원산금강산국제관광지대와 더불어 경제특구로 지칭한다. 북한의 경제개발구법은 "경제개발구는 국가가 특별히 정한 법규에 따라 경제활동에 특혜가 보장되는 특수경제지대"라고 정의하고 있다. 따라서 북한에서 추진중인 경제지대, 경제지구, 경제개발구는 통틀어 특수경제지대라고 할 수 있으나, 본 논문에서는 경제특구로 표현하려고 한다.

제시되었다. 서해평화협력특별지대를 설치를 위한 내용으로는 △공동어로 구역과 평화수역 설정, △경제특구 건설, △해주항 활용, △민간선박의 해주 직항로 통과, △한강하구 공동 이용이 있다. 여기서 서해평화협력특별지대는 해주시, 강령군, 옹진군, 연안군, 개풍군 등 황해남도 남부해역 전체를 포괄하고 있다. 이처럼 서해경제특구 건설은 서해평화협력특별지대의 한 축이다.

올해 4월 27일 판문점 선언에서 남북 정상은 민족경제의 균형 발전과 공동번영을 위해 10.4선언에서 합의된 사업을 적극 추진하기로 하였다. 때문에 북한의 비핵화와 이를 통한 대북제재 완화가 이뤄진다면 남북은 10.4선언에서 제시된 사업들을 우선 추진하게 된다. 특히 서해평화협력특별지대 설치는 여타 사업들과 달리 남북간 서해상에서 발생할 수 있는 우발적인 충돌을 막고 평화수역으로 만들 수 있는 중요한 사업이다. 그럼에도 다양한 의견이 존재하는 것도 사실이다. 서해평화협력특별지대를 설치하면 정말로 평화가 찾아올 수 있는지, 또 남북의 영토 경계선인 NLL이 무력화될 수도 있다는 판단에서이다. 만약 북한이 핵무기를 폐기하고 중국이나 베트남과 같은 개혁개방을 통한 경제개발에 전력을 다한다면 위와 같은 우려는 다소 해소될 수 있다.

그렇다면 10.4선언에 명시된 해주와 그 주변지역의 범위는 어디까지일까? 아래의 위성지도에서 보는 것처럼 연평도와 마주한 강령군과 해주시, 벽성군, 청단군, 연안군 등이 포함될 수 있다. 따라서 본 연구에서는 서해평화협력특별지대의 한 축인 서해경제특구 지역을 황해남도 해안 5개 지역으로 국한한다.

<그림 1> 위성지도로 본 서해지구

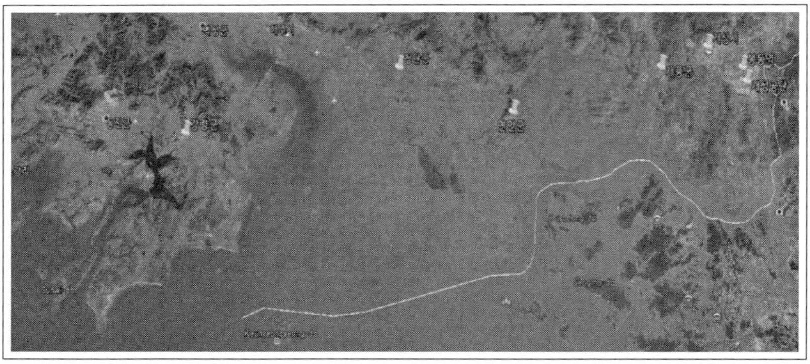

자료: Google Pro (2017.12 촬영)

나. 서해경제특구 개발의 의의

10.4선언 과제인 북한 서해경제특구가 개발된다면 어떤 의의가 있는 것일까? 아무리 남북정상이 회담을 통해 합의한 내용이라 하더라도 그 의의가 없다면 개발을 재고해 볼 수도 있을 것이다. 때문에 서해경제특구를 어떻게 개발할 것인가를 살펴보기 전에 그 의의를 우선 찾아보고 그 다음에 서해경제특구로 특정한 지역의 산업특징 등을 살펴보는 것이 제대로 된 수순이라 볼 수 있다. 서해경제특구 개발은 서해상의 군사적 긴장완화와 평화정착에 기여할 뿐 아니라 '10.4선언' 이행을 통한 남북간 신뢰 제고, 그리고 북한 지역경제 발전과 지역주민생활 향상, 남북간 산업연계를 통한 경제적 효과 창출 등 긍정적 의의가 있다.

전술한 것처럼 남한 정부는 2007년 10.4선언에서 서해평화협력특별지대 설치에 합의하면서 해주시와 그 주변지역인 강령군 등을 서해경제특구 개발지역으로 선정한바 있다. 이후 새로운 정권이 들어서면서 서해경제특구 개발을 비롯한 서해평화협력특별지대 조성사업은 사실상 선언에 그치고 말았다. 그러나 11년만에 개최된 4.27 남북정상회담에서 두 정상은 민족경제의 균형발전과 공동번영을 위해 10.4선언에서 합의된 사업들을 적극 추진해나가기로 하면서 서해경제특구개발은 다시 논의 대상을 넘어 이행해야 하는 중요한 과제로 제시되었다. 따라서 여건이 조성되면 서해경제특구 개발을 비롯한 서해평화협력특별지대 조성사업은 가장 우선순위가 될 수 있다. 특히 판문점 선언은 지상과 해상, 공중을 비롯한 모든 공간에서 군사적 긴장과 충돌의 근원으로 되는 상대방에 대한 일체의 적대행위를 전면 중지하기로 하였으며, 서해 북방한계선 일대를 평화수역으로 만들어 우발적인 군사적 충돌을 방지하고 안전한 어로활동을 보장하기 위한 실제적인 대책을 세우기로 함으로써, 서해경제특구 개발은 항구적인 평화정착에 크게 기여할 수 있다.

또한 10.4선언의 이행으로 남북간 신뢰를 제고할 수 있다. 3차 정상회담에서 김정은은 판문점 선언이 이행되지 못해 휴지조각이 되지 않게 하겠다는 의지를 보였다. “지난시기처럼 아무리 좋은 합의나 글이 나오고 발표되어도 제대로 이행하지 못하면 ....기대를 품었던 분들한데 오히려 낙심을 주지 않겠나. ...이 자리 빌어서 우리가 지난 시기처럼 또 원점에 돌아가고 이행하지 못하고 이런 결과보다는 앞으로 마음가짐을 잘하고 미래를 내다보면서 지향성 있게 손잡고 걸어나가는 계기가 되도록...” 등 발언을 통해 선언의 이행을 강조했다. 따라서 서해경제특구 개발은 남북 선언의 이행 사업으로 남북간 신뢰를 제고할 수 있으며 그에 기초해 김정은 정권들어 야심차게 추진했던 경제개발구 개발이 탄력을 받을 수 있다. 전술한 것처럼 김정은은 집권초기부터 경제개발을 통한 경제회생을 도모했으나, 북한은 대북제재로 인해 한건의 외자유치도, 한 개 지역의 경제개발구도 성공하지 못했다. 강령국제 톡색시범구도 마찬가지이다.

김정은 집권이후 추진하고 있는 경제개발구는 지역개발, 나아가 지역경제 발전과 그 지역 주민들의 생활 향상과 연관되어 있다. 북한은 경제개발구 개발사업을 과거 개성공단이나 금강산관광지구 개발처럼 외화를 벌어들이는데 만 국한한 것이 아니라 단계적인 지역개발에 초점을 맞추고 있다. 북한이 각 지역별로 경제개발구를 지정한 것도 바로 그런 이유에서다. 때문에 강령국제녹색시범구 개발과 해주 일대를 포괄하는 서해경제특구를 개발한다면 황해남도 지역개발과 주민생활 향상에 기여할 수 있다. 한편 서해경제특구 개발은 서해지역의 특화된 산업을 중심으로 개발하되 남한에 비해서는 그 산업개발 수준이 상당히 낙후되어 있기 때문에 남북간 동종 산업간 협력을 통해 경제적 효과를 창출할 수 있다. 이외 인프라 구축과 배후단지 조성 등에서도 북한 산업과의 협력을 통해 상생의 효과를 낼 수 있다. 특히 서해경제특구 개발 경험을 여타 지역으로 전파하여 전반적인 경제개발에도 긍정적 영향을 미칠 수 있다.

2. 서해 5개 지역의 인프라와 주요산업[2)] 특징

가. 서해 5개 지역 개요

해주시는 황해남도 남부 서해(해주만)연안에 위치한 도청 소재지이다. 북부는 신원군, 동부는 청단군, 서부는 벽성군과 잇닿아 있으며 남부는 서해에 면하여 있다. 해주시의 면적은 206.93㎢로 도 전체 면적의 2.45%를 차지하며 이 중 섬의 면적은 0.03㎢, 시의 해안선길이는 41.1㎢이다. 농경지는 시 전체면적의 20.9%를 차지하며 그 가운데서 논이 40%, 밭은 47%, 과수밭은 11%, 뽕밭은 1% 정도이다. 현재 행정구역은 26동 5리로 구성되어 있고 인구는 273,300명(2008년 기준)으로 황해남도(2,310,485명)의 11.8%를 차지하고 있다. 또한 해주시는 서해함대사령부의 전략적 요충지로 기능하고 있다. 강령군은 황해남도 남부에 있는 미수복 지역으로 북부는 벽성군과 옹진군, 동부와 남부, 서부는 동해에 면해 있다. 동서간의 길이는 25㎞이고 남북간의 길이는 26㎞이

2) 평화문제연구소, "조선향토대백과", 2004, pp.62-104. 참조

다. 강령군의 면적은 섬을 포함하여 505.54㎢로 도 전체면적의 6.1%를 차지하는데 이는 해주면적의 2.4배에 달한다. 황해남도내 시, 군들 가운데서 해안선의 길이가 가장 길고 굴곡이 매우 심하다. 행정구역은 1읍, 1구 23리로 되어 있으며, 인구는 106,827명이다.

벽성군은 황해남도 남쪽에 위치해 있는 군으로 북쪽은 신천군, 동쪽은 신원군과 해주시, 남쪽은 강령군, 남서쪽은 옹진군, 서쪽은 태탄군과 인접해있으며 남동쪽은 서해에 면해 있다. 북동남서간의 길이는 28㎞이고 서북동남간의 길이는 23㎞이며 면적은 448.68㎢로서 해주시의 약 2.1배정도다. 행정구역은 1읍 21리로 되어 있으며 인구는 90,753명이다. 청단군은 황해남도 남동부 서해바다에 위치해 있는 군이며 서쪽은 해주시, 북쪽은 신원군과 봉천군, 황해북도 린산군, 동쪽은 연안군과 인접해 있으며 남쪽은 서해바다와 면해 있다. 면적은 섬을 포함해 488.94㎢이며 행정구역은 1읍 1구 22리로 구성되어 있다. 광명저수지와 구암호에 물을 담아 농업 관개용수로 이용한다. 연안군은 황해남도 남동부에 위치한 군이며 서부는 청단군과 북부는 봉천군, 동부는 배천군과 잇닿아 있으며 남부는 서해와 면해 있다. 면적은 479.37㎢(섬면적 0.22㎢포함)이다. 10개의 섬이 있고 해안선의 길이는 55.2㎞이다. 행정구역은 1읍 1구 27로 되어 있으며 서해 5개 지역에서 해주 다음으로 인구가 많다.

<표 1> 서해 5개지역 개요

구분	면적(㎢)	행정구역	인구
해주시	206.93	26동 5리	273,300
강령군	505.54	1읍 1구 23리	106,827
벽성군	448.68	1읍 21리	90,753
청단군	488.94	1읍 1구 22리	142,607
연안군	479.37	1읍 1구 27리	158,845
총계	2,129.46	26동 4읍 3구 98리	772,332

자료: 평화문제연구소, 「조선향토대백과」, 2004. 2008인구센서스 참조

나. 인프라 실태

해주시는 철도, 도로망이 잘 구축된 황해남도 교통요지이다. 해주-하성간 철도를 비롯하여 황해청년선(재령-해주), 배천선(장방-은빛), 옹진선(해주-도원) 등 열차 노선이 있다. 해주-사리원, 해주-개성간 1급 도로와 해주-장연간 등 도내 여러 지역과 이어지는 2급도로망이 구축되어 있다. 해주-장연, 해주-리목, 해주-룡연, 해주-벽성, 해주-재령, 해주-신원간 정기버스도 운행 중이다. 강령군에서 평양까지는 철도로 약 194㎞이고 도 소재지인 해주시까지는 41㎞, 해로로 해주항까지는 약 5㎞이다. 해주-옹진간 철도가 경유하고 강령-벽성간 3급도로, 강령읍에서 부포에 이르는 4급도로, 진포와 해주사이 정기 여객선 등 교통이 비교적 잘 되어 있다.

벽성군은 해주와 황해남도의 남부 강령군, 옹진군, 태탄군, 룡연군, 장연군, 송화군 등 지역을 연결하는 육상교통의 요지이다. 철도로는 옹진선이 벽성역, 자양역, 서석역을 경유한다. 해주~장연간, 해주~리목간, 안악~옹진간, 벽성~부포간, 벽성~옹진간, 벽성~신원간, 원평~죽천 간 등 도로가 개설되어 있으며 벽성에서 주변 지역까지는 정기버스를 운행하고 있다. 벽성에서 도 소재지인 해주까지는 12㎞이다. 청단군에는 배천선과 청단~덕달간 철도가 갈산, 화산, 청단, 월계, 덕달역을 경유한다. 도로로는 해주~배천간 2급도로가 통과하며 청단~봉천, 청단~연안, 청단~사동, 청단~영산, 청단~홍산간 정기버스가 운행되고 있다. 해주까지의 거리는 약 24㎞이다. 연안군은 청단군에 인접하여 있어 배천선이 통과하고 있고 천태, 풍천, 오현, 연안 4개의 철도역이 있다. 해주~배천간, 연안~봉천간 2급도로가 통과하며 연안에서 청단, 배천, 봉천, 염전, 청화까지는 정기버스가 운영된다. 봉천군까지는 40㎞, 염전까지는 16㎞, 청단까지는 23.7㎞, 배천까지는 16.9㎞이며 해주시까지는 44.5㎞이다.

<그림 2> 위성지도로 본 서해지역 철도·도로

자료: Google P-o (2017.12 촬영)

서해 5개 지역의 항만으로는 해주항이 유일하다. 해주항은 국내의 여러 항구들과 뱃길로 연결되어 있으며 해주-진포(강령)간 수상통로도 개설되어 있다. 해주항은 서해 최남단 부동항이며, 중규모의 국제무역항이다. 1973년 시멘트 전용항으로 개항되었으며 국내항과 국제항으로 구분되어 있다. 조수 차의 심화로 일부를 제외하고는 7,000톤 미만의 선박만 접안이 가능하고 수심도 10m 내외밖에 되지 않는다. 부두연장(안벽길이)은 1,390m이며 3개의 부두가 있다. 주요항로는 연해항로와 외국항로가 있다.

<표 2> 주요항로

구분	항 로
연해항로	해주-신의주, 해주-남포, 해주-몽금포
외국항로	해주-상해, 해주-블라디보스톡, 해주-인천

자료: 저자 작성

하역설비로는 10톤급 크레인과 15톤급 해상 크레인, 지게차가 있으며 운반설비에는 트랙터, 트레일러 등이 있다. 그리고 수출 시멘트 선적을 위한 벨트컨베이어가 해주시멘트공장과 연결되어 있다. 주요 화물이 시멘트와 광석으로 되어 있어 일반화물 보관 창고가 구비되어 있지 않으며 야적 창고면적은 21,810㎡이다. 연간 하역능력은 240만톤, 시간당 시멘트 처리능력은 120톤 정도이다. 배후에 2만톤 능력의 2개의 시멘트 사일로가 있으며 최대접안 가능선박은 시멘트 벌크선 1.4만톤이다. 연결교통망은 황해청년선과 50, 51번 도로가 있다.

<표 3> 해주항 시설 현황

안벽길이	접안 가능 선박			하역능력	수심	취급화물
	3천톤급	5천톤급	1.4만톤급			
1,390m	1척	1척	1척	240만톤/년	8~10m	시멘트

자료: 산업은행, 『북한의 산업』 (2015) 참조하여 저자 작성

<그림 3> 위성지도로 본 해주항

자료: Google Pro (2017.12 촬영)

다. 서해 5개 지역의 주요산업 특징

1) 바다자원 활용이 미미한 수산업

아래의 사진에서 보는 것처럼 서해 5개 지역은 모두 바다와 잇닿아 있다. 때문에 이 지역 산업에서 수산업이 중점 산업이 될 것이라는 객관적인 판단이 들겠지만, 사실상 수산업은 물론 수산물 가공업이 발달되어 있지 않다.

<그림 4> 서해 5개 지역의 위치

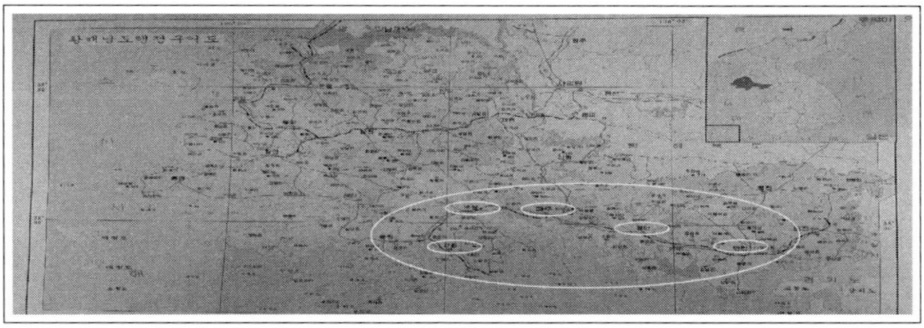

자료: 평화문제연구소「조선향토대백과」황해남도 편(2004)

이 지역 앞바다에는 조기, 갈치, 삼치, 바지락, 숭어, 전어, 농어 등 수산자원이 풍부하다. 물고기류 40여종, 조개류 15종, 바다나물류 10여종, 갑각류 15종을 비롯하여 120여종의 수산자원이 있다.[3] 그리고 해안선이 길고 만입과 섬이 많아 연해지역에서 조개류나 바다나물을 양식할 수 있는 조건도 유리하다. 그럼에도 지역 수산업의 비중은 그리 크지 않은데 이는 수산사업소와 수산협동조합 등 수산업에 종사하는 기업의 숫자를 통해서도 알 수 있다. 대표적인 기업으로 해주수산사업소, 해주룡당수산협동조합, 청단금학수산협동조합이 있다. 수산사업소나 수산협동조합의 어선 및 어구, 냉동설비 등 생산설비가 매우 부족하다. 경제난으로 90년대 중반 이후부터 동력어선보다 무동력어선을 많이 이용하였으나, 7.1조치 이후 시장을 통한 연료구입이 가능해져 동력어선이 다수 운영되고 있다. 주요 어구의 80%이상과 어망의 90%이상은 수입에 의존한다. 냉동·냉장시설도 노후화되어 있고 암모니아수 부족으로 대부분 가동을 하지 못하고 있다.

어선의 노후화 및 유류부족 등으로 조업이 제대로 이루어지지 않는다. 개인들이 어선에 기름을 대고 그 대가로 생산물을 주는 방식으로 어선을 운영하고 있다. 일부 수산사업소는 개인들에게 어선을 대여해

3) 평화문제연구소(2004),p.47.

주고 대여비를 받거나 심지어 어선을 개인들에게 돈을 받고 팔아넘기는 현상도 속출하고 있다. 일부 어민들은 생산계획 수행을 위해 쪽배를 타고 나가 낚시로 물고기를 잡아 기여하고 있다고 한다.

이에 반해 강령군에는 민간인 외화벌이 사업소가 33개, 군부대 외화벌이 사업소는 민간 외화벌이 사업소의 4배 정도인 120여개가 있다. 이 사업소는 강령에 거점을 두고 서해바다의 수산물을 통한 외화벌이 사업을 진행하고 있다. 이처럼 바다자원도 지역 민생을 위한데 이용된 것이 아니라 외화를 벌기 위한데 이용되고 있어 주민들의 삶의 질 제고를 위한 수산업의 역할 변화가 필요할 것으로 보인다.

또한 바지락, 다시마, 김, 굴, 섭조개 등을 양식하는 바다가양식사업소가 있으나, 먹이 공급 등 기술적 문제로 확대하지 못하고 있다. 때문에 천해양식[4)]방법으로 주로 다시마, 조개 등을 생산하며 수산물 가공은 수공업적인 방법에 의존하고 있다. 생선통조림 등 수산물 가공을 하고 있으나, 전력 및 원자재 공급부족으로 가공 생산량은 그리 많지 않다.

2) 연백벌과 강령벌을 이용한 농업의 발달

해주를 포함한 황해남도는 북한에서 면적은 가장 작지만 농지 면적은 가장 많은 지역이다. 북한의 농지면적은 전국토의 19.3%이며, 황해남도의 농경지는 도 전체 면적(8,450.3㎢)의 41.4%이다. 해주의 농경지는 시 전체면적의 20.9%, 강령군은 32.4%, 해주와 동쪽에 인접한 청단군과 연안군은 50%이상이 농경지다.

서해지역은 두벌농사(이모작)를 할 수 있는 좋은 조건이다. 기온이 타 지역에 비해 따뜻하며 관개망과 수리체계가 잘 갖추어져 있다. 청단군을 비롯한 해주지역의 경작지는 기계화 할 수 있는 대규모의 논밭으로 토지정리도 비교적 잘 되어 있다. 특히 청단군과 연안군은 연백벌에

---

4) 먹이를 공급하지 않고 자연의 생산력을 이용하는 방법으로 미역, 김, 조개 등의 해조류와 패류를 주로 양식한다.

속하여 있어 벼농사가 잘되는 지역이다. 청단군의 논 비중은 전체 농경지의 65%, 연안군은 73%이며 전체 곡물생산량의 86%는 벼이다. 기타 옥수수, 콩, 밀, 보리, 수수, 들깨, 팥, 메밀, 녹두 등도 재배하고 과일과 축산을 통한 고기생산도 병행한다.

특히 강령군은 북한에서 고구마가 제일 많이 재배되는 군으로서 고구마가공제품이 생산된다. 북한은 남한과 달리 고구마가 많이 귀하다. 황해남도 일부 지역에서 고구마가 생산되기 때문에 함경북도나 양강도, 자강도, 평안남북도 지역의 사람들은 고구마를 먹어볼 기회가 없다. 이는 그만큼 생산량이 매우 적다는 반증이다. 이처럼 서해 5개 지역의 농업은 여타 지역에 비해 비교적 발달되어 있다고 해도 과언은 아니며 농업개발을 통한 식량증산에 유리한 지역이라고 할 수 있다.

3) 지방공업 중심의 산업구조와 특정 광물 생산

서해 5개 지역을 보면 대규모의 중앙산업 공장이 별로 없다. 대체로 황해남도 도 소재지인 해주시에 집중되어 있다. 해주제련소, 해주연결농기계공장, 해주판유리공장, 해주트랙터부속품공장이 그 대표적인 사례이다. 그리고 여타 부분은 각 지역에서 생산되는 원료원천을 이용하여 소비품인 식료품, 일용품, 직물, 피복, 양곡 가공품, 종이, 과실가공품, 특산물 가공품 등을 생산하는 공장들이다. 이 외에도 해주시는 건재품과 화학용품, 유리와 도자기를 생산하는 기업들이 있고 연안군은 염전과 정제소금을 생산하는 공장을 갖고 있다. 다만, 해주시는 공업총생산액에서 중앙공업이 차지하는 비중이 69%, 지방공업 31%로 중앙공업의 비중이 높다. 한 탈북민에 따르면 해주시에는 중앙급 기업이 20개, 중소기업이 120개라고 한다.

그리고 청단군에는 카리장석과 흑연·황철광, 연안군에는 흑연이 특별히 많이 매장되어 있다. 청단군에는 카리장석을 채굴하는 삼정광산과 흑연을 생산하는 청단광산, 홍산흑연광산이 있으며, 연안군에는 남북한이 공동투자하여 합작한 정촌흑연광산이 있다. 강령군 부포노동자구에는 구리와 유화철 광산인 2월광산이 있는데, 이 광산에서 생산된 정광은 철도를 이용해 해주제련소에 공급된다.

이 밖에 강령군 부포노동자구에 부포약수가, 부민리는 부민약수가 있다. 부포약수의 맛 지수는 60.35로서 맛이 아주 좋으며, 부민약수의 맛 지수는 17.81로 심장혈관 계통질병의 예방뿐 아니라 소화기에도 좋다고 한다.

라. 지역 인프라와 산업 평가

해주시와 강령군은 지리적 측면으로 보면 NLL과 매우 가깝고 남한의 인천과도 거리가 멀지 않다. 해상거리를 보면, 해주에서 인천까지 직선거리는 100㎞, 강령에서 인천까지는 90㎞, 연안군에서 인천까지는 50㎞로 매우 가깝다. 그리고 개성공단에서 해주까지 육로로 직선거리는 80㎞이기 때문에 북한의 어느 지역보다 해상과 육상을 통한 물적 및 인적 이동이 편리한 측면이 있다.

이 지역의 공통점은 풍부한 수산자원을 외화벌이 회사에 빼앗기고 있어 지역발전에 전혀 도움이 되지 않고 있다는 것이다. 벌방지역으로 벼농사를 비롯한 농업의 비중이 큰 지역이며 해주시는 농기계공업이 특화되어 있다. 이밖에 해주시와 벽성군 등 주변지역에 고려와 고구려 시대의 역사유적이 보존되어 있으며 특히 강령군에는 건강에 도움이 되는 약수가 나고 있다. 따라서 서해 5개 지역을 경제특구로 개발하기 위해서는 이러한 산업조건을 활용하는 방안에 중점을 두어야 할 것으로 보인다.

<표 4> 서해 5개 지역의 산업 조건

<table>
<tr><th colspan="2">구분</th><th>해주시</th><th>강령군</th><th>벽성군</th><th>청단군</th><th>연안군</th></tr>
<tr><td rowspan="5">농경지비중(%)</td><td>논</td><td>40.0</td><td>-</td><td>46.3</td><td>65.0</td><td>73.0</td></tr>
<tr><td>밭</td><td>47.0</td><td>-</td><td>48.0</td><td>26.0</td><td>19.0</td></tr>
<tr><td>과수밭</td><td>11.0</td><td>-</td><td>6.0</td><td>6.0</td><td>4.0</td></tr>
<tr><td>뽕밭</td><td>1.0</td><td>-</td><td>3.0</td><td>1.0</td><td>1.0</td></tr>
<tr><td>호두밭</td><td>-</td><td>-</td><td>-</td><td>1.0</td><td>2.0</td></tr>
<tr><td rowspan="2">공업비중(%)</td><td>중앙공업</td><td>68.8</td><td>-</td><td>8.2</td><td>-</td><td>-</td></tr>
<tr><td>지방공업</td><td>31.2</td><td>-</td><td>90.7</td><td>-</td><td>100.0</td></tr>
<tr><td colspan="2">강점</td><td>- 농기계공업
- 제련</td><td>- 농업 (강령벌)
- 수산업</td><td>- 농업
- 수산업 (양식)</td><td>- 농업 (연백벌)
- 광업</td><td>- 농업 (연백벌)
- 광업</td></tr>
<tr><td colspan="2">비고</td><td>- 역사문화재</td><td>- 부포약수</td><td>- 역사문화재</td><td>- 흑연매장</td><td>- 흑연매장</td></tr>
</table>

자료: 평화문제연구소(2004) 참조하여 저자 작성

Ⅲ. 서해경제특구 개발 방안

Ⅳ장에서는 서해경제특구를 어떤 방향에서 개발할 것인지, 또 개발수요자인 그 지역의 강점을 고려한 특정 산업 개발에 중점을 둘 것인지, 특구개발에서 남한의 역할은 어떤 것인지 등에 대해 제안하려고 한다.

1. 서해경제특구 개발 방향

가. 통일시대 미래도시 개발

문재인 정부의 한반도 정책은 항구적인 평화정착을 통한 자연스러운 통일이다. 그럼에도 이번 판문점 선언은 '한반도의 평화와 번영, 통일을 위한 판문점 선언'이다. 이는 항구적인 평화를 정착시키고 이를 통해 남북이 함께 번영하고 나아가 통일하자는 것이다. 즉 평화정착과 공동번영은 통일의 밑거름이다. 때문에 한반도 평화시대가 열리는 이 시점에서 북한 특구개발은 통일시대의 미래상을 그리며 후세에도 손색없을 최고의 도시로 개발해야 한다.

나. 한반도 신경제지도 구상 연계 개발

문재인 대통령은 4.27남북정상회담에서 김정은위원장에게 '한반도 신경제지도 구상' 내용이 담긴 USB를 건넨 것으로 알려졌다. 한반도 신경제지도 구상은 현 정부 한반도 정책의 3대 목표 중 하나이다. 정부는 북핵문제 해결 및 항구적 평화정착, 지속가능한 남북관계 발전, 그리고 한반도 신경제공동체 구현을 3대목표로 제시했다.[5] 한반도 신경제지도 구상은 3대 경제벨트 구축을 통해 한반도 신성장 동력을 확보하고 북방경제를 연계 추진하려는 정책이다. 동해권은 에너지·자원벨트로 금강산, 원산, 단천, 청진, 나선을 남북이 공동 개발한 후 남한의 동해안과 러시아를 연결하는 것이며, 서해권은 산업·물류·산업벨트로 수도권, 개성공단, 평양, 남포, 신의주를 연결하여 서해안 경협벨트를 건설하는 것이다. 또한 한반도 분단선인 DMZ를 환경·관광벨트로 개발하는 것이다. 구체적으로 설악산, 금강산, 원산, 백두산을 잇는 관광벨트를 구축하고 DMZ를 생태, 평화안보 관광지구로 개발하는 것이다. 서해경제특구는 서해권인 개성공단에서 남포를 이어주는 통로로서 개발가능하다.

다. 남북경제협력 재개시 지역개발 시범특구 개발

북한은 김정은 집권 이후 각 지역개발을 경제개발의 목표로 삼고 있다. 이는 경제개발구법 제22조 '경제개발구의 개발 총 계획과 세부계획은 지역국토건설총계획에 기초하여 해당 기관 또는 개발기업이 작성한

5) 통일부, "문재인의 한반도 정책", 통일부, pp.18-21.

다'를 통해 알 수 있다. 조항에서 알 수 있는 것처럼 북한은 과거 경제특구인 개성공단, 황금평위화도경제특구, 금강산관광특구, 라선경제무역지대 등과는 달리 지역 국토건설계획에 기초하여 경제개발구를 개발하려고 하고 있다. 개성공업지구법은 개성공단 개발에 대해 '승인된 공업지구개발총계획에 따라 한다'고 명시하고 있고 황금평·위화도경제지대법은 '승인된 개발계획에 따라 한다'로 명시하였으며 라선경제무역지대법도 '승인된 개발계획에 따라 한다'고 명시하는 등 경제개발구의 개발목적과는 상당한 차이가 있다.

서해경제특구는 3차 남북정상회담에서 남북경협 재개시 가장 우선적으로 추진할 수 있는 사업으로 합의된 것으로써 중단된 남북협력 사업들과 더불어 가장 먼저 시작될 지역개발이라고 볼 수 있다. 때문에 서해경제특구를 북한이 지정한 23개 경제개발구의 시범특구로 개발하여 여타 경제개발구에서 벤치마킹할 수 있도록 해야 한다.

라. 다국적 기업을 망라하는 특구 개발

지난 2013년 3차 핵실험과 2016년 1월 북한의 4차 핵실험으로 중단된 개성공단 사례는 향후 남북경협 재개시 북한진출을 고려하는 기업들에 많은 우려를 보내고 있다. 때문에 전문가들은 다시 시작되는 남북경협에서는 기업들이 북한지역에서 마음 놓고 영업활동을 할 수 있는 제도적 대책마련이 필요하다고 조언한다. 3차 남북정상회담에서 정전협정체결 65년이 되는 올해에 종전을 선언하고 정전협정을 평화협정으로 전환할 것을 합의했다. 이로서 한반도 평화정착을 통해 과거와 같은 북한도발에 의한 북한지역에서의 영업활동 중단은 해소될 것으로 보이지만, 향후 비핵화 이행과정에서 아주 사소한 사건이라도 발생한다면, 이는 현 상황을 원점으로 되돌릴 수도 있다.

때문에 2013년 개성공단 재개를 통해 어떤 상황에서도 중단하지 않기 위한 대안으로 제시했던 공단국제화처럼 서해경제특구도 다국적기업의 유치를 장려해야 한다. 특히 미국, 독일 등 서방국가의 기업 유치와 일본, 중국, 러시아 등 주변국 기업들의 투자유치를 적극적으로 추진해야 한다. 그래야 특구에서 안정적이고 지속적인 경제활동이 보장될 수 있고 한편으로 북한도 외부로 부터의 군사적 위협에 대한 우려를 불식할 수 있다.

2. 서해지역의 강점을 고려한 경제특구 개발

본 연구에서는 서해경제특구 개발 지역으로 해주시와 강령군, 벽성군, 청단군, 연안군을 포함하고 있다. 5개 지역은 모두 바다를 끼고 있고 NLL과도 가장 가까운 위치에 있다. 제2차 남북정상회담에서 합의한 10.4선언의 서해평화협력특별지대에 포함될 수 있는 지역이기에 논문에서는 이 지역에 경제특구를 개발하기 위한 방안에 관심을 두었다. 서해 5개 지역은 주로 농업과 수산업, 흑연 중심의 광업이 발달되어 있고 관광자원이 많아 관광산업 개발도 중요해 보인다. 따라서 서해평화협력특별지대 설치를 위한 서해경제특구 개발방안으로 △북한이 구상한 강령국제녹색시범구 개발, △관광산업 중심의 해주·벽성특구 개발, △광업 및 농업중심의 청단·연안특구개발을 제시하려고 한다.

가. 북한이 구상한 강령국제녹색시범구 개발

북한은 2014년 7월 지방급 경제개발구인 청수관광개발구, 청남공업개발구, 숙천농업개발구, 은정첨단기술개발구, 진도수출가공구와 중앙급인 강령국제녹색시범구도 추가로 발표했다. 이후 2016년 12월 북한 조선중앙통신은 '조선녹색위업연구개발협회' 홍길남 서기국장의 말을 인용해 북방한계선에 가까운 황해남도 강령군 전역을 국제녹색시범지대로 개발한다고 보도했다.[6] 그러면서 녹색제품의 생산을 위한 공업지

---

6) 『연합뉴스』 2016년 12월 9일

구와 인프라 시설이 건설되고 주민지역, 연안지역, 산림지역 등 종합적인 기능을 가진 관광지역으로 개발하기 위한 총 계획안이 작성되었다고 밝히기도 하였다.

이에 앞서 북한은 2012년 『조선민주주의인민공화국 황해남도 강령군 경제특구 계획요강』을 중국어와 한국어로 만들어 중해투로 약칭되는 '중해투 국제투자관리유한공사'를 대상으로 홍보를 진행한 바 있다. 이 계획요강에 따르면 강령군 경제특구의 면적은 505.546㎢이며 계획 총면적은 1.03억㎡이다. 그리고 강령군을 선진국의 금융중심, 첨단과학기술단지, 문화오락 도시, 최신 농업 및 에너지 기지, 국제교통물자교류의 중추적 발전방식 등을 참고하여 국제적인 대도시로 건설하기로 하였다.

〈그림 6〉에서 보는 것처럼 강령을 '첨단과학기술개발구', '농업, 수산의 생태시범구', '항구경제구', '금융상무봉사구', '국제적인 관광휴식구'를 조성하는 등 구체적인 계획을 세우고 중국을 대상으로 홍보활동을 하기도 하였다. 이 지역에 500억달러의 외자를 유치하여 70만명의 북한사람들의 일자리를 창출하고 100억달러의 재정수입을 달성하겠다는 전망을 제시한바 있다.[7] 이처럼 북한은 김정은 정권들어 최남단 지역인 강령반도를 경제특구로 지정하고 외자유치를 통해 개발하기 위한 계획을 이미 2차례나 발표하였다.

7) 이종석, "북한의 황해남도 강령군 경제특구 계획과 NLL", 『정세와 정책』, 2013년, p.9

<그림 5> 북한의 강령군 경제특구 계획

자료: 『통일뉴스』, 2016년 12월 10일

북한이 제시한 강령경제특구의 계획을 보면 등산곶이 있는 지역은 국제적인 관광휴식구로 개발한다고 되어 있다. 등산곶은 기묘하게 생긴 바위와 푸른 소나무가 어울려져 절경을 이루고 있다고 한다. 이러한 자연경치가 있음에도 등산곶은 북한의 육지에서 남쪽과 가장 가까운 지역(5.5㎞)이기 때문에 군사적 요충지로서의 역할에 국한되어 있었다. 2002년 6월 제2연평해전이 발생했고 2010년에는 연평도포격 사건이 발생했다. 이 사건의 당사자는 등산곶에 위치한 군부대다. 그럼에도 북한이 강령을 개발하기로 한 것은 남한의 관광객과 외국인 관광객 유치를 통해 NLL부근에서의 군사적 충돌을 해소하려는 의도로 분석된다.

또한 강령은 4.27판문점선언에서 명시된 10.4선언의 이행과도 맥을 같이한다. 서해평화협력특별지대 조성을 통해 공동어로수역을 설정하고 남북의 어민들이 함께 공동어로를 할 수 있다면 남북간 수산협력을 도모할 수 있다. 남한의 어로기술 등을 북한에 전수하고 더 나아가 수산물가공시설을 설치하여 북한의 저렴한 노동력을 활용하여 가공제품을 수출하거나 북한 내수로 돌림으로써 경제적 효과도 창출하고 지역주민생활에 기여할 수 있다. 서해경제특구에서도 강령지역은 북한이 이미 전 지역을 특구로 개발하기로 구체적인 계획을 세우고 있어 여건조성시 우선 추진이 가능할 것으로 보인다. 또한 지리적으로 남한과 가까운 거리에 있어 물류 등에서 유리하며 해주까지 41㎞정도 되기 때문에 해주를 거쳐 경의선을 통해 중국으로의 수출도 가능하다.

나. 관광산업 중심의 해주·벽성특구 개발

해주시에는 역사유적이 적잖게 남아 있어 관광산업 개발이 유리하다. 임진왜란시기 선조가 의주로 피난 갔다가 다시 서울로 돌아가는 도중 1595년 해주에 머무르면서 인조를 출산하고 태를 묻은 것을 기념하여 1690년에 세운 태봉각이 있으며 고려시기 돌탑인 해주9층탑, 해주5층탑과 해주성개축비가 있다. 또한 율곡 이이 선생이 말년을 보낸 수양산과 안중근 의사가 태어난 생가터가 있는 곳이다. 수양산은 율곡 선생이 정치 일선에서 물러난 뒤 은둔했던 곳이며 그의 '고산구곡가'도 이곳에서 창작되었다고 한다. 수양산에는 고구려때의 유적인 수양산성과 수양산폭포와 장대봉, 약초림이 있다. 수양산성의 성벽의 둘레는 약 6㎞, 높이는 5m이다. 6.25전쟁시기 폭격으로 60%정도가 파괴되어 보수가 필요하다.

<그림 6> 해주시의 역사문화재

자료: 평화문제연구소, 「조선향토대백과」 2004, pp.78~80.

또한 안중근 의사의 생가도 해주에 있다. 안중근 의사는 1879년 황해도 해주 수양산 아래에서 태어나 7살때인 1885년 아버지 등 일가를 따라 황해남도 신천군 청계동으로 이사해 자란 것으로 알려졌다.[8] 조국의 독립을 위해 바친 안중근 의사의 숭고한 정신을 기리기 위해 남북이 함께 해주에 있는 안중근 의사의 생가를 복원해야 한다는 목소리가 높아지고 있다. 안중근의사기념사업회는 안중근 의사의 유지를 받들어 남북의 화해와 일치, 평화통일을 위해 해주에 있는 안 의사의 생가와 유적지 복원사업을 남북공동으로 추진하고자 '생가복원 선언식'을 진행한바 있다.[9]

이외에도 명승지인 해주 구팔경과 해주 신팔경이 있다. 구팔경은 수양산에서 고사리캐기, 신광사에서 눈맞기, 광석천에서 비단빨기, 폭포구경, 부용당에서 밤비구경, 남포에서 조수물구경, 영해에서 가을달 구

8) 『서울경제』 2016년 3월 25일, "남북 함께 안중근 의사 생가 복원해야"
9) 『한겨레』 2017년 3월 26일, "안중근 의사 순국 107주기 생가복원 선언식"

경, 동정에서 손님바래우기(배웅)다. 신팔경은 여덟가지 경치로서 광석천에서 비단빨기, 잣나무숲에서 대덕산구경, 남산에서 바다구경, 동정에서 낚시질 구경, 부용당에서 연꽃구경, 엉해에서 보름달 구경, 남강에서 돛배구경, 읍천에서 손님바래주기다.

<그림 7> 북한 황해남도 청계동의 안중근 의사 생가터

자료: 안중근의사 기념사업회

해주시에서 12㎞ 떨어진 벽성군에도 북한이 지정한 역사문화재가 있다. 1824년(순조 24년) 석담의 아름다운 자연풍치를 노래한 율곡 이이의 '고산구곡가'를 기리어 세운 비석인 고산구곡담기비, 도현리고인돌떼, 조선시대 율곡 이이가 해주에 와서 처음으로 제자들을 가르치던 곳인 청계당과 제자를 가르치면서 저술사업을 하던 소현서원·소원서원묘정비가 있다. 이처럼 해주시와 벽산군에는 관광자원인 역사문화재가 적지 않다. 따라서 해주시를 관광지구로 개발하면서 인접한 벽산군에는 서해 5개 지역의 농수산물로 특산품을 생산하여 관광상품으로 공급하거나 수출할 수 있는 수출가공구로 개발하는 것이 바람직해 보인다.

<그림 8> 벽산군의 역사문화재

자료: 평화문제연구소, 「조선향토대백과」 2004, pp.303~304.

다. 광업 중심의 청단·연안특구 개발

서해 황해 지역에는 흑연이 많이 매장되어있다. 이는 2004년 남북이 함께 합작한 정촌흑연광산 개발을 통해서도 알 수 있다. 흑연광산은 남북공동의 첫 자원협력사업이다. 동 광산은 남한 광업진흥공사와 북한의 명지총회사가 50:50의 지분을 투자(총투자액 1,020만불)하여 2004년 3월에 광산개발 착공한 후 2년만인 2006년에 건설을 완공하였다. 그리고 2007년부터. 정촌흑연광산의 생산능력은 연간 3,000톤가량이며 남한은 매년 1,830톤씩 15년간 분활 회수하기로 하였다.

2007년부터 광산이 가동되어 2011년까지 5,876톤이 생산되었으며 남한에는 2년 생산분에 해당되는 850만톤이 반입되었다. 이후 2010년 5.24조치로 자원협력사업도 중단되었다. 11월 24일 정촌흑연광산에서 생산된 흑연제품 200톤이 처음으로 인천항에 들어왔다. 이처럼 남북은 황해남도 연안군에서 흑연합작 개발을 한바 있다.

<표 5> 북한 정촌흑연광산 주요개발 경과

날짜	경과 내용
2002.03	개발합의서 체결
2003.07	합작계약서 체결
2004.03	광산개발 착공(채광 및 운반장비 1차 투자분 9대 반출)
2005.04	토목공사 공기구 및 전력시설 등 1차분 장비 반출
2005.06	덤프트럭, 카코크레인, 탱크로리 등 운반 장비 반출
2005.08	철골 및 발전기 등 반출
2005.10	11㎸강변전설비(GIS, Maim Tr 등) 반출
2005.12	선광시설 반출 완료
2006.03	광산건설 완료 및 시운전
2006.04	준공식
2007.11	첫 흑연제품 200톤 인천항 통해 반입

만약 여건이 조성된다면 중단된 이사업을 재추진하면서 청단군에서도 광산개발을 추진하는 것이 바람직하다. 정촌 흑연광산에는 인상흑연 광석 625만톤이 매장되어 있고 순수 인상흑연은 34만 6천톤으로 추정되고 있다. 그렇다면 청단지구에는 흑연이 얼마나 매장되어 있을까? 이는 김일성의 연설을 통해서 잘 알 수 있다.

> "청단지구에 흑연광산을 개발하여야 하겠습니다. 청단지구에는 흑연이 5억톤 이상이나 매장되어 있다고 합니다. 흑연이 5억톤이면 한해에 20만톤씩 캔다고 하여도 2,500년동안 캘 수 있습니다. 청단지구는 박토를 조금만 하면 흑연을 캘 수 있기 때문에 채굴조건도 매우 유리합니다. 청단지구에 흑연광산을 개발하면 외화를 많이 벌수 있습니다. … 흑연을 캐서 파는 것은 금을 캐서 파는 것보다 낫습니다. 우리나라는 오래전부터 세계적으로 흑연이 많이 매장되어 있는 나라로 널리 알려져 있습니다. … 청단지구에 개발하는 흑연광산의 위치는 흥산리에 정하여야 합니다. 연안군에도 흑연이 매장되어 있지만 벌방지대에 광산을 건설하면 논밭을 많이 못쓰게 만들고 주변을 오염시키기 때문에 농사에 지장을 줄 수 있습니다. 청단지구에 흑연광산을 다음해부터 개발

하려면…"(조선노동당 황해남도위원회 집행위원회에서 한 연설, 1981년 12월 3일)[10)]

김일성의 연설에서 알 수 있는 것처럼 청단지구의 흑연매장량은 정확히는 알 수 없지만 상당한 것으로 추정할 수 있다. 이미 북한은 1981년 청단흑연광산개발을 추진했으나, 청단지구에 대형 흑연광산은 없다. 때문에 청단지구에는 흑연광산을 개발하여 남한으로 반입한다면 전량 수입에 의존하던 국내 인상흑연 수요량의 수입대체 효과도 얻을 수 있다. 과거 정촌흑연광산의 매년 1830톤이 정상적으로 반입될 경우 수요량의 15%의 수입대체 효과가 있는 것으로 분석된바 있다.

3. 서해경제특구 개발에서 한국의 역할

서해경제특구 개발에서 한국의 역할은 매우 지대할 것으로 예상한다. 그럼에도 본 논문에서는 특구개발계획 수립과 개발비용 조달 등에 중점을 두고 서술하려고 한다.

가. 서해경제특구 개발 계획 수립 지원

2007년 2차 남북정상회담에서 남북은 해주와 강령을 포함하여 경제특구를 개발하기로 하였으나, 구체적인 특구계획이 수립된 적은 없다. 그러나 북한이 발표한 강령국제녹색시범구 개발 계획은 알려져 있으며, 우리 정부의 한반도 신경제지도 구상에 대한 개략적인 계획은 있다. 문재인 대통령은 2018년 3차 남북정상회담에서 합의된 남북공동연락사무소 설치를 통해 남북 협력을 위한 조사연구 수행의 필요성을 언급한 바 있다. 이는 북한 실태를 정확히 파악하여 현실가능한 협력계획 수립을 용이하게 한다.

---

10) 김일성, "황해남도 경제사업에서 나서는 중심과업", 『김일성 저작집』 36권, 평양: 조선노동당출판사, 1990, pp.362~363.

따라서 서해경제특구개발을 위해 남북한의 개발전문가들이 남북공동연락사무소에서 함께 머리를 맞대고 남한에서 그린 큰 그림에 색을 입히는 작업을 추진해야 한다. 해주특구에 어떤 산업을 배치할 것인지, 또 전력 및 공업용수는 어떤 식으로 해결할 것인지, 인력은 어떤 방법으로 조달할 것인지, 개발기간은 언제까지인지, 소요자금은 어느 정도이며 자금은 어떤 방법으로 조달할 것인지 등에 대해 구체적으로 기획해야 한다. 앞서 경제특구 개발방향에서 언급한 통일한국의 미래도시 개발을 위해서도 이러한 사전작업이 매우 중요하다.

그 과정에 북한의 경제개발을 위한 다양한 전문가들도 동시에 양성해야 한다. 현재 북한의 경제개발 전문가 양성은 김일성종합대학과 인민경제대학, 정준택원산경제대학에서 아주 부분적으로 진행되고 있으며 일부 대학원생들은 '캐나다-조선교류지식프로그램'의 일환으로 캐나다의 컬럼비아 대학에서 6개월 과정의 교육을 받고 있는 것이 전부이다. 이러한 현실은 북한이 시장경제교육의 필요성을 인식하고 있다는 반증이며 향후 남한교수들을 통한 경제개발 교육을 받아들일 용의가 있음을 알 수 있는 대목이기도 하다.

나. 국제사회 자금조달을 위한 지원

김정은 집권이후 추진하기로 했던 경제개발은 막대한 자금을 필요로 한다. 북한은 2010년 '국가경제개발10개년전략계획'을 발표하였으며, 이 계획은 '조선민주주의인민공화국 경제개발 중점대상'으로 외부에 알려졌다. 이에 따르면 산업개발은행 설립에 100억달러, 산업개발에 545억 달러, 기초·에너지·전력부문 개발에 355억달러를 투입하는 등 총 1,000억달러를 해외에서 조달하기로 하였다. 이를 위해 자금조달 창구로서 조선대풍국제투자그룹을 내세웠으며 2010년 1월 대풍그룹 1차 이사회에서 국가개발은행[11]에 대한 투자유치 및 자금원천을 보장하는 경제연합체로 활동하도록 하였고 본부는 평양에 두기로 결정하였다. 그룹 이사장 겸 총재로 재중동포 박철수[12]를 임명하였다. 이사회는 국방위원회, 내각, 재정성, 유관부서, 조선아시아태평양평화위원회, 대풍그룹 대표 등 7명으로 구성하였다. 2010년을 기점으로 북한은 처음으로 '경제개발'을 선포하고 야심찬 구상을 제시하였으나 김정일국방위원장의 사망과 이후 경제건설과 핵무력건설 병진노선으로 인해 사실상 계획에 그친 채 8년차를 맞고 있다.

올해 4월 20일 노동당 중앙위원회 제7기 3차 전원회의에서 북한은 경제건설과 핵무력건설의 병진노선의 승리를 선포하고 사회주의 경제건설에 총력을 집중할 데 대한 노선을 제시했다. 북한은 회의에서 사회주의 경제건설을 위한 유리한 국제환경마련과 함께 법적, 행정적, 실무적 대안을 마련하기 위한 최고인민회의 상임위원회와 내각의 역할을 제안하기도 하였다. 이는 향후 북한이 경제건설을 위해 좀 더 진전된 개혁개방 정책을 예상케 한다. 또한 2018남북정상회담에서 보여준 김정은 위원장의 비핵화에 대한 의지에는 경제협력을 통한 경제개발이 내포되어 있다. 따라서 북한은 경제개발을 위해 국제사회의 자금지원에 관심을 둘 것으로 보인다.

이에 남한은 우선 추진될 서해경제특구 개발 과정에서 국제금융기구의 자금을 조달하여 이용할 수 있도록 지원해야 한다. 우선 북한이 국제금융질서에 편입할 수 있도록 해야 한다. 단순한 자금지원이 아닌 북한의 국제금융질서 편입을 유도[13]하여 국제사회의 일원으로 인정받아 지속가능한 성장토대를 마련하도록 해야 한다. 북한이 국제금융기구에

---

11) 국가경제개발10개년전략계획 수립과정에서는 산업개발은행으로 개발계획을 수립하였으나, 이후 국가개발은행으로 명칭을 변경한 것으로 보인다. 때문에 이들 은행은 동일은행이라고 볼 수 있다.

12) 박철수는 1959년 생으로 연변대학을 졸업하고 북경 대외경제무역대학 석사학위를 받았으며 북한 군부 유류납품사업으로 북한 고위층과 친분을 쌓았다. 한국과 미국, 유럽과도 무역거래하는 국제통이다.

13) 북한이 OECD산하 FATF의 지역기구인 APG(아태 자금세탁방지기구)에 옵저버로 가입한 점을 두고 볼 때, 북한도 현재 상황에서 탈피코자 하는 의지가 보임(통일뉴스, 2014년 7월 18일)

가입한다면 회원국으로서의 의무를 준수하고 이들 국제금융기구와 양호한 협조관계를 유지해야 한다. 따라서 일방적으로 원조를 받기만 하는 것이 아니라 국제금융기구의 요구에 따라 관련 법규 제·개정 등을 수반하여 국제 표준에 부합하는 환경을 조성하게 된다. 투자에 적합한 환경이 조성된다면 국제민간자본 유입이 활성화될 수 있어 자체적으로 지속가능한 개발도 가능할 수 있다.

Ⅴ. 나오며

최근 남북한은 분단 역사상 한번도 경험해 보지 못한 새로운 변혁의 행로에 서있다. 갑작스럽게 다가온 오늘의 남북관계는 많은 이들에게 의구심을 가지게 한다. 그 만큼 아주 충격적이라는 뜻이다. 남북은 지난 5월 26일 판문점 통일각에서 진행된 4차 남북정상회담 이후 고위급회담 등을 통해 판문점 선언의 이행을 위해 노력하고 있다. 이런 상황에서 김정은 정권의 경제특구 정책의 특징을 살펴보고 서해경제특구개발 방안을 살펴보는 것은 매우 시의적절하다.

본 논문에서는 서해 연안지역인 해주, 강령, 벽성, 청단, 연안의 인프라 및 주요산업의 특징과 북한이 지정한 지역별 경제개발구의 개발 목적 등을 고려하여 서해경제특구 개발 방향을 제시하였다. 서해경제특구에 포함시킨 강령군은 북한이 이미 구상한 강령국제녹색시범구로, 또 관광자원이 풍부한 해주와 벽성은 관광특구로, 광물자원과 농업환경이 좋은 청단과 연안은 관광 및 농업특구를 중심으로 개발할 것을 제안하였다. 이는 2007년 10.4선언 당시 북한이 구상한 강령군 일대(6.7㎢)의 경제특구 개발과는 다소 다르다. 북한은 서해경제특구 개발 방안으로 1단계에서는 SOC건설 및 북한의 내수시장 공급을 감안한 업종의 투자를 유도할 것과 중장기적으로는 대중국 등 수출기지화 및 임해형

(臨海形) 중화학단지로 육성한다는 계획을 세웠다고 한다.[14] 그러나 이 계획은 사실상 공개된 적이 없다. 그리고 이로부터 7년이 된 시점인 2014년 북한은 강령국제녹색시범구로 개발할 계획을 다시 제시하였다. 이런 점에서 보면 북한이 개발 환경과 조건에 따라 계획을 변경시킬 수 있다는 것을 알 수 있다. 따라서 논문에서는 서해지역의 강점이 되는 부분을 중점으로 경제특구를 개발해야 함을 밝히고 있다. 개발 방안에 대한 제시는 서해경제특구 개발에 대해 방향성이 현실화 되었을 때 구체화해도 무리는 없다는 판단 하에 본 논문에서는 예외로 두고 있다.

서해 5개 지역의 면적은 섬을 포함하여 2,129㎢이다. 중국이 1978년 12월 중국 공산당 제11기 3중 전회를 통해 이데올로기 우선 정책노선을 실용주의로 전환하고 근대화를 위한 '경제건설 우선 정책'을 채택하면서 경제특구로 지정했던 심천은 당시 인구 31만명, 327.5㎢의 면적을 가진 농촌지역이었다. 서해경제특구 면적은 심천경제특구의 6.5배에 달한다. 그러나 인구는 심천의 2.5배 정도로 면적에 비해서는 매우 작다.

그럼에도 서해경제특구는 대규모의 지역개발로 남한은 물론 외국자본의 유치가 절실히 필요하다. 서해경제특구가 남한 주도로 외국자본까지 망라하는 평화지대로 개발된다면 한반도의 항구적인 평화정착에 기여할 뿐 아니라 서해지역 주민들의 삶의 개선에 크게 기여할 수 있다. 더 나아가 이의 경험을 토대로 북한이 지정한 23개의 경제개발구의 개발도 탄력을 받을 것이며, 이는 북한의 경제개발을 위한 사회주의적 시장경제로의 정책 전환에도 기여할 수 있다. 10.4선언에서 제시된 서해평화협력특별지대 설치, 서해경제특구 개발을 통해 한반도에 항구적인 평화를 가져오기 위해 남북이 함께 노력해야 한다.

14) 조선뉴스프레스, 『월간조선』 2018년 6월호, p.211.

참고문헌

김일성, “황해남도 경제사업에서 나서는 중심과업”, 『김일성 저작집』 36권, 평양:조선노동당출판사, 1990.

김영희, “김정은 정권 6년, 경제정책 노선과 대북제재 영향”, 『KDB북한개발』 통권13호, 2017.

이종석, “북한의 황해남도 강령군 경제특구 계획과 NLL”, 『정세와 정책』, 2013.

통일부, “문재인의 한반도 정책”, 통일부, 2017.

평화문제연구소, “조선향토대백과”, 2004.

『노동신문』, 2013년 4월 2일

『서울경제』, 2016년 3월 25일

『연합뉴스』, 2014년 6월 12일

『연합뉴스』, 2014년 12월 9일

『조선중앙통신』, 2015년 7월 22일

『통일뉴스』, 2014년 7월 18일

『통일뉴스』, 2016년 12월 10일

『한겨레』, 2017년 3월 26일

제4절 북한의 금융과 통일을 위한 과제 : 정책금융과 민간금융을 중심으로

Ⅰ. 들어가며

1. 연구배경과 목적

광복 후 한반도에는 자유민주주의와 사회주의라는 상이한 두 체제가 존립하여왔다. 체제의 지속과 더불어 남북한은 정치, 경제, 사회문화의 모든 분야에서 많은 차이를 보이고 있다. 특히 동서독에 비해 남북한 경제력 격차가 현저히 큰 조건에서 남북통일은 독일통일보다 더 큰 어려움을 겪을 가능성이 없지 않다. 때문에 남한은 북한의 변화된 현실을 적절히 이용하여 한반도 통일의 유리한 환경을 조성하기 위해 노력해야 한다.

오늘의 북한은 통일 이전의 동독의 환경과 많이 다르다. 전통적인 사회주의계획경제체제를 가지고 있던 동독과는 달리 현재의 북한은 계획과 시장이 공존하는 경제체제를 가지고 있다. 김정은은 집권이후 '5.30 담화'를 통해 기업이 실제적인 경영권을 가지고 기업활동을 자율적으로 하도록 했으며, 이로부터 계획권, 제품개발권, 가격제정권, 판매권 등 기업의 경영권이 대폭 확대되었다. 한편 90년대 중반부터 시작된 북한의 시장화는 개인의 영역을 넘어 기업에도 침투되고 있다.

또한 23개 지역에 경제개발구를 지정하는 등 외국자본을 통한 경제개발을 꾀하고 있다. 비록 북한의 핵개발과 미사일 발사로 인한 대북제재 조치로 이러한 대외개방이 제대로 이행되지 않고 있지만, 이러한 양태는 '북한식 개혁개방'으로 볼 수 있으며 시장경제를 조금씩 수용하는 방향으로 나가고 있음을 알 수 있다. 때문에 북한에게 있어 경제변화에 상응한 금융기능의 변화, 즉 정책금융과 민간금융(상업금융)의 기능변화는 필연적이다. 통일의 주체인 남한이 최근 북한의 변화를 잘 파악하고 향후 남북통합의 관점에서 북한에 대해 금융지원과 협력을 추진하는 것은 매우 중요한 문제로 제기된다.

이러한 문제의식 하에 본 논문에서는 다음의 질문에 대한 해답을 찾으려고 한다. 우선 북한에 정책금융과 민간금융이 존재하는 것일까? 또 존재한다면 그 실태는 어떠한가? 중국의 개혁개방에서 금융기능 변화가 북한에 주는 시사점은 무엇인가? 또한 통일 전 동독에 대한 서독의 금융지원이 남한에 주는 시사점은 어떤 것인가? 마지막으로 '북한식 개혁개방'을 촉진하고 북한을 시장경제체제로 전환하도록 하기 위해 남한이 할 수 있는 금융지원은 무엇일까?

이 논문에서는 위의 질문에 대한 해답을 찾기 위해 북한의 금융실태를 정책금융과 민간금융의 차원에서 살펴보고 유사국인 중국의 개혁개방과정에서 정책금융과 민간금융의 기능, 그리고 통일 이전 서독이 동독에 대한 정책금융지원 등의 사례를 통해 통일준비 과정에서 남한 앞에 제기되는 과제를 제시하고자 한다.

2. 연구내용과 방법

본 연구는 5개의 장으로 구성하였다. 1장에서는 연구배경과 목적, 선행연구 분석 등을 통해 정책금융 및 민간금융 기능 차원에서의 금융통합 연구 필요성에 대해 살펴보았다. 2장에서는 정책금융과 민간금융의 기능을 비교하여 살펴봄으로써 체제운영에 따른 차이점에 대해 서술하였다. 3장에서는 북한 금융의 실태를 정책금융과 불법적 민간금융의 차원에서 살펴보았다. 4장에서는 유사국의 사례를 살펴보고 시사점을 도출하는 한편 통일과정에서 북한의 정책금융 기능 개선 및 민간금융 기능 신설과 관련한 남한정부의 과제에 대해 서술하였다. 우선 개혁개방에 따른 중국의 금융기능 변화를 고찰하고 북한의 체제변화에 따른 합법적 민간금융의 등장과 관련한 시사점을 얻었다. 또한 통일 전 동독의 금융기능 변화와 통일을 위한 서독의 금융지원에 대해 살펴봄으로써, 남북 금융기능 통합에서 우리정부가 어떤 준비를 해야 하는지에 대한 시사점을 도출하였다.

본 연구는 문헌분석과 인터뷰 조사를 통해 진행하였다. 중국의 개혁개방 과정에서 정책금융과 민간금융 기능의 변화와 통일과정에서 동독 금융기능 변화와 통일을 위한 서독의 금융지원, 그리고 북한의 정책금융과 불법적 민간금융의 기능은 선행연구 등 문헌을 통해 자료를 수집하였다. 북한 금융의 기능과 관련한 최근 자료는 탈북민 인터뷰를 통해 해결하였다.

본 연구는 북한의 금융기능을 변화시키기 위해 통일이전, 남한정부가 추진할 수 있는 과제에 관심을 두었다. 또한 북한의 핵문제 해결과 국제사회의 대북제재 완화, 그로 인한 남북관계 개선과 경제교류협력이 진행될 수 있는 상황이 마련된 것을 전제로 하고 있다.

마지막으로 이 논문에서는 국내금융에서도 북한의 모든 기업들에 대한 자금공급과 대부를 취급하는 중앙은행에 국한하려고 한다. 무역은행은 대외무역을 전문으로 하는 무역회사들만 취급하고 있기 때문에 이 연구에서는 예외로 둔다.

3. 선행연구 분석

남북한 금융제도의 통합과 관련해서는 적지 않은 연구가 진행되었다. 이러한 연구에는 이현대, 윤덕룡, 김병연의 연구보고서와 김명식, 조봉현 등의 연구논문, 김근수, 조명현의 박사논문 등과 한국산업은행이나 수출입은행 등의 산하 연구기관들의 보고서가 있다.

이현대와 윤덕룡은 동독의 사례에 비추어 남북한 금융통합에 대해 서술하였고 김병연은 체코와 헝가리, 독일의 금융이행과 통합을 사례로 남북한 금융통합 방안에 대해 밝혔다. 김명식은 통독과정 중 독일재건은행의 역할과 남북통일 과정상의 시사점에 대해 구체적으로 서술하고 있다. 김근수는 급변사태 시 통일의 부작용과 비용을 최소화할 수 있는 금융통합 방안으로 통화위원회 설치 후 남북한 통화를 통일시켜 완전한 하나의 국가체계로 통합시킬 것을 주장하고 있다. 조명현은 동서독 금융통합 시 서독의 3대 금융기관인 도이체뱅크(Deutsche)와 드레스드너뱅크(Dresdner), 코메르쯔뱅크(Commerzbank)와 독일재건은행의 활동과 더불어 북한지역 금융개혁 방안과 남북한 금융개혁의 과제에 대해 밝히고 있다. 금융기관연구소 보고서에서는 통일전후 동독의 재건을 위한 금융기관들의 역할에 따른 한반도 통일과 관련한 시사점에 대해 서술하고 있다.[15)]

이밖에도 중국과 베트남의 금융개혁을 근거로 북한 금융개혁의 시사점을 도출한 연구도 있다. 최근 연구로는 임호열 외의 연구를 들 수 있는바[16)] 이 연구에서는 북한의 금융개혁이 성공하자면 국제사회의 신뢰회복과 대북제제가 해소되어야 한다는 전제하에 시장화의 진전에 맞는 금융제도의 전반적 개혁, 사금융의 제도권 흡수, 달러라이제이션의 극복, 통화 증발 금지, 물자 및 외화의 안정적 공급 등을 제시하고 있다. 또한 안형식·박해식의 연구도 들수 있다. 이 연구는 러시아 ·폴란드·몽골 등 체제전환국들의 은행시스템 체제전환 과정을 통해 북한 은행시스템의 순조로운 체제전환을 위해 요구되는 시사점을 도출하였다.[17)] 북한의 국제금융기구 가입, 외채구조조정, 통화의 신뢰성 회복, 이원적 은행으로의 은행체제 정비 등을 북한에 대한 시사점으로 제시하고 있으며 남한에 대한 시사점으로는 지속성장을 통한 충격흡수 및 지원역량 제고, 체제전호나 투자에 대한 역량 강화, 체제전환 연구 확대, 통일

15) 이현대(2005), 윤덕룡(2009), 김병연(2014), 김명식(2001), 조봉현(2015), 김근수(2016), 조명현(2009), 한용덕(2015), 박이현(2015), 김은혜(2015)

16) 임호열·김영찬·방호경·김준영·최필수(2015)

17) 안형익·박해식(2014)

금융 전문인력 양성, 북한의 국제금융기구 가입유도 등을 밝히고 있다.

선행연구는 통일준비에서 금융통합의 중요성을 제시하고 통일의 부작용을 해소하기 위한 일련의 대책을 제시함으로써, 이 분야 연구를 개척하는데 기여하고 있다. 그러나 이를 위해 나서는 통일 이전에, 혹은 통일 이후에 수행해야 할 과제에 대한 경계가 불분명하다. 대부분의 선행연구는 통일 이전에 할 수 있는 미시적 과제보다 통일 이후에 해결할 수 있는 거시적인 과제에 관심을 두고 있다. 남북한 금융통합을 점진적인 것으로 전제하고 1단계로 남북간 금융협력, 2단계로 북한의 금융개혁, 3단계로 남북한 금융시장 개방, 4단계로 남북한 금융제도의 통합을 제시하고 있다. 그러함에도 구체적인 내용을 보면 1단계는 대체로 생략되었다. 이는 금융통합을 주제로 한 선행연구에서도 찾아볼 수 있는데 금융제도 혹은 금융기능의 통합인지 불분명하다.

또한 북한이 자본주의 시장경제를 받아들인다는 전제하에 체제전환 과정에서의 북한 은행시스템의 이원화에 대해 밝히고 있어 체제전환을 택한 시점에서는 매우 유용한 연구로 기여할 수 있으나, 현 북한의 상황 즉 개혁개방 초기 정책금융과 상업금융, 민간상업 금융을 어떻게 효율적으로 활용할지에 대한 연구로는 거리가 있다. 특히 정책금융의 기능만이 공식적으로 작동하는 북한의 상황을 고려해 체제변화에 따른 불법적 민간금융의 기능을 양성화하기 위한 사업의 일환으로 정책금융과민간금융의 기능을 구분하여 살펴본 연구는 찾아보기 어렵다.

본 연구는 북한이 개혁개방과 통일이전 자원의 효율적 배분을 위해 정책금융과 민간금융이 제 기능을 수행하도록 남한이 어떤 지원을 할 것인가에 대해 살펴봄으로써 선행연구의 한계를 극복하려고 한다.

Ⅱ. 정책금융과 민간금융에 대한 이해

1. 금융의 기능과 체제운영

(1) 정책금융과 민간금융

일반적으로 금융이란 이자를 받고 자금을 융통하여 주는 것을 말한다. 다시말해, 상호 합의한 기일 안에 원금의 상환과 이자변제가 이루어질 것을 약속한 가운데 금융기관에서 자금을 빌리거나 빌려주는 행위이다. 이러한 금융은 제도권 여부에 따라 공금융과 사금융으로, 목적에 따라 정책금융과 민간금융(상업금융)으로 나눌 수 있다.

정책금융은 "정부의 정책목표를 위해 특정부문을 우대하여 공급하는 여신"으로, 일부에서는 상업금융의 상대적 개념으로서 시공간상 시장에 수요는 있으나 시장기능이 취약하여 사각지대가 발생한 부분을 보완해 주는 공공금융으로 정의하고 있다. 정책금융은 역사적으로 국가의 형태와 경제발전 단계를 막론하고 각국에서 나타나는 시공간상의 시장실패를 해소하기 위해 다양한 모습으로 나타났다.[18] 선후진국을 막론하고 정책금융은 시장실패 보완과 특정부문을 전략적으로 선정하여 경제발전을 촉진하는 한편 금융위기의 해소수단으로 활용되고 있다.

정책금융과 민간금융의 차이는 참여주체와 소유권, 활용목적, 재원조성, 자금지원, 적용법률, 중점산업추진, 신용창출 등의 비교를 통해 알 수 있다. 정책금융은 정부자금에 의해 출연된 것으로 하여 참여주체는 공공기관이며, 이로부터 소유권은 당연히 국가에 있다. 민간금융은 여유자금이 있는 기업, 심지어 불법자금 모집자에 의해 출연되기 때문에 민간금융의 주체는 도시주민, 자영업자, 민영기업 등 다양하며 소유권 역시 민간에 있다.

정책금융과 민간금융의 정의에서 보는 것처럼 정책금융은 정부의 정

18) 손상호(2013)

책적 목표 수행과 민간금융의 시장실패 보완을, 민간금융은 이윤극대화를 목적으로 한다. 정책금융은 정부재정, 금융자금, 외자 등을 재원으로 하지만, 민간금융은 다양한 주체가 참여함에 따라 민간대여, 민간융자 등이 주된 자금원천으로 되며 사모펀드, 은행여신, 국외 핫머니 등도 자금원으로 활용된다. 정책금융은 중장기 고액대출이 많고 이자율이 낮으나 민간금융은 이와 반대이다. 또한 정책금융은 독립적인 법규에 근거하나, 민간금융은 일반 금융기관법에 근거하며 금융감독 기관의 느슨한 제약을 받는다.

중점산업 육성에서 민간금융은 초기 투자가 많거나 미래비전이 명확치 않으면 회피하는 현상이 발생하나 정책금융은 과감히 투자한다. 이를 통해 정책적 의도가 실현될 수 있게 하며 이러한 분야에 대한 민간금융의 투자열정이 발생하면 정책금융은 투자자금을 줄여 또 다른 중점 산업부문으로 이동한다. 이처럼 정책금융과 민간금융은 매우 상충되지만, 서로 보완적인 관계를 가지고 있어 국가의 경제발전을 추동한다.

<표 1> 정책금융 및 민간금융 비교

구분	정책금융	민간금융
참여주체 소유권	- 국가기관 - 국가소유	- 민간기업 - 사적소유
활용목적	- 정부 정책적 목표 수행 - 민간금융 시장실패 보완	- 민간금융기관 이익창출 극대화
재원조성	- 정부재정 - 금융자금 - 외자 등	- 금융자금 - 외자 등
자금공급	- 중장기 고액, 저이자	- 단기 소액, 고이자
법 규	- 단독법률	- 일반 금융기관법
중점산업 추진	- 투자 촉진	- 재무수익성 문제로 회피
신용창출	- 보충 요소	- 필수 요소

자료: 저자 작성

한편 민간금융은 합법적 혹은 불법적 민간금융으로 구분할 수 있다. 이는 소유권과 경영권, 실정법의 인정여부 측면에서 살펴볼 수 있다.

<표 2> 합법적 민간금융과 불법적 민간금융 비교

구분	소유권	경영권	실정법	사례
합법적 민간금융	개인 혹은 단체	개인	인정	금융회사
불법적 민간금융	개인 혹은 단체	개인	인정안함	사영업자, 환전상인

자료: 저자 작성

(2) 체제운영과 금융기능

특정한 국가나 공동체가 형성한 사회적 자원이 효율적으로 배분되려면 두 가지 과제가 제기된다. 하나는 경제적 효율성을 보장하는 것이고 다른 하나는 사회적 합리성을 실현하는 것이다. 전자를 보장하려면 사회적 공정성과 기회균등을 파괴할 수 있으며 후자를 실현하려면 경제적 효율성을 보장하기 어렵다. 즉 원활한 체제운영을 위해서는 이 두 가지 과제를 모두 해결해야 한다.

국가는 이러한 과제를 해결하기 위해 금융의 기능에 관심을 두게 되는데, 이는 체제운영 방식에 따라 다르다. 자본주의체제는 정책금융과 민간금융의 기능을 통해 전자와 후자의 이러한 상충관계를 보완하고 있으나, 사회주의체제는 정책금융의 기능 하나로 이러한 문제를 해결하려고 한다. 때문에 사회주의체제는 정책금융의 한계로 인해 경제주체의 자금수요를 해결하기 어렵다. 따라서 불법적 민간금융이 항시적으로 기능하게 되고 체제변화와 더불어 합법적 민간금융이 등장하게 된다. 사회주의국가인 중국에도 불법적 민간금융이 존재했으며, 현재 북한도 불법적 민간금융이 기능하고 있다.

<표 3> 체제운영에 따른 금융의 특징

구 분		자본주의체제	사회주의체제
자원의 효율적 배분	경제적 효율성	민간금융	불법적 민간금융
	사회적 합리성	정책금융	정책금융

자료: 저자 작성

2. 북한의 정책금융과 민간금융에 대한 이해

(1) 금융에 대한 북한의 인식

북한은 일반적인 금융은 "은행을 비롯한 금융기관을 중심으로 이루어지는 화폐자금의 융통"으로, 사회주의금융은 "사회주의국가의 중앙집권적 지도아래 국가은행을 중심으로 하여 계획적으로, 통일적으로 조직되는 자금융통 관계"라고 정의하고 있다.[19] 이처럼 북한은 경제주체간의 자율적인 자금융통을 금지하고 있어 기업간 또는 개인간의 직접적인 금융행위는 생각조차 할 수 없다. 오직 모든 금융행위는 국가은행을 중심으로 이루어져야 하고 또 모든 자금융통은 국가계획에 의해 이뤄져야 한다. 이로부터 북한 기업은 한 개 은행에 한 개의 계좌를 개설하게 되며 그 계좌를 통해 국가재정을 공급받고 또 국가예산 납부를 하게 되며 물자거래에 대한 자금을 지불하고 또 자금을 받게 된다. 아마 금융에 대한 이러한 이해로부터 일원적 은행시스템이 만들어 졌고 지금까지 유지될 수 있었던 것 같다. 북한 중앙은행의 재정집행[20], 자금중개[21], 지급결제[22], 원에 의한 통제[23] 등을 통해서도 북한 금융이

19) 제2자연과학출판사(2006)

20) 이는 은행의 자금공급으로 설명할 수 있는바, 자금공급은 기관·기업소의 경리운영에 필요한 자금을 국가의 재정계획에 따라 반환의 의무없이 지원하는 자금보장이다.

21) 반환을 전제로 유휴화폐자금을 동원, 이용하는 예금 및 대부이며, 이는 재정의 보조수단으로 여겨지고 있다.

22) 지급결제는 화폐유통으로 나타나며 여기에는 현금유통과 무현금유통이 있다.

23) 북한은 재정자금을 은행을 통해 공급하고 그것이 제대로 사용되고 있는지를 통제하게 된다. 구체적으로 기관·기업소들이 원료·자재의 구입으로부터 인력의 이용, 생산물의 생산과 판매, 고정재산의 취득과 이용에 이르기까지 경영활동 전반에 대해 통제하는데

은행이라는 한 부분에 국한하고 있음을 알 수 있다.

북한 금융은 자본주의 금융과 마찬가지로 제도권 여부에 따라 공금융과 사금융으로 구분할 수 있는데, 전자는 국가은행인 조선중앙은행과 무역은행을 중심으로 한 금융활동이며 후자는 '돈 장사꾼' 중심의 다양한 불법적인 금융활동이다. 북한은 금융활동의 목적에 따라 정책금융과 민간금융으로 구분하고 있지는 않다. 왜냐하면 북한에 남한의 상업은행과 같은 기능을 수행하는 민간금융이 합법적으로 존재하지 않으며 더욱이 현 체제에서 개인 소유의 민간금융기관 설립이 불가능하기 때문이다.[24] 그렇다고 중앙은행을 통한 국가재정의 공급을 정책금융이라고 정의하지도 않는다. 이는 다양한 금융기능의 부재를 반증하고 있다. 이런 의미에서 북한의 금융은 정부 정책을 수행하는데 필요한 자금을 조달하고 효율적으로 배분하는 재정의 일부분으로 간주되기도 한다.

(2) 북한의 정책금융과 남북한 비교

북한이 정의하고 있는 금융에 대한 개념과 기능을 통해 중앙은행의 금융활동을 정책금융으로 볼 수 있다. 특히 정책금융을 구분하는 참여주체와 활용목적, 재원형성 등에서 일부 측면에서는 남한의 정책금융과 유사하다. 북한의 중앙은행은 국가소유이며 또한 정부재정을 원천으로 정부의 정책적 목표를 수행을 위한 금융활동을 하고 있다. 다만, 개인저금(예금)과 같은 금융자금을 재정의 보조수단으로 활용하고 있을 뿐이다.

반면 남한의 정책금융은 정책적 수요와 시장실패로 인해 금융시장에서 해소하지 못하는 수요를 보완한다면, 북한의 정책금융은 국가의 재

이를 '원에 의한 통제'라고 한다. 이러한 원에 의한 통제는 중앙은행의 결제과, 생활비자금과, 고정재산등록과 등을 통해 진행된다.

24) 북한의 상업은행법 제10조는 "상업은행을 설립하려는 기관, 기업소, 단체는 설립신청문건을 중앙은행에 제출하여야 한다."고 명시하고 있다. 이처럼 국영기관, 기업소, 단체에 의한 상업은행 설립만이 가능하다.

정계획에 의해 자금을 공급한다는 측면에서 차이가 있다. 또한 대출[25]이나 금융투자, 보증과 같은 시장경제에서의 금융기법이 아니며 정책자금은 반환을 전제로 하지 않는다.

여기에 '유동자금조절펀드'[26]를 통해 정책자금을 추가로 공급하는 '연성예산제약'도 있다. 유동자금조절펀드에 의한 자금공급 대상은 독립채산제기업들이 경제계획수행과정에서 불가피하게 제기되는 추가적인 유동자금 수요 즉 국가적 조치 또는 인민경제계획이 추가되거나 변경되었을 때, 계획을 초과 수행하였을 때, 수입 및 계절 물자를 한 번에 많이 받은 경우 등 기업책임이 아닌 요인에 의해 불가피하게 일시적으로 필요한 자금이다.[27] 이러한 보충적인 자금공급은 엄격한 제약으로 작용하지 못해 경제 전반에 물자부족을 발생시킬 뿐 아니라 기업에 투자위험을 감소시키는 등 부작용을 초래하게 된다. 특히 중앙은행이 기업의 경영활동을 제대로 관리하지 못해 잠재부실 위험이 더욱 증대될 가능성도 있다.

북한의 정책금융은 국영 상업금융과 합법적인 민간금융이 존재하지 않는 상황에서의 기능이라는 점에서, 공공금융 기관이 아닌 중앙은행이 정책금융을 집행하는 주체라는 점에서 남한과 차이가 있다.

---

25) 본 연구에서는 북한의 중앙은행과 사금융이 빌려주는 자금은 '대부'로, 남한을 비롯한 일반적인 금융에서는 대출로 통일하려고 한다.

26) 독립채산제기업소들에서 인민경제계획수행과정에 불가피하게 제기되는 추가적인 유동자금수요를 보장하기 위하여 은행이 중앙집중적으로 관리하는 보충적인 유동자금공급원천이다.

27) 사회과학원 사회주의경제관리연구소(1995)

<표 4> 남북한의 정책금융 비교

구분	소유권	재원	목적	원금	금융기관
남한	- 국가	- 금융자금 - 정부재정 - 외자 등	- 시장실패 보완 - 정부정책 수행	- 반환	- 산업은행 - 수출입은행 - 무역보험공사 등
북한	- 국가	- 정부재정	- 정부정책 수행	- 미 반환	- 중앙은행 - 무역은행

자료: 저자 작성

한편 북한의 민간금융은 남한과 달리 불법이고 '돈장사꾼'이라는 개인에 의해 금융활동이 진행된다.

<표 5> 남북한의 민간금융 비교

구분	법적성격	소유권	재원	기능-	원금	금융기관
남한	- 합법	- 민간	- 금융자금 - 외자 등	- 시장수요 공급	- 반환	- 상업은행
북한	- 불법	- 민간	- 개인자금	- 시장수요 공급	- 반환	- 개인(돈장사꾼)

자료: 저자 작성

Ⅲ. 북한의 정책금융과 민간금융 실태

북한은 지금으로부터 40여년전인 1976년까지 건설자금은행, 농업은행, 산업은행과 같은 정책금융기관과 상업금융기관을 설립하고 중앙은행의 정책금융을 보완하는 기능을 수행한바 있다. 최근에는 외화저금, 송금업무를 수행하는 상업은행을 신설하는 한편 불법적인 민간금융을 활용하도록 하는 등 정책금융을 보완하기 위한 노력을 기울이고 있다.

이로부터 Ⅲ장에서는 북한의 정책금융과 민간금융 실태를 ①정책금융기관의 설립과 기능 약화, ②상업금융기관의 설립과 정책금융 보완, ③불법적 민간금융의 등장과 개인자금 활용의 합법화로 구분하여 살펴보려고 한다.

1. 정책금융기관의 설립과 기능 약화

북한이 지금까지 설립한 정책금융기관으로는 조선중앙은행, 건설은행, 국가개발은행이 있다. 전술한 것처럼 북한 중앙은행은 남한의 중앙은행인 한국은행과 달리 중앙은행 본연의 기능과 함께 기업에 대한 자금공급과 같은 정책금융의 기능도 수행한다.

(1) 중앙은행: 정책금융 기능의 점진적 약화[28)]

중앙은행의 설립은 광복과 함께 평양에 주둔한 소련군정의 주도로 시작되었다. 소련군정은 북한지역의 은행들을 장악한데 이어 1945년 12월에는 은행을 통제하기 위한 금융 감독기구인 계산소를 조선은행(한국은행의 전신: 중앙은행 역할 수행) 평양지점에 설치하였다. 당시 북한은 금융 전반 사업에 대한 국가의 중앙집권적 지도를 통해 경제를 발전시키고 필요한 자금문제를 해결하기 위한 은행체계 수립이 필요하였다. 이로부터 1946년 8월 은행국유화를 실시하고 10월 29일 북조선임시인민위원회 직속 '북조선 중앙은행'을 신설하였다. 북조선 중앙은행은 이전의 은행과 계승관계가 전혀 없는 새로운 형태의 중앙은행으로 정부자금에 의해 운영되었다.

중앙은행의 최고기관으로 이사회를 두고 은행사업과 관련한 주요 문제들을 결정하도록 하였으며 북조선임시인민위원회 앞에 책임을 지도록 하였다. 신설된 북조선 중앙은행은 발권과 통화조절 기능, 국내외 무현금결제와 대외결제기능, 경제주체에 대한 단기신용 기능, 국가예산 수입과 지출에 대한 출납기능을 수행하였다. 이때로부터 중앙은행은 본연의 중앙은행의 기능과 자금중개, 지급결제와 같은 상업은행의 기능을 동시에 수행하게 되었다. 모든 도소재지들에 도총지점, 시·군에 지점을 두도록 했으며, 중앙은행 각 지점은 물론 농민은행까지 지도 감

28) 김영희(2009)

독하는 역할을 수행하도록 했다. 북조선 중앙은행은 1959년 2월 '조선중앙은행'으로 개칭되었고 1959년 5월부터는 농업부문에 대한 재정적 지원을 하게 되었다.

북한 정책금융의 기능 약화는 중앙은행의 자금공급 기능을 통해 살펴볼 수 있다. 자금공급은 국가 기관·기업소의 계획수행에 필요한 자금을 국가의 재정계획에 따라 보장해 주는 것이며, 여기에는 기본건설자금공급과 대보수자금공급, 유동자금공급이 있다. 기본건설[29]자금공급은 생산 및 비생산 고정재산의 확대를 위한, 대보수자금공급은 고정재산 보수를 위한, 유동자금은 원자재 구입과 생산을 위한 자금공급이다. 자금공급 초기에는 기업이 국가에서 배정받은 자금을 제때에 사용하지 않아 국가자금을 동결시키는 현상과 중앙은행이 절실히 필요한 곳에 자금을 공급하지 못하는 현상이 발생[30]하는 등 자금 활용에 국한된 문제점이 발생하는데 그쳤다.

그러나 90년대 초 소련을 비롯한 사회주의권 시장의 붕괴, 자연재해, 사회주의 경제시스템의 문제점 등으로 경제적 환경이 크게 어려워지면서 정책금융의 기능은 조금씩 약화되기 시작하였다. 기업의 가동률이 감소하고 이로부터 정부재정이 악화됨에 따라 당국은 기업에 대한 자금공급을 축소하기에 이른다. 1995년을 전후하여 기업에 대한 유동자금[31]공급을 폐지하고 유동자금의 수요는 기업이 스스로 벌어 충당하도록 했으며 모자라는 추가 수요는 중앙은행의 대부자금(자금중개 기능)으로 해결하도록 하였다.[32] 북한은 2004년 재정법 개정을 통해 국가적

29) 기본건설은 노동도구를 사용하여 자연을 개조하며 여러 가지 자재를 가공하여 생산적 및 비생산적 용도의 고정재산을 조성하는 물질적 생산부문이다.(제2자연과학출판사, 2006)

30) 김일성(1948)

31) 유동자금은 원자재 구입 등 생산활동에 필요한 운영자금으로 1995년이전까지는 계획수행에 필요한 유동자금 전액을 중앙은행이 국가재정으로 공급하였으며 추가적인 자금수요에 대해서는 '유동자금 조절펀드'라는 명목으로, 경영을 잘못하여 발생한 자금수요는 은행대부로 해결하도록 하였다. 여기서 국가재정과 유동자금 조절펀드는 정책금융의 일환이다.

32) 홍영의(1996)

으로 중요한 대상에 대해서만 기본건설자금과 보수자금을 공급하도록 범위를 대폭 축소하였다. 이후 2007년과 2011년 재정법을 개정하면서 기본건설 및 대보수 계획사업에 해당해서는 국가재정으로 공급하도록 했으나, 2015년 10번째로 재정법을 개정하면서 일부는 국가재정에서 공급하고 일부는 기업의 감가상각금과 기업소기금 등 자체자금을 쓰도록 했다.[33] 사용기간이 만료된 고정재산의 교체비용(단순 재생산자금, 기본건설자금)을 기업이 적립한 감가상각금으로 충당하도록 하였으며, 경우에 따라서는 고정재산의 신규구입(확대 재생산 자금, 기본건설자금)도 기업내부에 적립한 충당금으로 사용할 수 있게 하였다.[34] 이처럼 북한의 정책금융은 정책적으로 중요한 부문에 국한하여 일부 자금을 공급하는 등 기능은 점차 약화되고 있다.

<표 6> 중앙은행의 정책금융 기능 약화

<table>
<tr><th colspan="2">구 분</th><th>1990년대 중반 이전</th><th>1990년대 중반~2001년</th><th>2002년 이후</th></tr>
<tr><td colspan="2">1. 유동자금(운영자금)</td><td rowspan="5">국가재정에 의한 자금공급</td><td>-</td><td rowspan="3">-</td></tr>
<tr><td colspan="2">2. 고정재산 보수자금</td><td rowspan="4">국가재정에 의한 자금공급</td></tr>
<tr><td rowspan="3">고정재산 건설자금</td><td>3. 단순재생산</td></tr>
<tr><td>4. 확대재생산</td><td rowspan="2">국가재정에 의한 자금공급</td></tr>
<tr><td>5. 신 설</td></tr>
</table>

자료: 문성민·이동현(2016) 참조하여 저자 작성

북한 정책금융의 특징은 △원천은 국가재정이라는 것, △대상은 고정재산 신설과 대보수에 국한되어 있다는 것, △국가소유의 중앙은행이 기업에 국가재정을 중개해주는 역할을 수행하고 있다는 것이다. 중앙은행을 통한 정책금융 활동은 기업의 국가예산 납부자금을 받아 국고에 넣어주고 다시 국가재정자금을 받아 기업에 공급해주는 역할에

33) 장명봉(2018)

34) 문성민·이동현(2016)

국한하고 있다. 김정은 집권이후 정책금융에 의한 산업건설은 주로 마식령스키장, 승마구락부, 광복거리상업 중심 등과 같이 위락시설과 서비스부분에 집중되고 있어 생산시설의 신규건설과 확충에 대한 정책금융의 확대가 필요해 보인다.

(2) 건설자금은행: 일시적인 정책금융 기능 수행

북한은 2개년인민경제계획(1949-1950) 수행과정에서 기본건설이 큰 규모로 확대되자 1950년 1월에 '국립건설자금은행'을 설립하고 중앙은행의 기본건설과 대보수 자금공급 사업을 이관하였다.[35] 당시 국립건설자금은행을 설립한 것은 건설자금을 제때에 공급하는 한편 그 이용에 대한 통제를 강화하기 위한 독립적인 전문은행이 필요했기 때문이다.

건설자금은행은 국가예산자금을 원천으로 하였으며 국가 기관, 기업소들에서 진행하는 건설과 대보수에 대한 자금공급과 그 이용에 대해 재정적으로 통제하는 역할을 수행하였다. 북한은 1958년 생산관계의 사회주의적 개조를 통해 사회주의 제도가 확립되었다고 보고 이후 사회주의 건설과정에서 제기되는 금융문제를 해결하기 위해 1964년 건설자금은행을 중앙은행에 통합하는 등 은행체계를 개편하였다. 이로부터 건설자금은행은 설립된 지 14년 만에 사라졌다.

(3) 국가개발은행: 전문화된 정책금융기관 설립 시도

북한은 2010년 1월 20일 '조선대풍국제투자그룹'[36] 이사회 1차 회의에서 국가 최고 권력기관인 국방위원회 결정으로 `국가개발은행' 설립을 발표하였다. 그리고 국가개발은행이 국제금융기구, 국제상업은행들

35) 사회과학원 사회주의경제관리연구소(1995)

36) 북한은 2006년 9월 27일 조선대외경제협력위원회와 대풍국제투자대표단과 다국적 투자가들을 망라하는 외자유치 창구인 대풍국제투자그룹을 설립하고 평양에 조정사무소를 개설하였다. 대풍국제투자그룹은 희망하는 투자가들과 국제금융기관들과의 협력하에 투자유치 실현을 위한 실무적인 사업을 진행하였다.

과 거래할 수 있는 현대적 금융규범과 체계를 갖추고 이들과 거래하면서 국가정책에 따른 중요 대상들에 대해 투자업무를 수행하도록 하였다. 또한 국가개발은행에 대한 투자유치 및 자금원천을 보장하는 경제연합체로 활동하게 될 조선대풍국제투자그룹의 본부를 평양에 두도록 했다. 조선대풍국제투자그룹의 활동을 보장할 데 대한 김정일의 명령이 있었으며 그룹이사장으로 김양건 조선아시아태평양평화위원회 위원장, 상임부이사장 겸 총재로는 재중동포 박철수가 임명되었다. 이사회는 국방위원회, 내각, 재정성, 유관부서, 조선아시아태평양평화위원회, 조선대풍국제투자그룹대표 등 7명으로 구성하기로 하였다.

북한이 국가개발은행 설립을 발표한 것은 국가주도의 북한식 경제개발을 추진하기 위해서였다. 2010년 북한은 등록자본금 100억달러의 산업개발은행 설립과 1,200억달러를 융자받아 인프라 및 산업개발을 위한 「조선민주주의인민공화국 경제개발중점대상 개요」를 발표하였다. 그리고 이듬해인 2011년 1월 내각결정을 통해 경제개발 중점대상 개요에 근거해 '국가경제개발 10개년 전략계획'[37]을 수립·발표했으며 이를 수행하기 위한 '국가경제개발총국'도 설립하기로 하였다.[38] 김정은 집권이후 2013년 '경제개발구법'을 제정하고 2018년까지 23개의 중앙 및 지방급 경제개발구를 지정하였다.

이처럼 북한은 김정은이 공식후계자로 등장한 이후인 2010년부터 경제개발을 경제정책으로 제시하고 이의 달성을 위한 자금조달 창구로서 국가개발은행을 설립하기로 하였으나, 아직까지 국가개발은행은 설립하지 못하고 있는 상황이다. 비록 개발은행은 설립하지 못했지만, 북한 당국이 경제개발을 위한 금융의 필요성과 중요성을 인식하고 있다는

---

37) 국가경제개발 10개년 전략계획은 하부구조 건설과 농업·전력·석탄·연유·금속 등 기초공업, 지역개발을 핵심으로 하는 계획이다. 사업분야로는 △농업개발, △5대물류산업단지 조성, △석유에너지 개발, △2천만톤 원유가공, △전력 3천만㎾ 생산, △지하자원개발, △고속도로 3천㎞ 건설, △철도 현대화 3,600㎞, △공항, 항만건설, △도시 개발 및 건설, △국가개발은행 설립, △제철 2천만톤 생산 등이다.

38) 조선중앙통신(2011년) 1월 15일

점에서 개발은행 설립 시도는 시사 하는바가 적지 않다. 이는 남북관계 개선 시 남한정부가 북한 개발금융의 지원을 추진한다면 북한의 수용 가능성이 높다는 것을 반증하고 있다.

(4) 정책금융 공급주체의 변화

이상에서 살펴본 것처럼 북한 정책금융의 공급주체는 중앙은행 → 중앙은행·건설자금은행 → 중앙은행 → 중앙은행·국가개발은행, 다시 중앙은행으로 변화되었으며, 정책금융의 기능은 점차 약화되고 있다. 이를 다음의 그림으로 요약·설명할 수 있다.

<그림 1> 북한의 정책금융 공급주체의 변화

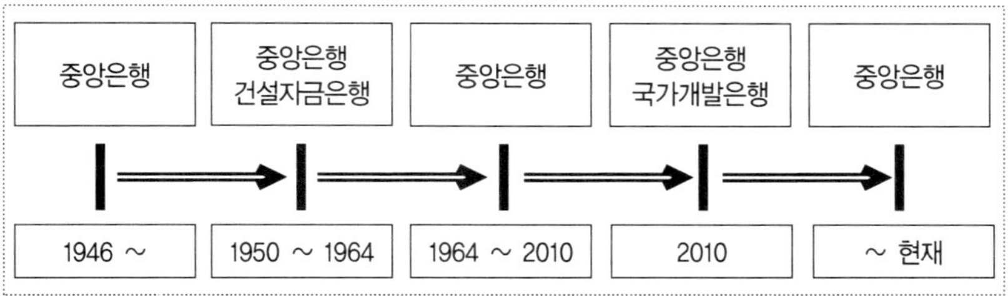

자료: 저자 작성

〈그림 1〉은 향후 북한에서 막대한 자금을 수요로 하는 대규모 인프라 건설이 본격화될 경우 정책적 차원에서 당국이 정책금융기관을 신설할 가능성이 있음을 시사한다. 또한 과거 건설자금은행 설립과 운영 경험 역시 정책금융기관 운영에 적잖은 도움이 될 것으로 보인다. 2010년 국가개발은헹 설립 시도는 북한이 핵문제 해결을 통한 대북제재 완화 등 경제개발 여건이 조성되었을 때 급진적으로 재추진될 가능성을 보여준다. 이는 통일의 주체인 남한에게 북한 경제개발을 위해 수행해야 할 과제가 무엇인가를 보여주는 대목이기도 하다.

2. 상업금융기관의 설립과 정책금융 보완

북한의 은행제도 개편으로 1959년에는 농업은행이, 1976년에는 산업은행이 중앙은행과 통합되면서 민간금융과 상업금융은 역사 속으로 사라졌다. 북한 최초의 합법적 민간금융이자 유일한 민간금융이었던 농민은행은 1958년 생산관계의 사회주의적 개조에 의해 개인농이 협동화되면서 막을 내렸다. 이로서 민간금융은 정책금융으로 전환되었으며, 이후 지금까지 합법적인 민간금융이 다시 기능한 적은 없다.

<표 7> 북한의 은행제도 변화

<table>
<tr><th>연도</th><th colspan="2">은행제도 변화 내용</th></tr>
<tr><td>1946</td><td>협동적 신용기관인 농민은행 설립</td><td>민간은행</td></tr>
<tr><td>1946</td><td>북조선 중앙은행 설립</td><td rowspan="9">국가은행</td></tr>
<tr><td>1950</td><td>건설자금은행 설립</td></tr>
<tr><td>1958</td><td>농민은행을 농업은행으로 개편</td></tr>
<tr><td>1959</td><td>북조선 중앙은행을 조선민주주의 인민공화국중앙은행으로 개칭</td></tr>
<tr><td>1959</td><td>농업은행 중앙은행에 통합</td></tr>
<tr><td>1964</td><td>건설자금은행 중앙은행에 통합</td></tr>
<tr><td>1964</td><td>산업은행 설립</td></tr>
<tr><td>1976</td><td>산업은행을 중앙은행에 통합</td></tr>
<tr><td>2010</td><td>국가개발은행 설립 발표</td></tr>
</table>

자료: 저자 작성

(1) 최초의 민간금융인 농민은행 설립과 농업협동화에 따른 정책금융 전환

북한은 1946년 '북조선농민은행설립에 관한 법령'을 채택하고 북한 최초로 민간은행 형태의 농민은행을 설립하였다. 북한이 해방 후 농민은행을 가장 먼저 설립한 것은 토지개혁의 성과적 수행을 위한 자금지원을 뒷받침하고 농민들을 고리대의 어려움에서 벗어나게 하기 위해서였다. 농민은행은 농민들에 의해 운영되었으며, 농민들에 대한 융자를 전문으로 한 협동적 신용기관이었다. 중앙에 본점, 지방과 농촌지역에

220여개의 지점을 조직하고 영농사업을 위한 융자적 수요와 농민들의 부업생산, 생활소비자금을 공급하는 역할을 수행하였다. 자금회전속도를 높여 많은 농민들에게 도움을 주기 위해 단기대부 업무를 기본으로 수행하였다. 한편 영세농민들에게는 9.2%의 이자율을 적용하여 2~3년을 기한으로 하는 장기대부를 주기도 하였으며, 계급정책에 따라 중농에게는 단기대출을, 부농들에게는 대출을 제한하는 등 다양한 정책을 추진하였다.

창립기금은 농민들이 자원하여 지불한 돈과 노동자, 사무원, 개인 상공업자들의 출자금으로 마련되었다. 출자금은 당시 화폐로 1주에 100원이었으며 전체 농민의 93%가 출자하였는데, 이는 전체 출자금의 절반을 차지하였다. 이외 정부가 일제가 설립한 '금융조합'의 재산을 몰수하여 농민은행의 기금으로 쓰도록 했다.

농민은행의 운영은 이사회와 각급 주주대표회의, 즉 2년을 임기로 하는 리(理)주주 대표반, 시·군 지점주주대표회의, 도(道)주주대표회의, 중앙주주대표총회와 중앙검사위원회가 맡았다. 이사회는 은행의 사업규정을 작성하고 연간 신용업무계획, 은행사업결산에 대한 검토비준, 이자율과 이익배당금 결정 등 전반적인 은행관리운영사업을 지도·감독하였다. 주주대표회의는 농민은행의 관리운영사업에 주주들인 농민들을 참가시키는 역할을 수행하였다. 이처럼 해방 후 농민들에 대한 대부업무를 수행하는 농민은행이 설립되었으며 이후 1958년 농업은행으로 개편되었고 설립된 지 13년만인 1959년 중앙은행에 통합되었다. 북한이 농민은행을 운영했던 시점은 토지개혁 이후로 개인이 토지를 소유하고 농업활동을 하던 시기였지만, 이러한 민간금융을 활용해 본 경험은 향후 농민은행 설립 시 큰 도움이 될 것으로 보인다.

김정은 집권이후 가족단위로 경작지를 나누어주고 농업생산 활동을 하도록 한 '포전담당책임제'는 분조단위의 경영과도 다소 차이가 있으며 이는 향후 중국이 농업개혁으로 추진한 '생산책임제'[39]와 비슷한 방향으로 변화될 것으로 예상된다. 따라서 농업개혁에 따른 북한 농민은행의 설립도 가능하다.

(2) 산업은행의 설립을 통한 정책금융 보완

북한은 1964년 재정금융 사업을 전문화하고 은행기관들의 재정적인 통제기능을 강화할 목적으로 중앙은행에서 신용기능을 분리하여 이를 기본업무로 하는 산업은행을 설립하였다. 산업은행은 중앙은행에서 자금을 공급받고도 모자라는 국영기업들과 자체자금이 부족한 협동단체 기업들의 자금수요를 대부로 보장하고 그 이용에 대해 통제하는 기능을 수행하였다. 대부원천은 개인의 저금, 보험, 송금으로 충당하였다. 이와함께 협동농장들의 재정관리 사업과 협동농장 신용부에 대한 재정적 통제도 함께 진행하도록 했다. 산업은행은 도에 도총지점, 시와 군에 지점을 두고 자금중개 기능을 수행하였다.

이로부터 중앙은행은 발권, 통화조절, 기본건설자금 등 국가자금 공급과 이용에 대한 통제, 고정재산에 대한 등록 평가, 국가수입금의 수납, 국영기업에 대한 재정통제 등의 역할만 수행하게 되었으며 상업금융 기능은 전문 상업은행인 산업은행이 수행하게 되었다. 산업은행은 설립된 지 12년만인 1976년 중앙은행에 통합되었다.

(3) 최근 상업은행 설립을 통한 정책금융 보완 시도

북한은 산업은행이 중앙은행에 통합된 지 30년후인 2006년 전문 상업은행 설립을 위한 「상업은행법」을 제정하였다. 이로부터 중앙은행에서 상업금융의 기능을 분리하여 상업은행에 이관할 수 있는 제도적 기반이 마련되었으나, 이에 준하는 상업은행은 아직 설립되지 않은 것으

---

39) 생산책임제는 당국이 개별 농민가구에 땅을 빌려주고 경영자율권을 인정해 주었으며 국가에 바칠 일정량의 생산물을 제외하고는 잉여농산물을 팔아 개인 소득을 올릴 수 있게 한 제도이다.

로 보인다.

그럼에도 일부에서는 2014년 이후 사회주의 경제강국 건설의 새로운 요구에 부응한다는 명분으로 중앙은행에서 상업은행의 기능을 분리하였으며 현재 평양에 30~40여개의 상업은행이 운영되고 있다고 주장하고 있다.[40] 그러나 이 상업은행들은 외화저금, 송금 업무에만 국한하고 있어 온전한 상업은행이라고 할 수 없다. 만약 이 상업은행들이 본연의 기능을 수행할 수 있다면 북한의 기업과 개인이 사금융을 통해 자금을 빌릴 이유가 없다. 이를 뒷받침하는 것은 2014년과 2015년에 개정된 '기업소법'이다. 2014년 기업소법은 기업이 개인의 유휴화폐자금을 이용할 수 있다는 내용을 추가했으며,[41] 2015년에 동법을 다시 개정하면서 이 내용을 삭제하지 않았다. 만약 북한에 설립된 상업은행이 기업에 외화 혹은 북한원화에 대한 대부를 주게 된다면 2015년 개정법에서 개인자금의 이용에 대한 법조항을 삭제했을 수도 있다. 이런 이유에서 북한에 아직 '상업은행법'에 준한 상업은행은 설립되지 않았으며 외화예금과 송금업무 등 제한적인 기능을 수행하는 상업은행이 일부 존재한다고 할 수 있다. 최근 대북소식통에 따르면 중앙은행의 저금(예금)업무와 기업에 대한 대부업무는 지속되고 있다고 하는데 이 역시 상업은행이 설립되지 않음을 보여주는 대목이다. 중앙은행의 기능변화는 '전성'카드를 통한 결제 등 지급결제에서의 변화라고 할 수 있다.

북한은 2015년 상업은행법을 개정하고 '카드발급 업무'를 추가했다.[42] 그럼에도 평양에 운영되고 있는 류경상업은행을 비롯해 여타 외화취급 상업은행들에서 카드를 발급하고 있다는 소식은 없다. 현재 북한에는 외화와 내화를 충전하여 사용하는 카드, 즉 외화결제용, 내화결제용 직불카드가 있다. 외화카드로는 2010년 조선무역은행에서 발행한

40) 임을출(2017)
41) 장명봉(2018)
42) 장명봉(2018)

'나래'와 2011년 고려은행이 발행한 '고려', 대성은행에서 발행한 '금길'이 있으며 내화카드로는 조선중앙은행이 2015년에 발행한 '전성'과 '옥류'가 있다. 이카드는 대체로 지급결제수단으로 이용되면서 송금과 현금출금이 가능하다.

김정은 집권이후 상업은행 설립을 통한 중앙은행의 기능 분리 노력은 과히 긍정적으로 평가할만하다. 주민수중에 있는 유휴화폐자금을 상업금융기관으로 흡수하고 이를 원천으로 기업과 개인의 자금수요를 공급하는 등 정책금융을 보완하려는 노력은 현 북한 상황에서 적절한 대안으로 평가된다.

3. 불법적 민간금융의 등장과 개인자금 활용의 합법화

(1) 불법적인 민간금융 기능

북한에 불법적인 민간금융이 등장한 것은 체제운영 구조에 따른 필연적 결과라 할 수 있다. 즉, 시장을 자본주의 맹아로 보는 반 시장정책, 개인에 대한 금융기관의 대부제도 부재, 기업에 대한 정책자금의 축소 등은 경제주체가 자금수요를 불법적인 민간금융으로 해결할 수밖에 없는 구조적 환경이다. 시장경제에서는 민간금융이 정책금융을 보완하는 기능을 수행하는 것이 아니라, 정책금융이 민간금융의 미스를 보완하는 기능을 수행하고 있다. 그러나 북한의 정책금융과 민간금융의 상호보완 기능은 이와 정 반대다. 중앙은행인 정책금융이 해결하지 못하는 부분을 불법적인 민간금융이 보완하고 있다.

'돈 장사꾼'[43]에 의한 대부

지난기간 북한은 전통적인 사회주의 계획경제체제를 표방하고 있어

43) 북한은 사금융을 업으로 하는 사람들을 돈장사꾼이라 부른다. 돈으로 장사하여 돈을 버는 사람들이라는 뜻이다. 이후 돈장사꾼이 환전에서 대부, 물자대금결제까지 하게 되면서 일부 돈장사꾼에는 '돈데꼬'라는 명칭이 붙여졌다.

기업의 자금수요는 정책금융을 통해, 개인의 자금수요는 노동의 대가인 '생활비'(급여)를 통해 공급하였다. 시장경제체제에서의 급여와 달리 북한이 생활비라는 명칭을 쓰는 것은 말 그대로 한 달 일하고 한 달 생활할 수 있는 비용을 지불한다는 의미다. 식량은 물론 식품, 공산품 등 생활용품의 대부분을 국영상점에서 저렴한 가격으로 배급해 주었기 때문에 개인의 자금수요는 구조적으로 사실상 발생할 수가 없다. 따라서 중앙은행의 자금중개 기능에는 개인에 대한 대부기능이 빠져있다.

그러나 90년대 중반 경제난으로 국가의 식량배급이 중단되면서 생계를 위한 장사밑천 마련으로 개인의 자금수요가 생겨나게 된다. 이것이 불법적인 민간금융의 대부기능 시발점이다. 여기에 기업에 대한 정책금융 공급 감소가 더해져 자금수요는 개인에서 기업으로 확대되었다. 이후 2002년 '7.1조치'로 북한 당국이 시장을 합법화하고 기업에 자율성을 부여하면서 민간금융 수요는 더욱 증가하게 된다. 기업의 경우 계획 외 신규사업 추진을 위해 대부가 필요했고 개인도 장사행위가 합법화 되면서 그의 확대를 위한 밑천마련이 필요하였다.[44] 특히 2014년 김정은의 '5.30담화'는 민간금융의 대부기능을 확대하기에 충분했다. 기업에 제품개발권을 부여하여 기업스스로 생산 가능한 제품을 개발하여 생산할 수 있게 하였으며, 개발자금은 정책금융으로 선 공급하도록 했다. 그러나 기업의 제품개발자금 공급과 운영자금을 국가은행을 통해 제대로 공급하지 못하게 되면서 기업은 '돈 장사꾼'을 통해 자금을 조달하여 생산 활동 또는 서비스 활동 등 돈이 되는 사업을 수행하게 되었다. 이로부터 민간금융의 수요는 점차 증가했고 점차 자금공급 시스템도 갖춰지게 되었다. 북한 당국은 기업이 사금융시장에서의 자금조달을 용인하는 방법으로 기존의 정책금융이 담당하던 자금공급을 불법적 사금융시장인 민간금융으로 돌리고 있다.

44) 김영희(2017)

북한에 불법적인 민간금융이 등장한 때로부터 20여년의 세월이 흘렀다. 그동안 사금융시장의 발전을 통해 현재는 민간금융 시스템이 비교적 잘 갖추어져 자금중개 기능을 수행하고 있지만, 초기에는 대부기능에만 국한하는 등 자금중개라고 하기에는 많이 부족했다. 최초 민간금융에 의한 대부 이자율은 월 20%로 매우 높았고 기간은 단기로 3~4개월에 불과했다. 대부원천도 '돈장사꾼' 본인의 자금에 국한되었으며 대부분 북한원화로 이뤄졌고 대부금액 또한 그리 많지 않았다.

> "장사꾼들에겐 항상 자금이 필요한 거죠. 저는 그때 친구하고 남의 이자 돈을 굴려가며 장사를 했어요. 4~5000원 투자해서 물고기 장사 정도는 합니다. 100원 투자하면 30원정도 이익이 남죠. …제가 북한에 있을 때까지만 해도 담보를 정한다 이런 것은 없었습니다."[45]

2000년대에 들어서 대부화폐는 북한원만이 아니라 달러나 인민폐로 다양화되었고 규모는 수천~1만달러 수준이었으며 이자율은 월 10% 정도로 낮아졌다. 대부원천은 본인 자금 외 '돈주'의 예금이 포함되었다. 대부분 대부기간은 1개월~수개월 정도로 단기였다. 점차 북한에 시장시스템이 갖춰지면서 민간금융도 체계를 갖추게 된다. 2009년 화폐개혁으로 대부분의 사람들은 10여년동안 장사를 통해 모은 주머니 돈을 잃었으나 '돈 장사꾼'들은 보유한 외화만큼은 보존할 수 있었다. 그러나 이후 다시 소비재시장과 사금융시장이 안정화되면서 대부수요가 증가하게 된다. 이때로부터 담보 없이는 돈을 빌릴 수 없었고 이자율도 대부금액과 신용도 등에 따라, 또 수요와 공급에 따라 변동했다. 대부화폐는 단위 가치가 큰 달러나 인민폐가 중심이 되었다.[46] 2,000달러 미만의 대부규모에 대해서는 무담보에 월 10%의 이자를 지불하였으며, 2,000~30,000달러에 대해서는 월 4~7%의 이자를 지불하는 한편 주

---

45) 박영자(2016)

46) 김영희(2017)

택입사증[47] 등 담보를 제시해야 했다. 또한 2010년대에 들어 '돈 장사꾼'간 대부행위가 등장했다. 이는 남한에서 금융기관 간 하루나 이틀정도 서로 돈을 꾸어주고 받는 단기성 자금인 콜과 유사하다. 북한의 콜은 대부 기간이 한달 미만이고 이자율은 월 4% 수준이라고 한다.

2013년 현재 북한 민간금융의 연평균 대부 이자율은 60~120% 수준으로 추정[48]되었으나, 이후 40~80% 정도로 낮아졌다. 이처럼 대부수요가 점점 증가하면서 대부규모도 커지고 기간도 단기에서 중기까지 길어졌으며 화폐는 북한원에서 외화(달러나 인민폐)로 옮겨갔다. 북한 사금융시장을 통한 민간금융은 정교하게 시스템화 되어가고 있으며 그 기능 또한 점차 확대되고 있다.

<표 8> 연대별 대부 특징

구 분	1990년대	2000년대	2010년대
담보	무담보	무담보	담보 (주택입사증, 생산수단 등)
화폐	북한 원	달러, 인민폐, 북한 원	좌동
대부목적	생산적 대부	개인: 장사확대 기업: 계획외 신규사업	- 좌동 - 좌동 - 사금융 자금 일시 부족
대부규모	소액(수천~수만원)	북한원: 수만원 이상 달러: 수천~1만달러 이하	- USD 2,000이하(일반적) - USD 2,000~30,000
대부 이자율	월 20%	월 10%	- USD 2,000이하 : 월 10% - USD 2,000~30,000 : 월 4~7%
채무자	- 장사 밑천이 없는 개인 - 일부 기업	- 장사를 확대하려는 상인 - 일부 신규 사업 추진 기업	- 장사를 확대하려는 상인 - 일부 기업 - 돈 장사꾼
채권자	- 돈 장사꾼 및 개인	- 돈 장사꾼	- 돈 장사꾼(돈데꼬)

자료: 저자 작성

47) 북한은 원칙적으로 개인소유의 주택이 없다. 비록 본인이 돈을 주고 주택을 구입했다하더라도 사용권은 국가에 있고 개인은 사용권만 갖게 된다. 때문에 자기 돈으로 주택을 신규 건설하든, 돈을 주고 주택을 사더라도 주택을 사용할 수 있는 권리를 부여하는 증서인 주택입사증을 해당 행정기관을 통해 발급받아야 한다.

48) 이영훈(2014)

'돈주' 49)에 의한 민간투자

민간투자는 돈으로 돈을 버는 돈 장사꾼에 의해서가 아니라 돈주, 즉 돈을 많이 가지고 있는 사람들을 통해 진행된다. 일부 돈 장사꾼은 돈주에 포함되기도 하지만, 실제로 돈주는 돈을 아주 많이 가지고 있다든가 어느 정도 가지고 있으면서 다른 장사활동에 종사한다. 때문에 돈주와 돈 장사꾼은 동일한 용어가 아니다. 돈주에는 권력형 돈주와 일반인 돈주가 있다. 이들의 투자는 대체로 주택건설 부문이다. 북한의 살림집법 제3조에는 "인민들의 살림집 문제를 국가가 책임지고 원만히 해결해주는 것은 우리나라 사회주의 제도의 본성적 요구이다."고 밝히고 있다. 2000년대 들어 북한의 주택건설은 ①자금·원자재·인력을 국가가 보장하는 유형(국가), ②건설주와 시공주는 국가기업이나 개인이 자재를 공급하는 유형(기업과 개인), ③자금·자재·인력을 개인이 제공하는 유형(개인)으로 구분된다. 여기서 ②와 ③은 돈주가 자금을 대고 그 자금으로 자재도 사고 인력도 모집하여 주택을 건설하는 유형이라 할 수 있다.

김정은 집권이후 평양에 건설된 주택지구인 은하과학자거리(2013), 미래과학자거리(2014), 위성과학자거리(2014), 여명거리(2017)가 유형 ①에 해당한다. 대부분 지방에서 건설된 주택들은 기관·기업소가 주택부지를 받고 돈주가 시공주가 되어 완공한 것으로 ②와 ③유형이라 할 수 있다.

이외 북한 주택건설에는 중국의 민간자금이 투입되기도 한다. 북중국경지역인 도문, 장백 등지에서 살고 있는 조선족이 북한의 남양, 혜산의 신뢰할만한 사람에게 돈을 주어 그를 통해 주택건설에 투자하는 사례도 있다.

---

49) '돈주'는 현금(외화 혹은 북한원)을 많이 보유하고 있는 사람을 말한다. 돈주에는 권력형 돈주, 일반인 돈주, 돈장사꾼 돈주가 있다. 돈주의 보유현금 수준은 지역마다 차이가 있으나, 돈주는 보통 수만달러에서 수십만 달러 이상의 현금을 보유하고 있는 것으로 알려지고 있다.

(2) 개인의 유휴화폐자금 활용의 합법화

북한은 2014년 기업소법 개정을 통해 기업이 개인의 유휴화폐자금을 이용하도록 법제화했다. 기업소법 제38조는 "기업소는 정해진데 따라 부족 되는 경영활동자금을 은행으로부터 대부받거나 주민유휴화폐자금을 동원 이용할 수 있다"고 밝히고 있다. 위의 법조항에서 보는 것처럼 기업이 개인자금을 이용할 수 있으나, '정해진데 따라'라는 전제를 달고 있다. 동 법에서는 그 전제에 대해 구체적으로 밝히고 있지 않다. 기업의 개인자금 이용 한도, 이자, 기간 등에 대한 세부규정이나 규칙이 제시되었을 것으로 예상되는데 현재로서는 알려진 바가 없다. 설령 기업이 개인에게 이자를 지불하지 못하도록 규제하고 있다 하더라도 기업이 개인 돈을 쓸 수 있도록 법조항을 명시했다는데 큰 의미가 있다. 왜냐하면 90년대 경제난 이후 기업들이 사금융자금을 빌려 쓰거나 친인척의 자금을 불법적으로 빌려 쓰는 경우가 많았기 때문이다. 북한에서 지배인(기업 사장)을 했던 탈북민은 회사경영활동을 위해 아내와 처남의 자금을 이용하기도 하고 그래도 부족한 경우 사금융을 일부 이용했다고 증언한 적이 있다.

북한은 왜 기업에 이런 권한을 준 것일까? 엄밀히 말하면 개인자금의 활용은 일반인들의 주머니 돈이 아니라 돈 장사꾼 돈을 활용하는 것이다. 따라서 사금융시장은 더욱 활성화 될 것이고 기업은 불법적인 민간금융을 합법이라는 명분으로 이용할 수 있다.

기업에 대한 이러한 제도적인 조치는 △정책금융의 축소에 따른 자구책, △공적금융의 대부재원 부족, △기업의 경영자유화에 따른 자금수요 증가 등으로 설명할 수 있다. 전술한 것처럼 북한은 국가재정재원의 부족으로 90년대 중반 이후부터 기업에 대한 정책금융을 대폭 축소했다. 때문에 기업은 경영활동자금을 은행대부를 받거나 스스로 해결해야 한다. 그러나 기업에 대부업무를 하고 있는 유일한 금융기관인 중앙은행은 재원부족으로 기업의 자금수요를 보장할 수 없는 상황이다. 한편 기업 경영권의 부여로 생산 및 봉사활동 등 경영활동의 폭이 넓어지면서 자금수요가 증가하고 있다. 이러한 민간자금 활용은 현재 북한이 처한 경제적 어려움에서 선택한 궁여지책이지만, 향후 사금융이 양성화될 수 있는 단초가 될수 있다는 점에서 긍정적으로 평가된다.

Ⅳ. 유사국의 사례와 통일을 위한 과제

1. 유사국의 사례와 시사점

(1) 개혁개방에 따른 중국의 금융기능 변화와 시사점

중국이 개혁개방 과정에서 금융의 기능을 어떻게 변화시켰는지를 살펴보는 것은 김정은 집권이후 '북한식 개혁개방'을 표방하고 있는 북한에게 매우 중요하다. 또한 북한의 은행시스템 변화 과정에서 남한이 할 수 있는 역할을 도출하기 위해서도 중국의 사례분석이 필요하다. 이 절에서는 중국이 개혁개방 과정에서 어떻게 정책금융 기능을 개선했고 민간금융의 기능을 합법화하였는지를 살펴보고 북한의 개혁개방시 금융기능 변화에 대한 시사점을 찾으려 한다.

정책금융의 기능 개선

중국의 중앙은행인 인민은행은 1948년 12월 1일 이미 존재하고 있던 허베이은행, 베이하이은행, 시베이농업은행이 통합되면서 창립되었다. 인민은행은 북한의 중앙은행과 마찬가지로 화폐발행과 같은 중앙은행의 고유의 기능과 자금조성 및 대부업무와 같은 상업은행의 기능, 기업에 대한 자금공급 등을 수행하였다. 이후 인민은행의 산하기관으로 대외무역활동, 농업 및 건설부문에 대한 자금공급을 전담한 전문 상업은행인 중국은행[50], 중국농업은행(1955년)[51], 중국건설은행(1954년)이

설립되었다.[52] 1

1978년 중국공산당 제11기 3중전회 이후 인민은행에서는 근본적인 변화가 생겨났다. 덩샤오핑 주석은 금융개혁의 일환으로 인민은행을 국가중앙은행으로 승격시키고[53] 1979년에는 인민은행에 통합되었던 중국은행, 농업은행, 건설은행을 국유상업은행으로 다시 설립 하였다. 1984년에는 중국공상은행을 설립하고 인민은행의 예·대 업무를 이관하였다. 이로부터 중국에 4대 국유상업은행이 탄생하였으며, 중앙은행과 상업은행의 기능이 분리된 이원적 은행제도로 전환되었다. 설립 이후부터 국유상업은행은 농촌, 외환, 도시, 건설투자 등의 분야에서 중앙정부의 정책을 수행하는 정책금융의 기능뿐 아니라 상업금융의 기능도 수행하였다. 그러나 국유상업은행은 1979~1980년대 중반까지 국유기업에 한해 무상 대출의 방법으로 재정을 지원하는 등 무책임한 부실대출을 초래하였다.

이러한 경영부실로 하여 중국 정부는 1994년 3대 정책금융기관인 국가개발은행과 중국수출입은행, 중국농업개발은행을 신설하고 국유상업은행의 정책금융 기능을 이관하였다. 국가개발은행은 사회간접자본 건설, 산업구조조정 등 국민경제의 중장기 발전전략과 관련된 대출을 전문으로 취급하는 정책금융기관으로 설립되었으며 재원은 정부가 100% 출자하였다. 중국수출입은행은 기계·전자·설비·하이테크 상품 수출입 등에 대한 정책자금을 지원하고 각종 대외투자와 경제협력 등 국가무

---

50) 중국은행은 1905년 청나라 정부가 베이징에 세운 대청호부은행에서 출발했다. 1908년 대청으로 이름을 바꾸고 청나라가 멸망한 이후 1912년 쑨원 정부가 중국은행이라고 이름을 변경했고 1949년 중화인민공화국이 세워지면서 국가 외환거래 전문은행으로 역할, 그리고 1953년 인민은행에 통합되었다가 1979년 인민은행에서 분리되어 국유상업은행의 기능을 수행하게 되었다.

51) 중국농업은행은 1955년 설립된 이후 수차례 폐지와 설립을 반복하였다.

52) 중국건설은행은 1954년 설립이후 5년만인 1958년 인민은행에 통합되었다.

53) 중국 당국은 개혁 선언후 "인민은행은 중앙은행의 책무를 성실히 수행해야 한다"고 강조했으며 1983년에는 인민은행이 전문적으로 중앙은행의 기능을 수행하도록 하는 결정을 채택한다.

역정책을 지원하는 역할을 수행하도록 하였다. 중국농업개발은행은 농촌·농업·농민에 대한 지원, 농업종합개발, 농촌기반시설 대출을 지원하도록 했다.[54]

<표 9> 중국 3대 정책금융의 역할

기관명	설립연도	등록자본금	역할
중국개발은행	1994.4	500억 위안	- 기계·전기전자석유화학·자동차·건설 등 국가 기간산업과 기초산업, 기초 건설산업 자금지원
중국수출은행	1994.7	33억 위안	- 기계, 전기제품, 설비 수출시 수출금융 지원
중국농업개발은행	1994.11	200억 위안	- 농업부문에 대한 융자

자료: 한국수출입은행(2016) 참조하여 저자 작성

이로부터 국유상업은행에는 상업금융 기능만이 남겨졌으나, 상업은행법[55]이 "상업은행들은 국무원에서 승인한 사업에 대해 정책금융을 우선적으로 취급해야 하고 만약 손실이 발생할 경우 국무원에서 이에 상응하는 조치를 강구한다"고 명시하고 있어 정책금융의 기능을 병행할 수밖에 없었다. 1994~2000년대 초반까지 국유상업은행의 정책금융 기능과 전문 정책금융 기관의 정책금융 기능이 중복되면서 오히려 각 은행들의 기능이 약화되었다. 여기에 당시까지만 해도 정책금융 기관의 정의 및 운영방식에 대한 명확한 법률적 근거가 없었다. 이로부터 중국은 2000년대 중반 들어 정책금융의 기능을 명확히 하기 위한 사업을 추진하였으며 이로서 정책금융기관과 상업금융기관은 각각 정책금융과 상업금융의 기능을 수행하게 된다. 그러나 2000년대 중반까지 정책금융을 보완하는 민간금융 기관은 설립되지 않았다.

54) 대외경제정책연구원 브리핑(2015)

55) 중국의 「상업은행법」은 1979년 국유상업은행이 설립된지 15년 여만인 1995년에 제정되었다. 북한은 상업은행은 설립되지 않았지만, 2006년에 「상업은행법」을 제정하였다.

<그림 2> 중국의 정책금융 기능의 개선

시 기	정책금융기관	기 능
1948~1978	중국인민은행	- 정책금융 기능 - 상업금융 기능
	1979년 개혁개방 추진	
1979 ~ 1984	중국농업은행 중국은행 중국건설은행 중국공상은행	- 정책금융 기능 - 일부 상업금융 기능
	1993년 사회주의 시장경제체제의 구축 설정	
1994 ~ 2003	중국개발은행 중국수출입은행 중국농업개발은행	- 정책금융 기능
	중국농업은행 중국은행 중국건설은행 중국공상은행	- 일부 정책금융 기능 - 상업금융 기능 전담
	2003년 국유상업은행의 상업화 전환	
2003년 이후 ~	중국개발은행 중국수출입은행 중국농업개발은행	- 정책금융 기능
	중국농업은행 중국은행 중국건설은행 중국공상은행	- 상업금융 기능

자료: 저자 작성

민간금융 기능의 합법화

중국의 민간금융은 민영경제조직, 집체 또는 개인이 경영하는 은행 및 비 은행 금융조직을 말하며, 현재 정부가 출자했지만 경영에는 참가하지 않는 주식제 상업은행, 도시신용합작사, 농촌합작기금과 민간자금 서비스인 전당업, 전장, 합회 등을 포괄적으로 포함하고 있다.[56] 중국의 민간금융은 정책금융이 충족시켜주지 못하는 기업자금의 수요를 충족시켜주는 역할을 수행하고 있다.

<표 10> 중국 민간금융의 종류

구분	주요내용	
민간자유대출	- 개인간 또는 개인과 금융조직간 화폐의 형태 혹은 실물의 형태로 신용을 주고 받는 행위, 즉 직접 돈을 빌리는 행위	- 가장 오래된 민간금융 활동으로 계획경제체제에서도 유지되었고 개혁개방이후에는 그 범위가 점차 확대됨
개인전장	- 일종의 개인은행으로 개혁개방 이후 민영기업과 개인사업가에 대한 자금수요 충족	- 80년대에 공개적으로 영업활동, 최근 정부의 허락을 받아 공개적인 영업 시작
전당포업	- 개인이 소유한 재물을 담보로 설정하고 일정 금액을 빌린 후 정해진 시기에 원리금을 갚은 형태	- 현대적인 전당포업은 1987년 시작 - 합법적인 민간금융
민간합회	- 대표적인 전통 민간신용이며 상호부조성 자금조달이며 순서대로 저축과 대출을 하는 단체	- 개인의 신용 및 개인의 신뢰감에 의존하여 발생, 법률적 구속력 약함
민간파이낸스	- 민영기업이 발기인이 되어서 직접 시장으로부터 자금을 조달하는 금융활동 - 기업의 고정자본과 유동자금의 부족 해결	- 80년대에 성행, 민영기업의 자금수요 충족 - 90년대에 들어서면 정부의 조치에 의해 쇠퇴

자료: 최준환(2013) 참조

개혁개방 이후 중국에서는 생산성이 낮은 국영기업의 가동이 침체되었는바, 이를 해소하기 위해 정책금융의 기능이 강화되었다.[57] 국영금융기관의 자금이 대량으로 국영기업을 회생시키기 위한 구제금으로 투입된 반면 민영기업에 대한 대출은 철저히 통제되었다. 90년대 경우 민영기업의 생산액이 국내 전체 생산액의 1/2을 차지하였지만, 대출의 3/4은 국영기업을 대상으로 이루어졌다.[58] 민영기업은 국영상업은행

56) 최준환(2013)

57) 최은영(2013)

58) 최은영(2013)

을 통한 자금조달의 한계로 인해 자금수요를 민간금융으로 해결하려고 눈을 돌리게 되었고 이로부터 민영경제의 비중이 큰 지역에서부터 민간금융이 등장하였으며 빠르게 성장하게 되었다.

정부는 민간자금이 민영기업에 투자되는 것을 막기 위해 엄격한 규제를 실시하였으나, 이는 오히려 투기행위를 조장하는 결과를 발생시켰다. 2011년 상반기 현재 민간금융 시장의 규모는 3조 8천억 위안에 달하며 이는 전년보다 38%나 늘어난 것으로 추정된다.[59] 일반인들은 여유자금을 민간금융시장에서 운용해 이자수익을 올렸으며 많은 일반인들이 사채, 즉 민간금융과 연관되어 있었다. 중국의 민간금융은 민영기업의 자금난을 해결해주고 지역경제발전 자금의 부족분을 보충해 줌으로써 민영경제의 빠른 발전에 기여하였다.[60]

최근 들어 중국정부는 불법적인 민간금융 분야를 제도화함으로서 합법적 민간금융의 불안정성을 해소하고 막대한 민간자본이 실물경제에 투입되도록 하고 있다. 이를 위해 대출회사, 담보신탁회사, 촌진은행 등 민간자본을 주축으로 하는 민간금융기구의 설립에 관심을 두었다. 중국은 이러한 사업을 '지하금융의 양성화'라고 하면서 많은 관심을 보이고 있다. 중국 정부는 2012년 3월부터 원저우 지역을 민간금융의 대표적인 시범지역으로 정하고 다양한 정책을 강구하고 있다.[61]

또한 2014년부터 민영기업들의 참여에 의한 민영은행 설립을 허용하였다. 현재 텅쉰, 알리바바, 정타이 등 10개의 중국내 대형 민영기업이 민영은행의 설립을 신청하였는데, 승인된다면 5개의 민영은행이 등장하게 된다.[62] 이들 은행은 중소기업과 농촌지역에 자금을 공급하는 등 정책금융을 보완하는 기능을 수행하게 된다.

---

59) 최용민(2012)

60) 최준환(2013)

61) 서봉교·노수연·정유현(2015)

62) 중국정부는 특정 민영대기업의 민영은행 독자운영을 막기 위해 최소 2개 이상의 민영기업이 발기인으로 참여하게 하는 등 대책을 강구하고 있다. 서봉교·노수연·정유현(2015)

북한의 금융기능 변화에 대한 시사점

첫째, 개혁개방 초기 정책금융기관과 상업금융기관을 동시에 설립하고 그 기능을 철저히 분리해야 한다. 중국은 개혁개방 이후 14년 지나서 정책금융기관을 설립했고 또 24년이 지난 후에야 정책금융과 상업금융의 기능을 분리했다. 이로부터 상업은행 본연의 기능은 약화되고 국유기업에 대한 부실대출이 증가하면서 자금의 낭비와 비효율을 가져왔다.

둘째, 국유상업금융기관을 통한 민영기업에 대한 대출도 적절하게 이뤄져야 한다. 상업금융기관이 정책금융을 공급하면서 본연의 기능을 하지 못한 부분도 있지만, 중국 당국이 국영기업을 구제하기 위한데 상업금융을 집중했기 때문에 민영기업은 불법적인 민간금융을 이용하게 되었고 이는 투기행위를 조장했다. 북한은 중국의 개혁개방 초기보다 사금융이 발달되어 있고 그 재원도 상당한 것으로 국유상업은행이 제 기능을 제대로 수행하지 못한다면 중국보다 심각한 투기가 조장될 수 있다.

셋째, 중국의 개인전장과 같은 개인은행 설립을 통해 정책금융과 국유상업금융의 기능을 보완해야 한다. 북한의 사금융은 기업과 개인에 대한 대부는 물론 주택건설 투자, 환전, 예금, 물자대금결제 등 일반 상업은행이 수행하는 역할을 수행하고 있어 사금융을 양성화한다면 즉각적으로 개인은행으로서의 기능을 수행할 수 있다.

넷째, 정책금융을 보완할 민간금융을 설립해야 한다.

어느 사회든 공식적으로 경제주체들의 자금수요를 충분히 보장하기 어렵다. 때문에 불법적인 민간금융, 즉 지하금융이 발생하기 마련이며 그 규모 또한 무시할 수 없다. 경제개발 단계에서 경제주체의 자금수요를 보장하기 위해서는 불법적인 민간금융의 조기 합법화가 매우 중요하게 제기된다. 1989~90년대 말까지 중국의 민영산업은 정책금융과 상업금융의 제한으로 전체 자금수요의 75%를 불법 민간금융으로 충당하였으며 이로부터 지하금융이 더욱 발전하였다. 때문에 지하금융을 조기에 양성화하여 정책금융과 민간금융의 상호 보완을 통해 자원의 효율적 배분, 즉 경제적 효율성과 사회적 합리성을 보장해야 한다.

<그림 3> 개혁개방 초기 중국 정책금융의 제한과 민간금융의 등장

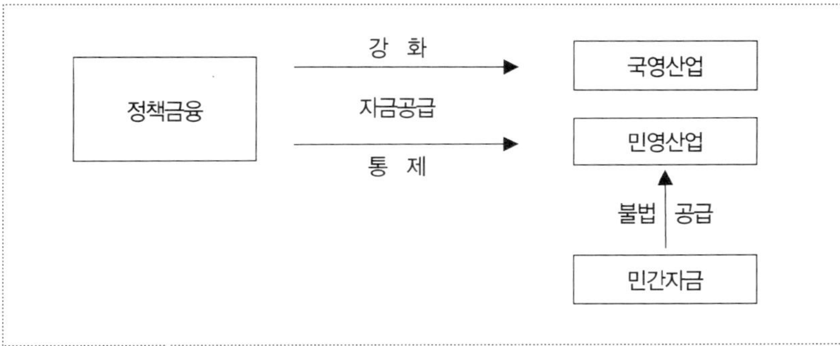

자료: 저자 작성

다섯째, 금융기능의 분리와 함께 관리·감독체계를 설립해야 한다. 중국은 금융기능을 분리하면서 금융기관의 조직체계 확립에만 관심을 두었기 때문에 금융 기능 집행에 대한 관리·감독체계가 확립되지 못하였고 경영감시활동도 구체화되지 못한데 따른 부작용이 발생했다. 금융기관이 본연의 기능을 충실히 수행하려면 관리·감독 체계도 함께 고민해야 함을 시사한다.

(2) 동서독의 정책금융 기능과 시사점

동독의 금융기능

베를린 붕괴 이전까지 동독의 중앙은행인 동독국가은행은 북한이나 개혁개방 이전의 중국과 마찬가지로 발권, 통화관리와 같은 중앙은행 고유의 기능과 기업에 대한 대출 등 상업은행의 기능을 동시에 수행하였다. 건설업, 상업, 교통, 통신 등 모든 부문의 기업에 정부재정을 공급하였다. 대출 담보에 관한 규정은 없었지만, 대출받은 기업은 대출금을 국가의 계획에 준하여 사용하여야 했고 정해진 기간에 이자를 지불하고 원금을 상환해야 했다. 이러한 이유는 개인적 신용보증에 따른 대출이 아니라 국가의 보증에 따른 국가계획 수행을 위한 예산배정 혹은 국가보조금 방식의 지불이었기 때문이다. 북한 중앙은행과 차이점은 동독 중앙은행이 일반 주민이나 기업으로부터 예금 수신 기능은 하지 않고 저축은행이나 협동조합은행을 통해 예치금을 조달하여 기업대출의 재원으로 사용하였다는 것이다.

동독은 체제변화와 더불어 1990년 3월에 중앙은행인 '동독국가은행에 관한 법률'을 개정하고 '동독국가은행'의 기업 대출업무를 이관하여 '독일신용은행'을 설립하였으며 동 은행이 기업관련 모든 거래를 담당하도록 했다. 당시 독일신용은행은 상업금융에 대한 경험이 없었기 때문에 서독의 2대은행인 도이체 방크(Deutsche Bank), 드레스드너 방크(Dresdner Bank)와 합작하여 두 개의 합작은행인 도이체 방크-크레디트 방크(Deutsche Bank-Kreditbank AG), 드레스너방크-크레디트방크(Dresdner Bank-Kreditbank AG)를 설립하게 되었는데, 이들 두 합작은행이 상업은행의 기능을 수행하도록 하였다.

1990년 5월 동서독간에 '통화, 경제, 사회통합에 관한 국가조약'이 체결되고 이때부터 동독지역에서 금융개혁이 본격적으로 이루어졌다. 기존의 동독국가은행의 기능이었던 발권 및 통화관리 기능을 서독의 중앙은행인 '독일연방은행'에 인계함과 동시에 동독지역내의 경재개건에 필요한 공공부문의 자금수요를 지원하는 역할을 수행하도록 하였다.

동독국가은행의 기능이 독일연방은행에 흡수됨에 따라 동서독에서의 금융통합은 금융시장의 통합을 거치지 않고 금융제도의 통합으로 이어지게 되었다. 이는 화폐의 교환비율 결정이나 시기가 시장의 흐름이 아닌 국가 정책에 맞춰지게 된 주요 요인이기도 했다. 서독의 마르크가 공동화폐로 동독시장에 도입되고 동독화폐와 서독화폐가 1:1로 교환되었는데 이는 정책금융의 역할에 기인된 것이었다.

서독의 대동독 정책금융 및 민간금융 지원

통독 전 서독은 서독 및 동독기업들에 대한 정책금융 및 민간금융지원에 적잖은 노력을 기울였다. 정책금융지원에는 청산계정대월제도(swing facility)를 이용한 대월잔액의 현금차관으로의 공여, 대동독 수출금융전담회사를 통한 중장기 연불수출금융의 공여, 서독은행단에 의한 대동독 상업차관의 공여가 있었다. 청산계정대월제도는 각각의 중앙은행에 설치한 청산계정을 통해 양국 교역의 매 건마다 결제를 하는 것이 아니라 일정기간을 단위로 상계한 후 누적된 동독의 대차잔액을 현금차관으로 공여하는 제도이다. 동 제도의 운영과정에 동독의 적자가 지속적으로 발생하면서 서독은 1968년 종래의 일정금액으로 고정되었던 청산계정 대월 한도를 연동하여 자동 증감되도록 하였고 이어 1975년에는 현금차관으로 공여되는 공급자 신용형태로 변화시켰다.[63] 이처럼 서독은 동독기업들의 지속적인 서독 교역적자를 메워줌으로서 동서독간 교류가 지속적으로 이루어질 수 있도록 하였다. 동서독의 청산결제에서는 양국의 통화가 아닌 VE(Verrechnungseinheit)라는 인위적인 화폐가 사용되었다.

또한 서독은 1960년 제2차 베를린협정 개정 이후 서독의 대동독 반출자본재에 대해 지급보증을 해주는 한편 반출기업에 대해 연불수출금융을 지원하였다. 서독은 1967년 5월 대동독 반출기업에 대해 연불수출금융을 지원하기 위해 산업금융회사(GEFI)를 설립[64]하였으며, 동 회사는 대형설비나 선박 등 제작기간이 긴 제품 등을 수출하는 업체에 대해 서독정부의 지급보증을 받아 수출액의 상당부분에 대해 중장기

---

63) 김명식(2001)

64) 산업금융회사는 서독의 중장기 연불수출금융기관인 수출금융회사(AKA)의 자회사로 독일은행이 주도하는 서독의 54개 민간은행의 컨소시엄으로 설립되었다.

신용을 제공하였다.[65] 이것이 중장기 연불수출금융인데, 이는 다음의 방법으로 진행되었다.

<그림 4> 중장기 연불수출금융 지원방식

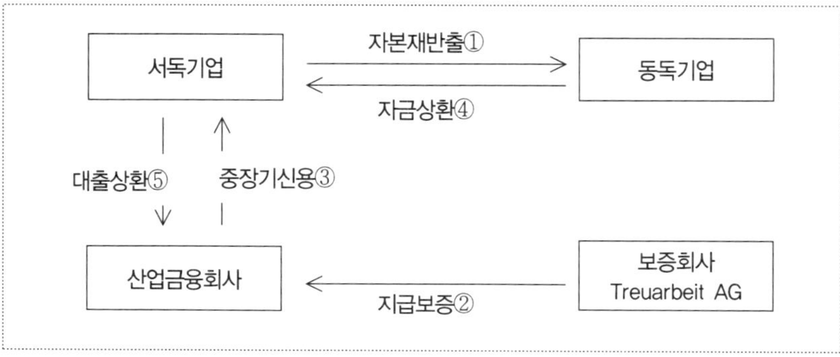

자료: 저자 작성

서독의 동독에 대한 민간금융 지원으로는 서독은행단의 대동독 상업차관이 있는데, 이는 1982년 동독이 서독에 40억 DM의 차관을 요청[66]하면서 시작되었다. 서독은 은행단을 신설하여 민간금융을 지원 하였다. 정부의 요청을 받은 바이에른 주립은행은 1983년 7월에 6개의 은행과 컨소시엄을 구성하여 동독에 5억 DM의 차관을 Libor 이자율 1%, 상환 기간 5년 조건으로 제공하였다. 독일종합금융회사인 도이체뱅크는 같은 해에 17개의 은행과 그 다음해에는 25개의 은행과 컨소시엄을 구성하였으며, 1983~1984년에 동독에 지급된 금액은 19.5억 DM 였다.[67] 은행단을 통한 서독의 민간금융지원은 국제사회의 신용하락으로 파국으로 치닫던 동독의 대외채무 구조를 개선하고 경제를 회생시키는데 기여한 반면, 동독의 서독에 대한 경제의존도를 심화시켰다는 평가를 받고 있다.[68] 이처럼 서독은 1989년 이전까지 동독에 대해 정책금

65) 김명식(2001)
66) 김명식(2001)
67) 정형곤(2001)

융을 지원했고, 이는 동서독 경제교류활성화에 적잖은 도움을 주었다.

통일이후 독일연방은행의 역할은 자금지원 외에도 투자자금을 조달받으려는 기업에 대한 채무보증 등 다양한 방식으로 이루어졌다. 민간금융의 자본이 동독진출기업들에 적극적으로 행해지도록 융자액의 80%까지 보증해 주었다.[69] 서독정부는 민간금융도 융자보증에 참여하도록 독려하였는데, 보증은행을 설치하고 상공회의소· 저축은행·협동조합 등에서 운영하도록 하였다. 또한 독일연방은행은 열악한 동독의 기업들을 대상으로 금융 지원 시 많은 혜택을 주었다. 대출자의 이자부담을 감소시키기 위해 일반대출에 비해 낮은 이자율을 적용하였고 15~20년의 장기대출 등을 통해 우대조치를 취하였다. 서독기업과 외국기업에 대해서는 동독지역에 투자하는 조건에서 동독 일반기업과 같은 우대조치를 취하기도 하였다.[70]

서독정부는 정책금융을 통해 동독지역에 대한 투자를 유도하는데도 관심을 두었다. 1990년 말까지 독일연방은행은 동독지역에 주별로 5개의 보증기관을 설립하고 1.3억 DM의 ERP기금을 대출금으로 지원하였는데, 연 1%의 이자에 15년 거치하여 25년간 상환의 우대조건을 제공하도록 하였다.[71]

서독정부는 동독지역의 가계 부채 처리지원도 하였다. 독일연방은행을 통해 가계부채의 53%(285억 DM)에 이르는 자금을 대환하도록 하였다.[72] 또한 독일연방은행은 On Lending 방식[73]으로 지원한 민간금융기관들에 대해 기업대출 부실의 40%까지 면제해주었다.[74]

---

68) 조명현(2008)

69) 조봉현(2015)

70) 조봉현(2015)

71) 한용덕(2015)

72) 한용덕(2015)

73) 정책자금을 대출자나 채무자에게 직접 지원하지 않고 주 거래 은행을 통해 자금을 공급하는 방식이다. 박이현(2015)

74) 조봉현(2015)

통일전후 남한의 금융기능 관련 시사점

첫째, 통일 전 북한에 대한 정책금융 지원이 필요하다.

일반적으로 정책금융은 금융시장의 상업적 기능이 해소하지 못하는 다양한 금융수요에 대한 접근성을 보장해주는 공공성격의 기능을 수행한다. 또한 정책목표를 달성하여 기업의 시장실패를 보완해주며 민간자본의 유도를 통해 마중물의 역할을 수행한다. 위에서 살펴본 것과 같이 베를린 장벽이 붕괴되기 전까지 동독에는 민간금융의 기능은 전혀 없었고 중앙은행인 동독국가은행을 통한 기업대출이 이뤄졌는데, 이는 기업이 국가계획을 수행하기 위해 국가의 보증에 따라 배정받은 예산이나 국가보조금이었다. 다시말해 동독식의 정책금융이라 할 수 있다. 이런 측면에서 동독의 정책금융의 기능과 북한의 정책금융의 기능은 매우 유사하다. 그러나 당시 서독의 동독에 대한 청산결제, 동독과 거래하는 서독기업에 대한 장기연불수출금융 지원, 민간금융기관에 대한 지급보증 등 정책금융의 기능은 남북교류협력 재개시 남한 정부에 시사 하는바가 크다.

둘째, 금융제도 통합을 위한 남북 금융시장 통합 노력이 필요하다. 문재인 정부는 한반도 신경제지도 구상을 통해 남북한을 하나의 시장으로 협력하는 방안을 제시하였다. 동서독은 금융시장 통합을 거치지 않은 것으로 인해 화폐통합에서 후유증을 발생시켰으나, 현재의 북한의 시장화 현상, 사금융시장, 북한의 경제변화 등은 남북간 금융시장 통합을 거쳐 점차 제도통합으로 추진할 수 있는 환경이 마련되어 있다. 따라서 여건 조성시 남북 금융시장 협력을 단계적으로 추진하여 향후 통일에서 통합의 유리한 조건을 마련해야 한다.

북한의 개혁개방과정에서 금융기능은 시장경제에서 통상적으로 나타나는 정책금융의 민간금융 보완기능이 아니라 민간금융이 정책금융을 보완하는 기능으로 나타난다. 이는 무엇보다 정책금융기관 설립과 그 기능을 위한 남한의 적극적인 지원이 필요함을 반증한다.

2. 통일과정에서 북한의 금융기능 변화를 위한 남한의 과제

(1) 정책금융기관 신설을 통한 정책금융 기능 개선

전술한 것처럼 북한의 중앙은행은 발권, 통화조절 뿐 아니라 국가자금의 지급 및 수납업무와 대출, 예금 등의 기능을 수행하고 있다. 그러나 국가의 재정계획을 수행하기 위한 수단으로 독자적인 자금중개 기관이 아니라 국가의 금융정책을 집행하기 위한 종속기관에 불과하다. 중국의 사례에서 보면, 금융기능의 변화는 정책금융을 개선하기 위한 정책실행, 중앙은행의 기능변화에서 시작되었다. 따라서 북한중앙의 기능변화에 관심을 두지 않을 수 없다.

북한은 2004년 「중앙은행법」을, 2006년에 「상업은행법」을 각각 제정했다. 이는 북한이 공식적으로 개혁개방을 선언하지는 않았지만, 2002년 '7.1조치'를 통한 기업의 자율성에 따른 금융 변화의 시도로 보여진다. 북한은 상업은행법을 통해 기업도 상업은행을 설립할 수 있다고 규정했다. 그럼에도 북한에 상업은행이 아직까지 설립되지 않은 것은 설립자금과 운영기법의 부재라고 볼 수 있다. 때문에 북한이 상업은행을 설립할 수 있도록 남한이 지원한다면 중앙은행의 기능을 개선할 수 있다. 여기서 중요한 것은 중앙은행의 기능 분리와 더불어 정책금융 기능을 수행하기 위한 금융기관 설립을 동시에 추진할 수 있도록 도와주는 것이다. 정책금융기관을 통해 개혁개방 초기 발생하는 주요 국영산업에 대한 정책금융을 지원하고 상업금융기관은 민영부문에 대한 금융수요를 지원하는 등 정책금융과 상업금융의 기능을 철저히 분리해야 민영부문에 대한 민간의 불법적 자금공급을 차단할 수 있다.

북한은 과거 건설자금은행을 통해 기업에 대한 설비자금 등을 공급한 경험이 있으며 국가개발은행 설립을 추진한 바도 있고, 100억달러로 산업개발은행을 설립하여 인프라 및 산업개발에 대한 정책금융을 공급할 계획을 발표한 바도 있다. 때문에 남한 정부는 향후 남북 통합의 관점에서 북한의 이러한 정책금융 기능 개선에 대한 지원을 적극적으로 추진해야 한다. 김정은 집권이후 북한은 '북한식 개혁개방'을 추진하고 있다. 또한 중국의 개혁개방초기와 달리 북한의 시장화는 상당히 진전되어 있다. 이러한 상황에서 북한의 경제정책이 다시 전통적인 계획경제체제로 회귀하지 않도록 선제적인 금융지원이 필요하다. 지난기간 한국산업은행이 몽골개발은행을 지원한 경험에 기초하여 북한에 개발금융기법을 전수하는 한편 중국 개발은행과 함께 공동투자를 통해 북한개발은행을 설립하는 방안이 있을 수 있다. 또한 한국수출입은행은 중국수출입은행과 공동투자를 통해 북한수출입은행의 설립을 지원할 수 있다. 공동투자에 기반한 북한의 정책금융기관 설립을 제안하는 것은 국제규범을 제대로 준수하지 않는 북한 리스크를 줄일 수 있는 방법이기 때문이다. 이후 북한의 상황에 맞는 정책금융기관 설립을 지속적으로 지원하여야 한다.

현 남북관계 상황에서는 향후 남북관계 개선시 추진할 수 있는 사업, 즉 '북한식 개혁개방'에 맞는 정책금융과 민간금융의 기능을 어떻게 지원할 것인가를 연구하는 등 구체적인 준비를 하는 것이 필요하다.

(2) 민간금융 기능 신설

상업은행법 개정과 상업은행의 설립

북한의 상업은행법은 총 6개의 장 57조로 구성되었다. 상업은행법에서 업무중지와 관련한 항목의 4가지 중 3가지가 상부의 통제활동 관련 사항[75]이며 이자율과 봉사료 책정 시 중앙기관이 정한 기준에 따르도록 통제한 것을 비롯해 상업은행 활동에 대한 중앙집권적 통제가 강하게 반영되어 있다. 또한 상업은행 업무에서 예금과 대부이자율의 범위

75) ①승인 없이 은행 업무를 하였을 경우, ②거래자의 요구대로 예금을 지불하지 않았을 경우, ③준비금을 중앙은행에 예금하지 않았을 경우, ④업무검열을 방해하였을 경우 등에서 ②를 제외한 모든 항목은 상부의 통제와 관련한 사항이다.

에 대해 규정하지 않고 있으며[76] 준비예금을 중앙은행에 예금하지 않은 경우 영업중지를 할 수 있도록 되어 있으나, 그 금액에 대한 규정도 명확하지 않다.(제22조) 따라서 상업은행 활동의 자율성을 보장해주고 대여규제를 명확히 하는 등 시행에 들어가기 위한 추가적인 세칙이 마련되어야 한다.

중국은 1978년 개혁개방 선언 이후 17년이 지난 1995년에야 상업은행법을 제정한 반면, 북한은 2002년 '7.1조치' 이후 단 5년 만에 상업은행법을 제정하였다. 법 제정에서는 북한이 중국보다 앞섰으나 15년이 지난 오늘까지도 성과가 없다. 때문에 법 개정과 더불어 제대로 된 상업은행이 설립되어야 한다. 후술하겠지만, 국가는 상업은행을 통해 정책금융이 해결하기 어려운 민간금융 수요를 충족시켜 경제를 발전시키는데 이해관계를 갖고 있다.

개인에 대한 대부가 가능한 상업은행이 신설되기 위해서는 민간금융의 수요를 증진시키기 위한 시장활동이 활발히 진행되어야 한다. 현재 북한의 시장활동 참여주체는 개인을 넘어 기업으로 확대되었다. 소비재시장에서 시작하여 생산재시장, 노동시장, 주택시장, 금융시장을 형성시켰고 이는 북한 당국이 전통적인 계획경제를 포기하고 시장경제를 선택할 수밖에 없는 상황으로 몰아가고 있다. 때문에 북한의 시장화를 더욱 촉진시키는 것은 불법적인 민간금융의 수요를 증대시킬 뿐 아니라 스스로 시장경제로 들어서게 하는 길이기도 하다. 시장화 촉진을 위해서는 북중 접경지역의 조선족 상인을 통해 저렴한 가격으로 자본재와 소비재를 유입시키는 간접적인 지원방법이 있다. 북한은 생산수단의 개인소유를 허용하지 않고 있으나, 실제로 생산수단을 소유하고 생산활동을 하는 '자영업자'들이 적지 않다. 자본재의 유입은 북한내 자영

---

76) 제28조는 '상업은행은 정한 기준 이자율과 변동 폭 범위에서 예금 이자율과 대부이자율을 정하고 적용하여야 한다.'고 명시하고 있다. 제 52조는 '정한 기준 이자율과 변동 폭 범위를 초과하여 예금 또는 대부 이자율을 적용하였을 경우' 벌금을 물린다고 명시하고 있다.

업의 증대를 가져올 수 있고 이는 민간금융의 수요 증대로 이어지고 북한은 아래로부터의 변화를 수용하여 개인의 기업활동을 허용할 수밖에 없는 상황을 맞게 된다. 이는 북한 당국의 상업은행 설립을 촉진하도록 하는 간접적인 지원방법이다.

또한 북한의 금융개혁을 추진할 수 있는 금융전문가 양성사업을 추진해야 한다. 현재 북한에서 금융교육을 주는 대학으로 정준택원산경제대학이 유일하다. 동 대학은 2000년 이후에 금융학과와 국제금융학과, 보험학를 신설하고 국내금융과 국제금융에 대한 교육을 주고 있다. 대북제재와 무관하게 남한이 할 수 있는 직접 사업은 2008년도에 시작한 '시장경제지식공유사업'이 있다. 남한은 이 사업을 북한의 체제변화를 명분으로 지속적으로 추진하여야 한다. 해외를 이용한 간접사업으로는 캐나다 컬럼비아대학에서 추진하고 있는 '캐나다-북한 지식교류협력 프로그램'의 지원이 있을 수 있다.

남북관계가 개선되고 대북제재가 완화되는 시점에서는 시범적으로 합영상업은행을 설립하고 동 은행에 금융연수프로그램을 만들어 북한 현지에서 금융전문가를 양성해야 한다. 합영상업은행의 자금을 이용한 또 다른 상업은행을 출범시켜 북한기업과 개인에게 민간금융을 지원하도록 해야 한다. 이러한 상업은행은 민간금융에 대한 자금수요 보장을 통해 정책금융의 기능을 보완해 주는 역할을 수행할 수 있도록 함으로서 자원배분의 효율성을 높여야 한다.

불법적인 민간금융의 합법화

현재 북한의 금융은 개인에 대한 대부기능이 없다. 때문에 시장화의 흐름속에서 요구되는 자금수요를 사금융을 통해 해결하고 있고, 이로부터 사금융시장은 점차 확대되고 있다. 또한 일부는 현재 중국 지인들과의 연계, 탈북민 송금 등을 통해 자금 수요를 해결하기도 한다. 그럼에도 사금융시장의 대부 담보 등은 개인들의 자금수요를 뒷받침하지 못하고 있는데, 이는 북한사회의 시장화의 진전을 약화시키고 전체적으로 국가경제의 성장을 약화시키는 결과를 초래하고 있다.

북한 민간금융 자금은 공적금융의 자금을 훨씬 넘어섰다고 해도 과언은 아니다. 북한의 돈주, 돈장사꾼이 보유하고 있는 현금, 그들을 통해 유통되는 현금은 중앙은행이 보유한 현금을 넘어선 것으로 알려지고 있다. 때문에 민간금융의 합법화를 통해 민간부분의 자금수요를 보장해 준다면 현재 부족한 정책금융을 상당부문 보완할 수 있다. 북한이 2014년 기업소법 개정을 통해 기업이 개인의 유휴화폐자금을 이용하도록 한 것은 사금융에 대한 암묵적인 수용으로 볼 수 있다.

중국의 민간금융 시장은 개혁개방 이후 민간산업에 대한 정책금융 공급이 제한되면서 발생하였고 점차 확대되었다. 개혁개방과 함께 4대 국유상업은행을 설립하였지만, 이들 은행은 정책금융의 기능을 수행하였고 1993년 시장경제로의 전환 이후에도 우선 적으로 정책금융 수요를 보장했다. 이러한 중국의 불합리한 자원배분은 불법적인 민간금융을 탄생시켰으며 이들 민간금융은 민영산업의 성장에 적잖은 역할을 수행했다. 그럼에도 중국은 최근에야 '지하금융의 양성화' 사업을 추진하고 있다. 사실 개혁개방에서 시작하여 시장경제로 전환하는 과정에서 중국의 정책금융은 지나치게 과도하게 지출되어 국가재정을 낭비하게 되고 기업의 부실을 초래하는 등 부작용도 있었다. 때문에 정책금융과 민간금융의 기능을 적절히 분리하여 서로 보완하여 경제성장을 도모하려면 불법 민간금융의 조기 제도화가 필요하다.

이를 위해서 남한 상업은행의 북한 내 지점 및 사무소 설치, 또는 합영상업은행 설립 등을 통해 북한 주민들의 주머니자금을 흡수하고 이를 민간부분에 공급하는 방법을 우선 고려해야 한다. 북한 당국이 최근 카드발급, 온라인 쇼핑몰 등을 통해 주민 수중의 현금을 은행으로 집중시키기 위한 노력을 하고 있으나, 아직 이는 소수에 그치고 있다. 북한 주민들은 90년대 중반 중앙은행의 유통현금 감소로 저금인출의 어려움이 발생하면서 여유자금을 장롱 속에 보관하고 있다. 돈주를 비롯해 주민수중에 있는 현금(외화포함)이 어느 정도인지는 정확히 알 수 없으나 북한 국가예산의 수배에 달하는 것으로 알려지고 있다.[77] 남한 상업은행 북한 진출을 통해 북한 주민들의 은행에 대한 신뢰를 제고시키는 한편 북한 당국이 민간금융의 효율적인 자원배분의 중요성과 그것이 경제에 미치는 영향 등을 인식하도록 해야 한다. 이와함께 남한은 북한이 북한의 '돈장사꾼' 혹은 '돈주'들이 자금을 활용하기 위한 '개인전장'과 같은 개인은행의 합법화, 나아가 민간기업 등을 통한 민간은행을 설립할 수 있도록 적극 지원해야 한다.

(3) 북한에 대한 정책금융 지원 제도 마련

남북한은 2000년 12월 제4차 남북장관급회담에서 '남북간 청산결제에 관한 합의서'를 체결하고 2003년 8월 이를 발효시켰다. 당시 남북청산결제은행으로 남한의 수출입은행과 북한의 무역은행이 선정되었으며, 청산결제한도는 미화 3천만달러 범위내로 하고 신용한도와 이자율은 각각 15%와 1%로 정하였다. 그리고 2004년도 청산결제거래는 2004년중 합의되는 시기부터 12월 31일까지로 실시하기로 하였으나, 이후 사실상 합의서에 그치고 말았다. 향후 북한과의 무역거래에서 청산결제 방식을 재차 도입하되 서독과 같이 대차 잔액을 현금차관으로 공여하는 '청산계정대월제도'를 도입하여 북한 경제가 성장하도록 지원해야 한다. 또한 북한의 인프라 및 산업개발을 위해 북한으로 반출되는 자본재에 대해 정부가 보증해주고 금융기관이 반출기업에 중장기 신용을 지원하는 '중장기 연불수출금융'방식도 고려해야 한다. 김정은 집권이후 북한은 외자유치를 통한 경제개발에 관심을 두고 있다. 북핵문제로

77) 90년대 중반 김정일이 주민들 주머니에 국가예산의 2배에 달하는 현금이 있다고 발언한 적이 있다고 한다. 그때로부터 20년이 지난 지금 북한주민들 수중의 현금은 그보다 훨씬 더 많을 것으로 예상된다.(탈북민 K씨 증언)

경제개발이 잠정 중단되었으나, 김정은은 북핵문제 해결시 경제개발을 본격 추진할 것으로 예상된다. 북한 전역에 지정된 23개의 경제개발구를 비롯해 인프라와 산업개발, 지역개발 추진으로 많은 자금이 수요 될 것이다. 북한에 대한 정책금융의 지원을 통해 북한내에서 정책자금을 공급하면서 남한에서는 '중장기 연불수출금융'을 통해 자본재가 공급되도록 해야 한다. 이러한 금융지원을 통해 남북경협을 활성화하고, 점차 북한을 변화시켜 통일에 유리한 환경을 조성시키는데 기여해야 한다.

(4) 금융감독 및 신용보증기관 신설

중국의 경우 정책금융과 민간금융의 기능을 분리하면서 이에 대한 관리·감독체계가 제대로 확립되지 않아 금융기관의 부실채권이 발생되는 등 많은 문제점을 야기 시켰다. 이러한 문제점이 북한에서도 재현되지 않도록 대책을 강구해야 한다.

북한에는 남한의 금융감독원과 신용보증기금과 유사한 기능을 수행하는 별도의 기구가 없다. 최근 북한 주민들의 사경제활동이 강화되고 민간금융의 활동도 확산되고 있어 북한당국이 금융 감독기구 신설에 관심을 두지 않을 수 없다.

북한에서 정책금융기능의 개선, 민간금융의 신설에 따른 금융기능의 변화와 더불어 감독기관과 보증기관의 설립도 동시에 추진해야 하는데 남한 정부는 이에 대한 준비를 해야 한다. 현재로서는 이러한 기관 운영과 관련한 자료제공이나 제3국을 통한 북한 전문가들에 대한 관련 실무 강습 조직 등이 가능하다. 향후 환경 조성 시 미리 교육된 북한의 금융 전문가들과 협력하여 실정에 맞는 감독 및 보증기관을 설립하도록 해야 한다.

Ⅴ. 나오며

우리에게 통일은 아주 가까운 앞날에 올수도 있고 다음 세대에 올수도 있으나, 명백한 것은 언젠가는 통일을 맞이해야 한다는 것이다. 독일은 급진적인 통일로 엄청난 비용을 지불해야 했다. 독일정부의 공식발표에 의하면 1991년부터 2005년까지 15년간 지출된 통일비용은 2조 7,020억 DM(한화 약 1,780조원)이다. 그러나 남북의 경우 통일 이전에 북한경제를 발전시키고 북한이 사회주의 시장경제체제로 이행한 다음 통합을 이룬다면 통일비용을 절감할 수 있다.

특히 북한은 올해 들어 남북관계, 주변국과의 관계개선과 비핵화를 통한 대북제재 완화를 꾀하고 있다. 향후 남북정상회담, 북미정상회담, 남북미정상회담 등을 통해 완전하고 검증가능하며 돌일 킬 수 없는 핵폐기가 가능해 진다면 남북교류와 협력이 재개되고 활성화될 가능성이 크다. 만약 그런 상황이 도래하게 된다면 남한은 향후 통합의 유리한 환경 조성을 위해 북한 경제발전을 견인하고 시장경제체제로 이행할 수 있도록 적극적인 지원을 아끼지 말아야 한다. 이런 측면에서 북한 금융에 대한 지원 역시 매우 중요하다.

김정은 정권 들어 북한은 기업의 늘어나는 자금수요를 민간금융을 통해 해결하려고 애써 노력하고 있다. 상업은행 설립에 시동을 걸고 기업이 개인자금을 이용할 수 있도록 법률을 개정하는 등 사금융의 양성화 기류도 보이고 있다. 최근 기업의 개인자금 이용에 대한 합법화 조치는 사금융의 제도권 진입을 위한 법률제정으로 나타날 가능성도 없지 않다. 특히 김정은 집권 이후 추진되고 있는 제한적인 내부개혁과 대외개방은 북한의 금융제도 변화를 촉진할 가능성도 있다.

작금의 북한은 시장과 계획이 공존하는 이중경제체제로 운영되고 있다. 이를 두고 일부에서는 북한은 이미 시장경제에 진입하였다고 평가하기도 한다. 북한의 이러한 현실은 동서독 통일시 동독이나 중국의 개혁개방 초기 상황과도 매우 다르다. 가장 큰 차이는 북한이 개혁개방을 공식적으로 제시하지 않았음에도 전통적인 계획경제에서 많이 이탈되었고 시장화가 진전된 것이라 할 수 있다. 이는 중국과 동서독의 사례를 그대로 벤치마킹하는 것은 올바른 대처법이 아니라는 반증이다. 본 연구에서는 두 국가의 사례에 대한 비판적 고찰을 통해 통일준비를 위한 남한정부의 과제를 제시하였다.

북한의 핵개발로 인한 대북제재는 북한사회의 시장화를 촉진하고 있으며 시장화는 불법적인 민간금융을 확대하고 있다. 이러한 민간금융이 민생불만을 해소하는데 기여하고 있어 북한 당국이 반 시장정책을 통해 이를 통제하기는 쉽지 않다. 현재 핵개발에 우선한 불균형적인 자원배분은 필요시 자원 확충을 위한 민간금융의 합법화로 이어질 가능성이 있다. 중국의 경우도 개혁개방 이후 불균형적인 자원배분이 불법적인 민간금융을 합법화시켰다. 북한이 불법적 민간금융의 합법화를 통해 민간부분의 자금수요를 보장해 준다면 현재 부족한 정책금융을 상당부문 보완할 수 있으며 이를 통해 경제성장을 꾀할 수 있다. 남한은 통일의 주체로서 통일과정에서 북한의 현실에 맞는 정책적 지원을 적극 이행함으로써 향후 경제통합, 금융통합 등 남북통합의 유리한 환경을 조성하여야 한다.

마지막으로 이 연구에서 다루지 못한 북한의 개혁개방과 더불어 설립될 정책금융기관과 민간금융기관의 자금조달 대책 등은 후속 연구과제로 남겨두려고 한다.

참고문헌

1. 남한자료

김근수, 2016, 남북한 금융통합의 과도기 단계로서의 통화위원회제도에 대한 고찰, 서울시립대학교 박사학위논문, 1-15.

김명식, 2001, 통독과정 중 독일재건은행의 역할: 남북통일과정상의 시사점, 통일연구, 제5권 2호, 71-72

김병연, 2014, 금융체제 이행 시 통합사례: 남북한 금융통합에 대한 시사점, 한국은행, 1-10.

김영희, 2009, 북한 중앙은행의 기능변화와 전망, 산은조사월보, 제639호, 4-5.

______, 2017, 북한의 5대시장 형성과 작동메커니즘을 통해 본 시장화 실태, KDB북한개발, 통권10호, 82-83.

______, 2018, 김정은 집권이후 기업관리운영체계 변화 연구, KDB북한개발, 통권14호, 86.

김은혜, 2015, 독일개발금융기관 분석: DEG, 한국의 개발협력, 제3호, 한국수출입은행, 167-168.

김호균, 2016, 화폐통합의 영향과 정책적 시사점, 독일통일 총서 15: 화폐분야 관련정책 총서, 통일부.

대외경제정책연구원, 2015, 중국 정책성 은행 개혁의 주요내용, KIEF 북경사무소 브리핑, 7-8.

문성민·이동현, 2016, 북한 금융의 특징과 제도·정책변화, 북한의 금융, 한국수출입은행, 21-25.

마효문, 2016, 한국과 중국의 중소기업 금융제도 비교연구: 정책금융제도를 중심으로, 성신여자대학교 석사학위논문, 9.

박영자, 2016, 북한 금융의 특징과 제도·정책변화, 북한의 금융, 한구수출입은행, 198.

박이현, 2015, 통독후 KfW의 대동독 인프라 금융업무분석과 시사점, 산은조사월보, 제711호, 74.

서봉교·노수연·정유현, 2015, 중국 민간금융 제도화의 사례와 특징: 소액대출회사. 촌진은행. 민영운행을 중심으로, 한국동북아논총, 제18권 1호, 통권66집, 160, 197-198.

서봉교, 2016, 체제전환국의 금융개혁 사례 Ⅱ: 중국, 한국수출입은행북한·동북아연구센터 총서 2, 386-387

손상호, 2013, 한국 정책금융의 평가와 분석 및 미래비전, 한국금융연구원, 1.

안형익·박해식, 2014, 북한 은행시스템의 변화와 체제전환에 관한 연구: 통일금융에의 시사점을 중심으로,

윤덕룡, 2009, 남북한 금융시장 통합방향, 경제논집, 48권 1호, 서울대학교 경제연구소, 1-13.

이영훈, 2014, 북한의 화폐금융 현황 및 최근의 금융조치 평가: 인플레이션·달러라이제이션·사금융을 중심으로, 북한연구학회보, 19권 2호, 106-109.

이현대, 2005, 통일 후 북한의 금융개혁, 북한경제포럼 편, 현대북한경제론, 오름, 1-10.

임을출, 2017, 김정은시대 금융활성화 정책의 특징과 전망, KDB북한개발 통권 12호, 45, 54.

임호열·김영찬·방호경·김준영·최필수, 2015, 중국·베트남 금융개혁이 북한에 주는 함의, 대외경제정책연구원, 1-20.

장명봉, 2013, 2013년 최신북한법령집, 북한법연구회, 398-397, 443, 453, 493.

정형곤, 2001, 동서독간 경협 활성화 지원정책과 시사점, 통일경제, 26.

조명현, 2008, 남북한 금융통합방안에 관한 연구: 독일의 선험적 사례를 중심으로, 순천향대학교 박사학위논문, 62-63.

조봉현, 2015, 통일이후 동독재건 위한 금융개혁 및 지원과 북한 지역 금융에 주는 시사점, 통일전략, 제15권4호, 210, 217, 222.

조용찬, 2012, 금융시장의 존재를 위협하는 중국의 민간금융, 신한리뷰.

최용민, 2012, 중국 중소기업, 사채리스크로 휘청, CHINDIA Plus 67권, 6-8.

최은영, 2013, 중국 민간금융의 발전요인 분석과 최근 제도화 추세, 한국동북아논총, 제18권 제1호 통권 66집, 9.

최준환, 2013, 중국 전통 민간금융의 특징과 역할에 관한 연구: 민간 상호부조 조직인 합회를 중심으로, 인문논총, 제31집, 307.

한용덕, 2015, 통일전후 독일금융기관의 역할과 한반도 통일금융에 대한 시사점, 산은조사월보, 제717호, 94.

2. 북한자료

김일성, 1948, 인민경제계획수행에서 나타난 결함을 시정할데 대하여, 평양: 조선노동당출판사, 60.

사회과학원 사회주의경제관리연구소, 1995, 재정금융사전, 평양: 사회과학출판사, 46, 242, 454.

제2자연과학출판사, 2006, 기업관리운영용어1000, 평양: 제2자연과학출판사, 40.

________________, 2006, 기업관리운영용어1000, 평양: 제2자연과학출판사, 43.

홍영의, 1996, 은행자원과 그 계획화에서 나서는 방법론적 문제, 경제연구, 평양:과학백과사전출판사, 38-42

조선중앙통신, 2011년, (1.15.)

3. 중국자료

锺 鸣, 2006, 关于建立我国中小企业政策性金融体系的思考, 安徽大学 硕士学位论文, 10.

부록

• 논문이 게재된 학술지

제1장 1절 핵무기 보유를 통한 체제수호와 경제개발
(미게재)

제1장 2절 김정은 정권의 개발독재 방식의 경제개혁
한국정책금융공사, 『KoFC북한개발』 통권 1호(2013)

제2장 1절 북한의 강성국가 건설과 개혁개방 가능성
2012년 NK지식인연대 세미나 발표논문

제2장 2절 김정은 집권이후 기업관리영체계변화연구
한국산업은행, 『KDB북한개발』 통권 14호(2018)

제2장 3절 외국인투자기업 관련법 제정 의미와 평가
2012년 북한법연구회·한국법제연구원 공동학술세미나 발표논문

제2장 4절 북한의 경제특구 실현가능성과 한계
2015년 한양대학교 아태지역연구센터 세미나 발표 논문

제2장 5절 북한의 경제개발 실태와 전망
2018년 6월 헤럴드경제 '헤경 포럼' 강연 요약

제3장 1절 북한의 「경제발전5개년전략」의 함의와 전망
한국개발연구원, 『북한경제리뷰』 2016년 3월호

제3장 2절 김정은 정권 6년, 경제정책노선과 대북제재 영향
한국산업은행, 『KDB북한개발』 통권 13호(2017)

제4장 1절 핵무력 완성 선포, 북한의 다음 행보는
남북물류포럼, 칼럼(2017)

제4장 2절 김여정을 특사로 보낸 진짜 이유
남북물류포럼, 칼럼(2018)

제4장 3절 북한의 서해지구와 서해경제특구 개발방안
한국산업은행, 『KDB북한개발』 통권 15호(2018)

제4장 4절 북한의 금융과 통일을 위한 과제: 정책금융과 민간금융을 중심으로
금융감독원, 『금융감독연구』 제5권 제1호(2018)